语言能力

语文学科的核心素养

王倩　温锁林　著

天津社会科学院出版社

图书在版编目（CIP）数据

语言能力：语文学科的核心素养 / 王倩，温锁林著
. -- 天津：天津社会科学院出版社，2022.9
ISBN 978-7-5563-0776-0

Ⅰ. ①语… Ⅱ. ①王… ②温… Ⅲ. ①语文教学—教学研究 Ⅳ. ①H19

中国版本图书馆CIP数据核字(2021)第202766号

语言能力：语文学科的核心素养
YUYAN NENGLI : YUWEN XUEKE DE HEXIN SUYANG
责任编辑：吴　琼
责任校对：王　丽
装帧设计：高馨月
出版发行：天津社会科学院出版社
地　　址：天津市南开区迎水道7号
邮　　编：300191
电　　话：(022) 23360165
印　　刷：高教社（天津）印务有限公司
开　　本：787×1092　1/16
印　　张：16.5
字　　数：272千字
版　　次：2022年9月第1版　2022年9月第1次印刷
定　　价：68.00元

我与中学语文教学的缘分(代序)

我是一名大学教师,可是与中学语文教学的缘分却更深、更长久。说到这种缘分,还得从1982年我大学刚毕业时说起。大学毕业后,为响应国家号召,我回到了故乡山西省寿阳县,担任了寿阳一中的高中语文教师,当时我年仅二十岁,是全校年纪最小的老师。怀着做一名好教师的青春理想,全身心地投入教书育人的伟大事业中,边学习边教学,一干就是八年,教过四届共七个毕业班的语文课,很快就由一名新手变成了深受学生喜爱的好老师。

记得是参加工作后的第二个年头,山西省语文学会的曹会长来寿阳县进行全省语文教学的一线调研,由县教育局领导等人陪同,用了三天时间听了寿阳一中初高中全体语文教师的课。在听课结束后的总结会上,曹会长做了热情洋溢的讲话,对学校的语文教学及其改革成效给予高度评价。曹会长最后还专门对我的教学进行了特别的评价,溢美之词不断,并且把我讲的课与他们刚刚听过的另外几所重点中学的教学名师对同一篇课文的讲授作了比较,说我讲得比他们都好,并用"自古英雄出少年"来称赞。我讲的是高二上册教材中郭沫若的《甲申三百年祭》,当时陪同曹会长听我课的共有近四十人,包括县教育局与教研室的领导与同行、寿阳一中的校领导及全校语文教师。年轻的我还是第一次遇到这么大的场面,一开始的确有些紧张,但是几分钟后就放开了,随即用归谬法顺利地分析了这篇论说文。顺便说明一下,我当时讲课并不知道自己用的是归谬法,是讲课后曹会长给我总结的,因我的学生也是头一次见到这么多人来听课,也都被镇住了。被提问的三个学生因太紧张都回答错了,我只得将错就错改用归谬法讲授,备好的课当场作废。记得曹会长听完我的课后，很快起身健步上前，连戴的鸭舌帽都掉了，他激动地握住我的手，问我多大了、教了几年语文课，李宪尧校长告诉他，我仅是一个刚入职教学不足一年的 21 岁的新老师，曹会长连声感叹："太了不起了！太了不起了！后生可畏！后生可畏！"

说这些陈年往事，没有王婆卖瓜之意，我想特别说明的是，正是这位语文权威专家的高度肯定，给了年轻气盛的我以极大的自信，从此更加坚定了我一生要做一名好老师的志向。也可能是曹会长此次表扬的缘故，转年就成了当时高三毕业班教学团队中最年轻的教师，这在学校历史上从未有过。

1990 年，我考上了山西大学中文系的硕士研究生，成了著名语法学家孟维智教授的入室弟子，专治现代汉语语法修辞。说到我选择这个专业，不得不说是八年高中教师的经历与体会使然。与几乎所有选择中文系的大学生一样，我原本对文学感兴趣。文学名著中那些曲折离奇的故事和跌宕起伏的情节，那些男女主人公历尽悲欢离合的命运际会与形形色色的人物形象，以及那些脍炙人口的诗句和溢彩流光的文学语言，装点过每一位文学爱好者的青春梦想。但是，八年的高中语文教学的探索经历一次次地告诉我，文学是语言的艺术，没有对作品语言的深刻理解与把握，文学的理解与欣赏只能算是最浅层次的，更谈不上鉴赏了。在八年的语文教学工作中，我常常是古汉语教材与各种词典不离手，现代汉语的教材也得时常翻阅，因为教学时发现，学生理解和欣赏文学作品的拦路虎，恰恰是构建文学大厦的材料——语言！而理解、分析与欣赏文学作品的精妙处都是从构成文本语篇的那些最基本的建筑材料——语言入手的。在教学中发现，要做一位优秀的语文老师，光凭现有的那点儿知识实在难以应对，还得不断读书与深造，因此继续读书考研的想法渐渐明晰与坚定。可是由于我初中和高中都是在乡村学校读的，没有上过一天英语课，大学时期只上了不到一个学期的英语课，英语基础基本上是只勉强认识 26 个英文字母的水平。要考研究生，尽快圆上自己的求知梦，必须把空余时间全都用在自学英语上，其难度和花费的时间不难想象，根本挤不出时间再复习当年曾经热爱的文学，因为文学史与文学作品多年之后忘记了不少，要复习到考研的水平，没有大量时间是做不到的，否则就会因时间的因素与学英语、背政治相冲突,于是在报名时,只好报了无须花时间再复习的汉语言文字学专业。结果还真的遂愿,我只考了一次就顺利通过了硕士研究生招生入学考试,而且还是专业第一。可以说,正是这八年的高中教师生涯改变了我后来的专业导向,这是我的亲身经历,也是必须明确指出的一段事实。后来,我常给大学生们讲,兴趣是可以培养的,就是源于这段特殊的人生经历与后来热爱上语法学的深切体会。

自从 1977 年恢复高考之后,山西大学中文系一直承担每年的高考语文评卷工作。1985 年,我在不到 23 岁时带出了第一届高中毕业班(我也一直担任高中班主任),并于当年由学校和县教育局推荐参加了高考语文评卷工作,由于阅卷时我表现好,后来每年都被山西大学直接指名参加高考语文评卷工作。1990 年我做了孟维智先生的硕士研究生,孟老师时任山西大学中文系主任,是山西省高考语文评卷的总负责人,此后直至 2007 年,高考语文的评卷工作我一直都没有中断。从小组保密员到评卷小组组长、从检查小组组长到检查大组组长都干了个遍。从 1998 年到 2007 年又做了十年的山西省高考语文评卷领导组组长。这段宝贵而难得的经历成为我几十年教师生涯中最自豪的一段生命辉煌。

我与语文教学的缘分之深还与一段特殊的经历有关。1998 年春,我被山西大学任命为中文系副主任(2001 年春节后,山西大学中文系更名为文学院,此后我又当了七年副院长),开始全面负责山西省的高考语文评卷工作。教育部考试中心要求,各省市高考语文评卷组每年必须提交十篇优秀作文并附加评语。评卷中,不断有优秀作文被推荐到评卷领导组。看到一篇篇文质兼美的考场作文,我有了给优秀作文打满分的想法,因为多年来的评卷传统并无打满分的先例,我当时的想法被多数人所反对。我力排众议,硬是顶着压力给出了中国高考语文评卷史上最早的十篇满分作文。满分作文的推出成了当年全国教育界轰动性的事件,我也被国内同行戏称为“满分作文之父”。今天,连小学生都知道的满分作文,在二十多年前的中国,绝对是新生事物。令人鼓舞的是,在我的倡导与推动下,满分作文不仅在全国的高考作文评卷中全面开花结果,全国的中考评卷也普遍推出了满分作文,甚至在小学作文中也都有了满分作文。当年,由我一人主导推出的满分作文在中华大地开花结果,成为改革开放以来教育界最值得关注的新成果之一。

因我于1998年推出了满分作文,又在1999年在全国首次推出高考作文“背靠背”的评卷模式,在全国产生了广泛而积极的影响,在我主持高考语文评卷四年后的2002年秋,教育部考试中心主办的全国高考试题评价会议(广东江门市召开)上,我是被邀请的大会发言的六位专家之一。会上,我以《山西省高考作文“背靠背”评卷改革的思路与实践》为题,向与会代表全面介绍了山西省的经验与做法,受到了大家的一致好评,特别是受到了时任国家考试中心马主任的公开表扬,由此成为教育部考试中心邀请的全国高考语文试题评价专家。从此,我开始以此身份多次参加了教育部考试中心在全国各省市的高考试题评价活动。至今已受邀在全国各地做相关报告三百余场。

高考满分作文推出已经二十多年了,回顾自己在这一新生事物的诞生中所起的助产婆式的关键作用,我心潮澎湃。我庆幸赶上了一个发挥自己作用的好时代,并紧紧抓住了命运给我提供的一次次实现自己理想与抱负的绝佳机会,以我的担当与勇气,以我的情怀与见识,直接开创了中国的满分作文时代。这是我的人生与事业中最值得自豪的一项成就。它改变了的不仅是那些为数不多的高考满分获得者的命运,而是直接推动了全国考试制度的重大变革。正是由于我人生中的这段特殊的经历,我与语文教学的缘分更深了一层。

为了给山西的语文同行构建一个学习交流的平台,以适应新形势的教学改革之需要,由我倡议与牵头,于2003年成立了山西省语文信息学会,并担任首届和第二届学会会长。其间,组织了多次大型的学术讲座,邀请各地的语文教学名师来山西传经送宝,还组织了三次的同课异构讲课观摩活动,收到了良好的效果。为山西的语文教育贡献了自己的一点力量。

2008年1月,我正式调入天津师范大学文学院,开始担任汉语语法和学科教学论(语文)两个专业方向的研究生导师,并一直负责《语言学与语文教育》课程的授课任务,共培养了四十多位在职的语文教学方向的研究生,继续着我与语文教学的深度缘分。近三十年来,自己除做语法的研究外,也写过不少语文教学方面的小论文,内容包括教材中的语言问题、文学名作中的语言问题、语文教学与语言学的关系、高考话题作文、阅读与写作、文学名作的语言鉴赏等。由于本人主攻的研究方向是现代汉语语法,这类中学语文教学研究的文章在所在的大学都不算上档次的成果,所以也没有积极发表。最让我感到遗憾的是,2005 年前我写的二十多篇语文教学研究的文章,因电脑故障不能恢复,这么多珍贵的东西都没有保存下来!自己虽然是大学教师,但由于从我入职时起就是一个高中语文教师,再加上多年来参与并主持高考语文评卷,又从事中学语文教育方向的研究生教学与指导工作,与中学语文的缘分起来越深厚,成了从业一辈子的不了之缘。关注并研究语文教学的特点与规律,找寻语文教学的有效方法路径,一直是我研究生涯中不可或缺的部分。

本书的第一作者王倩是晋中学院中文系副教授,她是我指导过的年纪最小的硕士生。她十五岁考上山西大学中文系,十九岁本科毕业,当年考上了我的研究生,二十二岁获得硕士学位,现在又是我指导的博士研究生。2005 年她硕士毕业后从事现代汉语课与语法研究专题课的教学,还从事语文教学法等课程的教学与实习指导。她聪明好学,勤于动脑与笔耕,早在山西大学读研究生期间,就写过多篇文学名著的语言鉴赏类文章,写得有板有眼,很有灵气,我当时曾鼓励她以后多写这类接地气的文字。参加工作后,她承担了省级与校级的多项教学研究课题,并写出了系列的教学研究文章,是晋中学院的教学标兵。我去年暑期回老家探望年迈的父母,她专程来寿阳看望我并一同探讨了她在教学与研究中遇到的许多问题,当时我们就商量好,我们师生合作写一本关于语言学与语文教育的书,因为两人分别有不少已经写成的文章,再经过一年的分头撰写,一年后可以完成全部写作。从去年到现在,我们通过微信经常交流各自的写作情况,互相交流与修改。今年暑期回晋,又看了她写出的几节内容,甚感欣慰,因为书稿的整体内容已经大大超出了去年的预期。后来考虑到人们对语言学还是比较陌生的,最后根据书的内容改成了现在的书名。她花了整个暑期的时间将我们两人的文章精心筛选整理才形成了本书现在的模样。必须特别指出的是,她是两个孩子的母亲,又是中文系分管教学的副主任,今年暑假直到 7 月中旬学校都有不少事情要处理。她牺牲了与孩子陪伴的时间,假日中挤出时间做了这么多的工作。可以说没有她的坚持与付出,本书的面世恐怕还要再等几年。所以,我要感谢她的付出及对我的特别照顾。

本书的整理与修改过程中,也得到了我的两位同乡好友,榆次一中的王永明教授和山西省语文信息学会的常务副会长、太原市第十五中学的王有忠老师的大力支持,他们都是山西省语文教学名师,曾与我做过同事多年。他们两位都牺牲了暑期休息的时间,认真审读了书稿的全部文字并指出了多处值得商讨之处。对于他们的鼎力相助,我要表示最真诚的感谢!

温锁林

2020 年 8 月 27 日于寿阳县宾阳新城

目　录

第一章　绪论

语文是每个学生从小学到高中十二年基础教育中最为核心的课程，但是，语文能力对于一个人未来的学习、工作与生活究竟具有怎样的意义，却很少能被人们正确认识。不少人的思想深处，还存在着语文课学和不学一个样的陈腐观念。包括学校的个别管理者，潜意识里也有不重视语文的想法，可能他们觉得，语文，中国人每天都在说、都在用，作为一个土生土长的中国人，还要费力费时地学那么多的语文做什么！况且，用了好多时间来学语文，也不见得能够收获理想的成效。“学好数理化，走遍天下都不怕”的观念在很多人的心中可谓根深蒂固，极难改变。必须指出的是，这种轻视语文、不愿下功夫学语文的思想观念与做法，不仅在学生心中广泛存在，在学生家长心中也普遍存在，更为可怕的是，在学校的某些管理者和非语文学科的老师中，也有不少这种想法与做法的认同者与支持者。我们留心一下周围，就会惊奇地发现，不少学生从初中开始就不愿花费时间来学习语文了。

有教育专家评论说：“学生的偏科问题，是由考试和评价的指挥棒所引领的。目前学生的偏科还是相当明显的。”

语文真的不重要吗？语文学习真的没有科学而有效的学习方法吗？语文学科中最为重要的能力是什么？如何教好语文？如何学好语文？远的不说，就是家长、学生与社会普遍关注的中考与高考，几十年间，不论考试出现了多少变化，不论用什么方法来改革，语文中与语言相关的各类知识点永远是该科不变的母题。作为语文教师，你领会到了吗？本书的写作，正是基于这些困扰语文教师和语文学习者的问题而进行的系统思考和理论与实践的探索。

第一节　语言能力:语文学科的核心素养

一、语言能力是语文学科的核心素养

人民教育出版社2018年1月出版的《普通高中语文课程标准》(2017年版),教育界将其称为“新课标”,是由中华人民共和国教育部制定的权威文件。新课标中对高中语文课程性质作了如下的规定:

“语文课程是一门学习祖国语言文字运用的综合性、实践性课程。工具性与人文性的统一,是语文课程的基本特点。语文课程应引导学生在真实的语言运用情境中,通过自主的语言实践活动,积累言语经验,把握祖国语言文字的特点和运用规律,加深对祖国语言文字的理解与热爱,培养运用祖国语言文字的能力;同时,发展思辨能力,提升思维品质,培育社会主义核心价值观,培养高尚的审美情趣,积累丰厚的文化底蕴,理解文化多样性。”

新修订的课程标准还对语文学科的核心素养作了详细的说明:“学科核心素养是学科育人价值的集中体现,是学生通过学科学习而逐步形成的正确价值观念、必备品格和关键能力。语文学科核心素养是学生在积极的语言实践活动中积累与构建起来,并在真实的语言运用情境中表现出来的语言能力及其品质;是学生在语文学习中获得的语言知识与语言能力,思维方法与思维品质,情感、态度与价值观的综合体现。主要包括‘语言建构与运用’‘思维发展与提升’‘审美鉴赏与创造’‘文化传承与理解’四个方面。”可见,“语言建构与运用”是语文学科核心素养中的核心部分,是其他三项素养的前提与保证。

“语言建构与运用”是指学生在丰富的语言实践中,通过主动地积累、梳理和整合,逐步掌握祖国语言文字特点及其运用规律,形成个体言语经验,发展在具体语言情境中正确、有效地运用祖国语言文字进行交流和沟通的能力。

“思维发展与提升”是指学生在语文学习过程中，通过语言运用，获得直觉思维、形象思维、逻辑思维、辩证思维和创造思维的发展，促进深刻性、敏捷性、灵活性、批判性和独创性等思维品质的提升。“审美鉴赏与创造”是指学生在语文学习中，通过审美体验、评价等活动形成正确的审美意识、健康向上的审美情趣与鉴赏品位，并在此过程中逐步掌握表现美、创造美的方法。“文化传承与理解”是指学生在语文学习中，继承和弘扬中华优秀传统文化、革命文化、社会主义先进文化，理解和借鉴不同民族和地区的文化，拓展文化视野，增强文化自觉，提升中国特色社会主义文化自信，热爱祖国语言文字，热爱中华文化，防止文化上的民族虚无主义。

语文学科核心素养的四个方面是一个整体。语言是重要的交际工具，也是重要的思维工具；语言的发展与思维的发展相互依存，相辅相成。语言文字是文化的载体，又是文化的重要组成部分；学习语言文字的过程也是文化获得的过程。语言文字作品是人类重要的审美对象，语文学习也是学生审美能力和审美品质发展的重要途径。语言建构与运用是语文学科核心素养的基础，在语文课程中，学生的思维发展与提升、审美鉴赏与创造、文化传承与理解，都是以语言的建构与运用为基础，并在学生个体言语经验发展过程中得以实现的。

二、为何选择高中课程标准

原因有三：

一是义务教育阶段的语文教育只是最基本的语文教育。2011 年教育部颁布的《义务教育课程标准》对语文课程性质作了如下的规定：“语文课程是一门学习语言文字运用的综合性、实践性课程。义务教育阶段的语文课程，应使学生初步学会运用祖国语言文字进行交流沟通，吸收古今中外优秀文化，提高思想文化修养，促进自身健康成长。工具性与人文性的统一，是语文课程的基本特点。”

在说到语文课程的基本理念时指出：“语文课程应激发和培养学生热爱

祖国语文的思想感情,引导学生丰富语言积累,培养语感,发展思维,初步掌握学习语文的基本方法,养成良好的学习习惯,具有适应实际生活需要的识字写字能力、阅读能力、写作能力、口语交际能力,正确运用祖国语言文字。语文课程还应该通过优秀文化的熏陶感染,促进学生和谐发展,使他们提高思想道德修养和审美情趣,逐步形成良好的个性与健全的人格。"

可见,义务教育阶段的语文教育最基本的任务是语言文字知识的积累,初步掌握学习语文的基本方法,能够正确地使用祖国的语言文字。丰富语言积累,培养语感,发展思维,培养实际生活需要的识字写字能力、阅读能力、写作能力、口语交际能力,是义务教育阶段语文教学与学习的中心任务。这些知识能力都非常基础重要,但不是语文教学与学习的全部。

二是高中阶段的语文教育包涵了语文教育的更全面的内容。高中语文教育具有更高的要求与目标,是要在小学和初中九年义务教育的基础上,完成对于绝大多数人一生中最后的课堂语文教学任务。语言建构与运用是高中语文学科核心素养的基础与中心,在三年的语文课程中,以语言建构与运用为核心和抓手,使学生的思维发展与提升、审美鉴赏与创造、文化传承与理解几方面都得到系统的学习与训练,从而使学生通过语文学习来完成个体的阅读、理解、写作、审美、文化传承等全面的发展,为他们将来走向社会奠定良好的发展基础。也就是说,高中阶段的语文课程包涵才能涵养一个人语文学习的全部过程与适应未来学习工作的更高层次的要求,为他们的可持续发展奠定一个良好的语文基础。

三是高考指挥棒的作用。虽然高中教育不一定完全唯高考之马首是瞻,但是,谁都不能否认,高考指挥棒却是影响高中阶段教师教学与学生学习的最重要的因素。同样不可否认的一个事实是,高考指挥棒对义务教育阶段的影响也显而易见。特别是初中教育,衡量一个初中学校办得好与不好,就看这所学校每年的毕业生有多少人能考上高中,特别是考上重点高中的人数与比例。说白了,义务教育阶段的语文教育只是基础,高中语文教育才能涵盖语文教学与学习全貌,才可以说是接受过较为完整的中国语文的完整的教育。《易经》说过:"取法乎上,仅得其中;取法乎中,仅得其下。"我们把高中语文课程标准作为检验与衡量中学语文教育与教学的总体目标，用意恰在于此。

第二节　中学语文教育的现状与问题

一、丢掉语言教育就是丢掉语文学科之魂

近二十多年来，中学语文的教学一直在不断进行着改革，也出现了一些喜人的变化，如校本课程资源的挖掘与开拓，传统国学经典进入中学课堂、整本书阅读的普遍实行，等等。但就全国语文教学的现状而言仍然不容乐观，这种不乐观的现状可以从施教者（教师）与受教者（学生）两个方面观察。

对于语文老师来说，几十年来，语文教材更换频繁，各种教学改革、检查、评比不断，占用了很多精力。一千个读者有一千个哈姆莱特，说的是不同的个体对于同一篇文学作品、同一个文学形象会有不同的理解与感受。语文课是最不应该要求整齐划一、万众同声的课，最应该体现不同教师个性风格特点、欣赏品位的课，语文课一旦变成了整个教研室、整个年级、整个学校的统一备课，演变成了千人一面、万口一词的僵化模式主导的课程，教师独特的欣赏品位与风格不能施展，语文味尽失，它最终变成不受学生喜欢甚至讨厌的课是在情理之中的。语文教学的问题与来自学校外的各种活动与干扰不无关系。近来不断听到有识之士呼吁号召让老师讲"真语文"，原因恐怕在于"假语文"现象的大行其道已经到了让人难以忽略的地步。在"假语文"横行的情况下，语文教师教学时出现"失魂落魄"的现象也就不难理解了。

反映在学生层面，学生对语文的态度是"想说爱你不容易"。由于教师不重视语文作为工具课的功能，而片面强化了语文人文性的功能和文学的功能，语文失去了其最基本的定位。语文学科成了变了味的思想品德课、政治课。语文的语言建构的核心功能的丧失，带来的是其语文味的丢失和科学方法的缺失。教师教得不得法必然导致学生学而不得法，想学而难见成效，时间一

长,语文课在学生心目中逐渐变成了熟悉的陌生人,对语文的兴趣也就渐渐失去。社会上有各种各样的补课班、强化班,你很少听说有人补语文课,这也从侧面反映出语文学科不受人重视、不受人待见的尴尬地位。

其实,无论在语文教师层面还是语文学习者层面,我们看到的都是表象。真正使语文学科被边缘化的标志性举措是20世纪80年代初语文学界的“淡化语法”。今天年纪在七十多岁的人当年上初中时,所使用的语文教材是由叶圣陶等编著,人民教育出版社出版的,该语文教材是将《文学》和《语言》分册编写的。《语言》主要讲授的汉语的语法、修辞和逻辑知识,合称“语修逻”。语法、修辞和逻辑的教学内容是那个时代语文教学中的半壁江山!随着“淡化语法”论在中学语文教学界盛行,后来的教材去掉了汉语知识的专门教育,学生语文考试也淡化了“语修逻”的内容,语文课堂更是不见了“语修逻”的影子。这意味着,作为语文核心知识的语言被赶出了语文课堂。2017年版的新课标之所以重提“语言建构与运用”,并将其上升到语文学科核心素养中心的地位,其实只是20世纪50年代语文教学传统的回归,并非什么新生事物。任凭“语言建构与运用”被边缘化,不唤回语文学科之魂,语文学科就会永远处于被边缘化的地位,这与复兴中华文化、振兴传统文化的时代精神是不相适应的。

二、得语言者得语文

最近几年,听到有不少专家呼吁“得语文者得天下”,说的是语文学科在中小学教育中的重要地位,也真实地概括出了语文学科对于一个人一生的成长与进步、工作与生活的重要作用。笔者对此完全赞同。但还有一个最根本的问题需要继续拷问:得什么才能得语文呢?好像没有人做这样更进一步、更深层次的思考与呼应。我们在这里要大声呼吁:“得语言者得语文,得语文者得天下”!只有这样来认识语文学科的地位,认识语言在语文学科中的核心与枢纽作用,才能与国家颁布的新版语文课程标准中所强调的语文核心素养的精神形成完美对接。

要想把语言建构的核心素养贯彻下去,语文教师是关键。

教师是思想者、体验者:语文教师只有深入理解课文的语言,才能讲出个人对作品独到的认识与体会。

教师是实践者、创造者:语文教师只有巧妙地从作品的语言中找好切入点,讲出自己的风格与特色。否则就会人云亦云,千人一面,难以教给学生最有效的语文知识。

教师是示范者、引领者:语文课最讲究发挥每个授课者独特的个性,将自己对课文的心得感受传授给学生。只有以语言建构为抓手,才能做到一课一得,引领学生走进作品的语言世界。不求面面俱到,但求一点通透。

正确的语言解读是理解课文的基础,如果忽略了这个核心与基础,语文教育大体上都是不得要领的。下面是语文教材中一些真实的案例,由于教师不重视语言材料的深挖细究,好多讲解都是错误的,学生因为接受了这样的误导,对课文内容的理解是低层次的,有的甚至是荒唐可笑的。

案例一:诸葛亮《出师表》

> 先帝知臣谨慎,故临崩寄臣以大事也。受命以来,夙夜忧叹,恐托付不效,以伤先帝之明,故五月渡泸,深入不毛。今南方已定,兵甲已足,当奖率三军,北定中原,庶竭驽钝,攘除奸凶,兴复汉室,还于旧都。

教师在讲到"不毛"时,大都望文生义地将其解释为"寸草不生的荒蛮之地"。试想,祖国的云南边境处与泰国、越南、缅甸相邻,这些与外国相邻处基本上属于热带雨林的气候,诸葛亮又是"五月渡泸"。泸江发源于中国云南省,中国境内称盘龙河,入越境称明江,汇合锦江后称泸江,在越池附近注入红河。热带地区又不是甘肃、青海与新疆,哪里有什么"不毛之地"?哪里会"寸草不生"?原来,缅甸联邦共和国(The Republic of the Union of Myanmar),古代时国名叫 Burma,其读音正好与"不毛"相似。可见,文中的"不毛"是缅甸的音译词,并非什么"不毛之地"!诸葛亮七擒孟获之地就应该离这缅甸不远。“五月渡泸，深入不毛”说的是五月蜀汉军队渡过沪江后，深入缅甸境内，与大西北那样大漠无边的不毛之地没有“半毛钱”的关联！

案例二：司马迁《陈涉世家》

> 陈涉少时，尝与人佣耕，辍耕之垄上，怅恨久之，曰：“苟富贵，无相忘。”佣者笑而应曰：“若为佣耕，何富贵也？”陈涉太息曰：“嗟乎！燕雀安知鸿鹄之志哉！”

如何解释“苟富贵，无相忘”？语文教师讲这句古文时，把这句话都翻译成“假如我们哪天富贵了，发达了，可不能互相忘记啊！”可见，老师们想当然地把“相”解释成现代汉语中的副词“互相”了。其实，陈涉的意思是说：“如果（我）哪天要是富贵了，发达了，我是不会忘记弟兄们的。”做雇工的同伴（佣者）听到陈涉说这样的大话，就嘲讽他：“你（和我们一样）只是个做雇工的，怎么可能富贵发达呢？”言外之意是说“吹吧！使劲地吹，鬼才相信你的话呢！”陈涉听到同伴这样的回应，只能长长地叹息：“唉！（你们这些）小小的燕子麻雀怎么能了解（我）大雁的高远志向呢！”大家注意，佣者用的可是“若为佣耕”，非“吾（侪）为佣耕”！“若”是第二人称代词“你”，即陈涉。所以，佣者用“何富贵也”质疑的是陈涉怎么可能以后大富大贵，认为这是陈涉拿大话逗他们开心。由此可见，“无相忘”就是“无忘相”，人称代词在否定式里要前置，这是古代汉语里一条普遍的语序规律，绝非现代汉语中副词“相”，并非“互相”的意思。试想，陈涉只是感叹自己命运不济，是一时落难不得志的英雄，所以他才会发出终有一天会鲲鹏展翅实现自己英雄梦的“苟富贵，无相忘”的豪言壮语。

我们还可以从古代诗文中找到“相”的代词用法，这个代词的所指可以是“你（们）”，也可以是“我（们）”，视具体语境而获知其确指的对象：

“洛阳亲友如相问，一片冰心在玉壶。”（王昌龄《芙蓉楼送辛渐》）

“相问”即“问相”，“相”是第一人称代词“我”，“洛阳亲友如相问”即洛阳亲朋好友们要是问起我现在怎么样。

“妾不堪驱使,徒留无所施,便可白公姥,及时相遣归。”(《孔雀东南飞》)

“便可白公姥,及时相遣归”,意思是说,你现在就告诉你妈,赶快把我送回我娘家去!“相遣归”即“遣相归”,打发我回去,“相”指的是“我”,代词宾语前置了。

“小子无所畏,何敢助妇语!吾已失恩义,会不相从许!”(《孔雀东南飞》)

“吾已失恩义,会不相从许”说的是“我对她已经恩断义绝,绝不会答应你的!”“相从许”即“从许相”,“相”是第二人称代词“你”,也是前置的宾语。

现代稍微带点书面色彩的话语中,“相”还保留了古代汉语中人称代词的用法:

“感谢您的及时相助!”“相助”就是“助相”,即“帮助我”的意思。“你如有困难,我一定会出手相助。”这里的“相助”也是“助相”,不过,“相”是第二人称代词“你”,“我一定会出手相助”是说“我一定会出手帮助你。”

案例三:《回乡偶书》贺知章

“少小离家老大回,乡音无改鬓毛衰。儿童相见不相识,笑问客从何处来。”

贺知章的这首《回乡偶书》“乡音无改鬓毛衰”中的“衰”的读音,至今尚有争议,有不少的语文教师特别强调,这个“衰”字不读 shuāi,而读 cuī。如果有点古代汉语或者是方言的知识,就知道这种论调纯属无稽之谈。其实,这个“衰”字在《回乡偶书》中只能读 shuāi,而不能读 cuī,读 cuī 是不合声律的。因为该诗押的是咍韵,即今天韵母读为“uai、ai”的字。何以见得?“回”在古代诗词中都读成“huái”,不读 huí,有众多古诗为证。李白《将进酒》:“君不见黄河之水天上来,奔流到海不复回(huái)!”李白《望天门山》:“天门中断楚江开,碧水东流至此回(huái)。”刘禹锡《游玄都观》:“紫陌红尘拂面来,无人不道看花回(huái)。”刘禹锡《石头城》:“山围故国周遭在,潮打空城寂寞回

(huái)。”张九龄《归燕诗》:“绣户时双入,华堂入几回(huái)。无心与物争,鹰隼莫相猜。”这样的例子太多了,举多了耽误大家的时间。既然“回”读的一定都是“(huái)”,最后一句“笑问客从何处来”也是以“来”收韵,那“衰”不读(shuāi)能押韵吗?

今天的山西晋中市寿阳话、榆次话中“妹”读如“卖”,如“姊妹”“三姊妹”中的“妹”;“媒”读如“埋”,如“媒人”“管媒、说媒”中的“媒”;“来回菜”中的“回”读如“怀”就是明证。古代汉语中也有不少例证:《孔雀东南飞》中“徘徊庭树下,自挂东南枝”中的“徘徊”的“徊”是个形声字,保留了原初的读音。可见,现在韵母 ui、ei 的字在古代汉语中读成 uai、ai 是最普遍的语音现象。

《回乡偶书》中“儿童相见不相识,笑问客从何处来”中恰好也有两次代词“相”的使用,很多人都不太关注这两个“相”的意思。这里的“相”指的是作者“我”,即“儿童见相不识相”经由“相”的前置形成的,意思是说:儿童见了我却不识得我,笑着问我,大爷,您是从哪里来的?如果理解为副词“互相”,小朋友睡了一觉,醒来后都互相不认识了,岂非笑话!试想,如果学生学了这首诗后,还不清楚两个“相”的意思与所指,那学生学的不就是“假语文”吗?

案例四:“天津南站、解放南路”英语怎么翻译?

> 街道名称“解放南路”被翻译为“JieFang South Road”,“鞍山西道”被翻译为“Aashan West Road”,翻译后的英文居然与“天津南站”的英文语序(“Tianjin South Station”)相同。“天津南站”的英文翻译是对的,因为意思是天津南边的高铁站;但是把“解放南路”也照此语序翻译就彻底弄错了,简直是荒唐的翻译!“解放南路”不是“解放”南边的路,而是“南解放路”经过语序调整的结果。准确的翻译应该是“South JieFang Road”(解放南路),“West AnShan Road”(鞍山西道)。要是翻译者知道一点汉语语音节律的知识,不至于犯这样的错误。
>
> 原来,汉语的语音是有节律要求的,四个字的语段,中国人不喜欢“1+3”的音节节奏,而喜欢“2+2”的音节节奏,这样才读起来顺

口。请看：

制电影片(1+3)→电影制片“2+2” (调整语序)

西鞍山道(1+3)→鞍山西道“2+2” (调整语序)

南解放路(1+3)→解放南路“2+2” (调整语序)

新滨海区(1+3)→滨海新区“2+2” (调整语序)

东西南北(1+3)→南北东西“2+2” (调整节律)

春夏秋冬(1+3)→春夏秋冬“2+2” (调整节律)

嬉笑怒骂(1+3)→嬉笑怒骂“2+2” (调整节律)

一衣带水(1+3)→一衣带水“2+2” (调整节律)

狐假虎威(1+3)→狐假虎威“2+2” (调整节律)

新新人类(1+3)→新新人类“2+2” (调整节律)

中国是一个诗歌的国度，与中华文化共生的汉语是诗化的语言。所以最讲究声音悦耳，节奏和谐，这可以从并列式的多音节语反映出来，因为它们地位平等，并无结构的先后，但是五个字的语流在读法上与五言诗的节奏完全对应，七个字的语流与七言诗的读法节奏对应。如果读得不对应，就不像汉语了：

五字的节奏为(2+3)，与“白日依山尽，黄河入海流”的节奏一致，试比较：

东西｜南北中、吃喝｜拉撒睡、红黄｜蓝白黑、生旦｜净末丑、眼耳｜鼻舌身、比学｜赶帮超、德智｜体美劳

就连外语译名和数码的读法也是如此：布加｜勒斯特、伊斯｜坦布尔、戈尔｜巴乔夫、瓦尔｜德海姆、德奎｜利亚尔、70｜183(电话号码)

七字的节奏为(2+2+3)，与“朝辞白帝彩云间，千里江陵一日还”的节奏一致，试比较：

柴米｜油盐｜酱醋茶、赤橙｜黄绿｜青蓝紫、喜怒｜哀乐｜惊恐惧、布伊｜诺斯｜艾利斯、83｜02｜203(电话号码)

案例五:曹雪芹《林黛玉进贾府》

下面举两段有关别人问黛玉读书的会话片段:

“贾母因问黛玉念何书。黛玉道:‘只刚念了四书。’黛玉又问姊妹们读何书。贾母道:‘读的是什么书,不过是认得两个字,不是睁眼的瞎子罢了!’”

“宝玉便走近黛玉身边坐下,又细细打量一番,因问‘妹妹可曾读书?’黛玉道:‘不曾读,只上了一年学,些须认得几个字。’”

研究《红楼梦》的学者都一再强调,林黛玉疑心重、小心眼儿、多愁善感,这种性格的形成是她母亲早亡后寄人篱下的结果。此种论调初听有道理,细想根本就不是这么一回事儿。上面黛玉回答别人的两句话就能发现她本性就是一个细心多虑之人。因为这是她第一天来到贾府,大家都围着她转,姥姥贾母稀罕喜欢得不得了。她才十三四岁,如果不是本性使然,才到贾府几个小时,这么短的时间无法一下子改变她的性格。她在回答姥姥的话中,还是比较谦虚的:“只刚念了四书。”读过《红楼梦》作品的都知道,林黛玉读过的书其实远比这四书要多得多。当“小心眼儿”的她顺势问姥姥贾府上的姐妹们读的是什么书时,却得到了姥姥突如其来并带有火气的一句回答:“读的是什么书,不过是认得两个字,不是睁眼的瞎子罢了!”这带情绪的回应着实把小小的黛玉吓了一大跳。所以,不明就里的她后来听到宝玉再问起她“妹妹可曾读书”的问题时,她的回答明显是句假话:“不曾读,只上了一年学,些须认得几个字。”试想,小小年纪的她这么机灵,这么会见机说话,如果不看成性格使然是说不过去的。可见,过多地强调后天环境对她性格的影响,与作品的精神不符,也不符合内外因关系的基本原理。毕竟内因是主导因素和决定因素,外因是次要因素,何况外因还得通过内因才能起作用。因而,林黛玉性格的形成,内因是主导因素,外因只是强化了她性格中多愁善感、哭天抹泪的某些天生的部分。把她的性格说成完全由寄人篱下使然是不符合唯物辩证法的。

这两小段文字中，还有一点必须特别指出，很多语文老师讲课时都要让学生体会和分析贾母说的那句话的真实含义：“读的是什么书，不过是认得两个字，不是睁眼的瞎子罢了！”教师都会让学生反思：这句话说明了什么？反映了什么？笔者有一次作为评课专家，听过一位教学能手的自主学习、合作学习的课。这位老师在向学生提出这样的问题后，学生都不约而同地回答，这句话反映了贾母“女子无才便是德”的根深蒂固的封建思想。这位老师对学生的回答很是满意并给予了极高的肯定。于是合作学习大获全胜，鸣金收兵。其实，贾母说的话根本不是这个意思，充其量，即便话语中有这个意思也非贾母要表达的主要方面。那么，问题出在哪里呢？原因就出在对于作品语言的分析流于形式，并未触及文本语言表达的真实意图。贾母说话时的口气：“读的是什么书！”是一个反问句，是带着极大的火气说的。她老人家好端端地怎么突然发起火来了？这无名之火从何而来呀？都把小小的黛玉吓坏了。原来让这位老太太生气的是黛玉的问话里有“读书”两字！为何一提“读书”两字老人就失态了，发那么大的火呢？想想她老人家最牵挂的是谁，是哪个心肝宝贝最不让她省心？如果你能引导学生这么去想，答案自然就在眼前！原来，一提读书就能把老人气死的人，恰恰是她的那个心肝宝贝宝玉！他“潦倒不通事务，愚玩怕读文章”“可怜辜负好韶光，于国于家无望”，每天就知道在内帏厮混，根本不想着将来考取功名，最不让老太太省心了。所以，当听到“读书”两字，老太太就本能式地火气不打一处来。说话的声音顿时增大，倒把个黛玉吓坏了。黛玉虽然不清楚姥姥为何生气，但她能猜出与读书有关，这才有了她后来在回答宝玉问题时竟然用假话来应对。可见，贾母带有火药味的话，其实是在生宝玉的气，并非着意要表达她的什么根深蒂固的“女子无才便是德”的封建思想。

像上面说的这些由于教师的原因导致常见的知识性错误，往往要伴随一

个人的一生。这样的例子不胜枚举:

“问渠哪得清如许,为有源头活水来。”渠,代词“其”,老师往往讲成水渠的“渠”!

“床前明月光,疑是地上霜。”“郎骑竹马来,绕床弄青梅。”诗中的“床”为小凳子,老师大都说成是床铺的“床”!

“停车坐爱枫林晚,霜叶红于二月花。”这是中国人耳熟能详的诗句,但好多人都不知道“坐”是因为、由于的意思,都想当然地理解为“坐下来”的“坐”。

一些电视剧、流行歌曲,文字错误百出,对受众形成无可想象的误导:

前些年有一首很流行的歌曲《漂洋过海来看你》,歌词中有句“在漫天风沙里望着你远去,我竟悲伤得不能自已。”笔者至少听过内地七八个著名歌手都唱的这首歌,但令人绝望的是,所有的歌手都把“我竟悲伤得不能自已”中的“自已”(抑制自己,“已”是停止、抑止之意)唱成了“自己”!谁听了都可能要一连七八天身上起鸡皮疙瘩了!

这些最基础、最简单的语文知识的使用错误,在社会上的泛滥成灾,严重地伤害着祖国语言与文化的纯洁、健康,谁之过?原因可能有多种,答案也可能多样,但,语文老师不重视语言的教育无疑是其中的一个重要因素。

看来,失去了语言的分析,语文教学的路径是值得怀疑的,是不得法的,文学作品的鉴赏只是浅层次的。笔者曾有过很多次听课、评课的经历,深知不能领会作品语言而进行的课文分析与解读,连语文学科的门都没有进入!

第三节　本书的基本内容与框架

本书秉承语言建构与运用是语文核心素养的理念,坚持恢复祖国传统语文教育中重视语言文字教育的思想,从现实中存在的问题入手,力求用实际的案例来展示问题所在、出现的原因、解决的办法与思路,探索一条科学高效、符合语文教学规律的语文教学与学习方法。

本书正文分为七章：

第一章为绪论，主要阐释语文教学的核心理念与核心素养，“得语言者得语文，得语文者得天下”是本书旗帜鲜明的口号与教学理念，为全书的写作意义与写作目的做了理论上的铺垫工作。

第二章是文学名作中的语言问题，“质疑”是语文学习中最有效的方法，我们选取了最著名的清代小说《红楼梦》、最有代表性的当代儿童文学作品《草房子》、中学教材中的《生命的意义》，还选取了全国人民都耳熟能详的电视剧《康熙王朝》《三国演义》中的歌词语言，就其中存在的语言问题进行了批评与商榷。对名人名著、实际生活中所见的语言使用问题进行了分析，既为中学语文教学提供了活的批评教材，又能通过我们的分析批评来提升受众的语言使用意识。

第三章的内容是关于话题作文与作文教学改革的。对于21世纪初蓬勃兴起的话题作文这一新生事物给予了特别关注与评论，特别是针对在话题作文教学施行过程中出现的问题进行了充分的分析。作者曾是山西省长达十年的高考语文评卷的领导者与组织者，是全国满分作文的开创者，是最早在高考阅卷中实行“背靠背”评卷的改革实践的实践者，根据自己的实践与认识，对于某些省市高考评卷中给文言作文打高分甚至满分的现象进行了批评，指出了其可能带来的负面影响。

第四章是对语文教学中出现的一些奇谈怪论的评论。其中对于古诗文特殊字注音的原则性问题，作者提出了自己的见解，对于教材中与教学中出现的一些非理性的现象进行了分析与批判。

第五章是文学作品的语言鉴赏专题。这一部分突出了从作品语言使用的角度来欣赏、鉴赏文学作品的新思路，既对语文教学的正确途径提供了示范，又是独立成篇的优美的文学鉴赏之作。

第六章集中分析了既往本义务教育阶段的六册语文教材中的语言问题。由于课本编写者的水平，在六册教材中，出现了诸多的词汇、语法、逻辑表达、注释等问题。这一章是最能反映作者语言能力的篇章，应该引起语文教学界，特别是教材的编写者的关注。同时，这一部分的语言材料的分析对于备战高考的同学,是一部活生生的改错练习题。

第七章是关于语文教学方法的理论思考与实践操作的专题讨论。对于提高语文老师在语文教学方面注重科学方法、避免教学的盲目性、提高教学与复习的效率等问题提供了理论与方法。

第二章　文学名作中的语言问题

第一节　《红楼梦》中疑问句的标点问题

《红楼梦》是中国古典长篇小说的经典，自问世以来，有过多种版本。1996年，经中国艺术研究院红楼梦研究所详细校勘，由人民文学出版社出版的《红楼梦》（见人民文学出版社1996年版"《红楼梦》校注本再版序"，该版本初版于1982年出版，1994年修订，1996年再版。本节取例均选自1996年的版本），是最为流行且影响较大的版本。笔者发现，该版本的标点有不少问题，尤其是疑问句后的标点使用很不一致。如用"难道……不成"构成的反问句81例，标问号的54例〔如：难道我见不得他不成？（7）〕[①]标感叹号的15例〔如：娘娘难道把皇上的库给了我们不成！（53）〕标句号的12例〔如：状元榜眼难道就没有糊涂的不成。（74）〕再如，"岂不省事"书中共出现6次，但3例标的是问号，另3例标的是句号。悉举如下：

①a. 贾母道："……叫他进来，岂不省事？"（29）

b. 林黛玉笑道："……你就把他的带来岂不省事？……"（31）

c. 因又向袭人道："……以后不如你收了过来照管他，岂不省事？"（58）

d. 宝钗忙道："……我前儿倒做了两套，拿来给他岂不省事。……"

① 例句后括号里的数码表示引用例句所在的回数。

(32)

e. 一面遂说道:“……莫若给他添上,岂不省事。”(64)

f. 尤二姐忙止泪反劝贾琏“……不如放他去罢,岂不省事。”(66)

诸如此类的标点不一致现象相当普遍,严重地影响了版本的权威性,且容易对阅读者准确理解文本造成误导。应该特别指出的是,这样的标点问题在其他古籍或当代出版物中也普遍存在。如王力主编的《古代汉语》,1962 年第一版,经多次修订,迄今已经印刷了 30 多次,是全国同类教材中使用最广、影响最大也最有权威性的教材,但教材中就有此类标点问题:

②a. “以此攻城,何城不克!”《左传·僖公四年》(第一册第 15 页)

b. “以此攻城,何城不克?”《左传·僖公四年》(第一册第 276 页)

③a. “于予与何诛!”《论语·公治长》(第一册第 182 页)

b. “于予与何诛?”《论语·公治长》(第一册第 272 页)

④a. 大车无輗,小车无軏,其何以行之哉!《论语·为政》(第一册第 181 页)

b. 大车无輗,小车无軏,其何以行之哉?《论语·为政》(第一册第 281 页)

因此,本节所讨论的标点问题,对其他出版物同样有针对性和适用性。

一、疑问句标点误用情况

我们对《红楼梦》中疑问句的标点进行了穷尽式的统计与分析,结果发现,书中标点误用有如下 4 种情形。

1 直接疑问句不用问号

这种情形分 3 种情况。第一种情况是有“某某问”提示的直接问句,且随后直接引出所提的问题,期待听话人的回答,这是最明显的直接问句,但书中不用问号,用的是感叹号或句号。此类误用书中共有 163 处,仅在第六回和第七回,这样的误标竟有 5 处。如:

⑤a. 周瑞家的又问板儿道："你都长这们大了！"(6)

b. 刘姥姥听了，罕问道："原来是他！怪道呢，我当日就说他不错呢。……"(6)

c. 宝玉便问道："周姐姐，你作什么到那边去了。"(7)

e. 一时凤姐尤氏又打发人来问宝玉："要吃什么，外面有，只管要去。"(7)

f.（凤姐）慢慢地问他：几岁了，读什么书，弟兄几个，学名唤什么。秦钟一一答应了。(7)

第二种情况是句中虽未有"问"一类的提示语，是属于典型的特指问句。疑问代词"谁""什么""为什么"等构成的特指问句，句末应用问号，书中却常误标为叹号和句号，如：

⑥a.（贾芹）说道："这是谁干的！我并没得罪人，为什么这么坑我！……"(93)

b. 凤姐儿道："那日并没一个外人，谁走了这个消息。"(74)

c. 凤姐道："我都嘱咐到了，这是什么人走了风呢。这不更是一件难事了吗。"(97)

d. 凤姐道："这是什么人这么刻薄嘴儿糟塌人。"(101)

e.（麝月）又向宝玉道："你却一个人站在这房檐底下做什么！"(113)

第三种情况是有问有答的语段，有的还有明显的疑问格式，但书中并未将它们标成疑问语气。下面的例⑦a，宝玉的两句话应是疑问语气，但书中都标成了陈述语气。例⑦b 中有"是不是"构成的正反问句，例⑦c、d 中下标横线的句子是回声问句，也均未标成疑问语气。如：

⑦a. 莺儿嘻嘻笑道："我听这两句话，倒像和姑娘的项圈上的两句话是一对儿。"宝玉听了，忙笑道："原来姐姐那项圈上也有八个字，我也赏鉴赏鉴。"宝钗道："你别听他的话，没有什么字。"宝玉笑央："好姐姐，你怎么瞧我的了呢。"宝钗被缠不过，因说道……(8)

b. 宝玉道："取了我的斗篷来不曾？"黛玉便道："是不是，我来了他就该去了。"宝玉笑道："我多早晚儿说要去了？不过拿来预备着。"(8)

c. 凤姐诧异道:“问谁?”贾琏道:“问谁! 问你哥哥。”(101)

d. 贾琏道:“……你知道外头人都叫他什么?”凤姐道:“叫他什么?”贾琏道:“叫他什么,叫他‘忘仁’!”(101)

2 间接问句后加标点混杂

吕叔湘曾指出:“问句有时不是独立的句,只是装在直说句的里面,作为全局的一部分,这个我们称为间接问句”(吕叔湘《中国文法要略》第289页)。这样的句子中因内含疑问子句,形式上貌似疑问句,所以带来了语气判别的困难。对间接问句语气的判定,王力曾有过明确的意见:“如果整个的疑问转成首品仂语,而为句子的主格或受格时,则不宜用疑问号,应该用顿号或句号。”(王力《中国现代语法》第389页)又说:“若说话人显然要求一个答复时,即使在形式上整个的疑问已转成首品仂语,也可以用疑问号。”并举例:“不知你能干不能干,说得齐全不齐全?”(王力《中国现代语法》第389页)王力先生给出的语气鉴别标准非常明确,但按此操作,仍行不通。下例⑧a、b中的间接问句都“要求有一个答复”,但都是陈述语气,而非疑问语气,因为它们的作用是在叙述。只有例⑧c中的间接问句才表疑问语气,它的作用不仅在于提出问题,期待听话人回答,更为重要的条件是在对话中出现的,所以必须标成问号。

⑧a. 子兴笑道:“你们同姓,岂非同宗一族?”雨村问是谁家。子兴道:“荣国府贾府中,可也玷辱了先生的门楣么?”(2)

b. 宝玉笑道:“我送妹妹一妙字,莫若‘颦颦’二字极妙。”探春便问何出。宝玉道:“《古今人物通考》上说……”(3)

c. 凤姐道:“常听见我们太爷们也这样说,岂有不信的。只纳罕他家怎么就这么富贵呢?”赵嬷嬷道:“告诉奶奶一句话,也不过是拿着皇帝家的银子往皇帝身上使罢了! 谁家有那些钱买这个虚热闹去?”(16)

可见,间接问句是否表示疑问,必须从它的作用和出现的语境两方面考虑。如果出现于叙述句而非出现在问话当中,它就失去了直接询问的功能,句子后就该标句号。而书中常把陈述性的间接问句误标为疑问语气,这类现象书中共有57例。如:

⑨a.（凤姐）又叫过周瑞家的去，问他才回了太太，说了些什么？（6）

b. 湘云忙道："有个好题目命他作。"众人问何题目？湘云道："命他就作'访妙玉乞红梅'，岂不有趣？"众人听了，都说有趣。（50）

c. 宝玉见了，喜不自胜，问"别人的也都是这个？"（28）

d. 贾母问"《白蛇记》是什么故事？"（29）

e. 众人笑道："这又呆了。'天下老鸹一般黑'，岂有两样的？"薛姨妈因又问是那里拾的？湘云方欲说时，……（57）

f. 里面却又寂然无声，李纨倒着忙起来，想来必是已死，都哭过了，那衣衾未知装裹妥当了没有？连忙三步两步走进屋子来。（97）

3　疑问句连用，语气前后不一

连续的疑问句，其语气上应一致连贯，而书中常出现标点的不一致。如：（贾政）忽抬头见宝玉在旁不敢则声，因喝道："怎么你应说话时又不说了？还要等人请教你不成！"（17）引号中贾政质问宝玉的两句话，都是反问句，语气不可能不一致，可书中前句用问号，后句用叹号，把本来连贯一致的语气生生地隔断了。此类标点问题共有235例，部分实例如下：

⑩a. 宝玉忙道："这如何使得！才好了些，如何做得活。"（52）

b. 麝月道："大白日里，还怕什么？还怕丢了你不成！"（78）

c. 袭人道："你说要定神，我倒喜欢，怎么又定到这上头了？有话你明儿问不得！"（104）

d.（宝玉）递与黛玉瞧道"你瞧瞧，这是什么！我那一回把你的东西给人了？"（17）

e. 尤氏道："谁议论什么？又有什么可议论的！姑娘是谁，我们是谁。……"（74）

f. 红玉向外问道："倒是谁的？也等不得说完就跑，谁蒸下馒头等着你，怕冷了不成！"（26）

例⑩a是先用感叹号，再用句号，竟没有问号；例⑩b、c是先用问号，再用感叹号；例⑩d是先用感叹号，再用问号；例⑩e、f就更特殊了，两个直接疑问中均包含多个问句,书中却按三种语气处理了。

4 反问句标点误用情况严重

王力认为反问号“与疑问句同一来源”(王力《中国现代语法》第160页)。吕叔湘说“反问实在是一种否定的方式。”两位其实各说对了一半。反问句与疑问句相同的仅是形式,即都用了疑问的形式;异的是其内容,一般疑问句是有疑而问的,反问句是无疑而问,这“无疑而问”才是实质性的。反问句表达的是双重否定,但它与一般否定句是不同的。一般否定句是语义上的否定,而反问句是语用上的否定,即通过质问其负命题,形成对命题的肯定强调,因而反问句是强调口气的一种语用手段。试比较“他来了”与“他没有来吗”“他没有来”与“他来了吗”这两组表面意思相同的句子不难看出,后一句用的都是反问的手段(形式),表达的分别是“他必定来了”和“他必定没来”的意思(内容),反问句和非反问句相比,多出来的是“必定”的意味,这个“必定”的意味正是强调的口气。可见,反问句与感叹语气、陈述语气是不沾边的。《红楼梦》中反问句后面有的用问号,有的用叹号,还有的用句号和逗号,语气认定的标准极不一致。如“……不成”是典型的反问句式,句末应用问号。然而,书中175个用“……不成”构成的反问句,标成问号的有110例,叹号的有38例,句号的有23例,逗号的有4例。以下各举一例:

⑪a. 凤姐笑道:“普天下的人,我不笑话就罢了,竟叫这小孩子笑话我不成?”(7)

b. 那里今儿又巧,你也遇见找衣裳不成。(37)

c. 你们是一气的,都戏弄我不成!(21)

d. 鸳鸯见说,不禁红了脸,又悄笑道:“究竟我也不知什么是崩不崩的,你倒忘了不成,先我姐姐不是害这病死了。……”(72)

用“为什么”构成的反问句共96例,标点也极不一致。问号有56例、句号有16例、感叹号有16例,逗号有8例。各举一例:

⑫a. 姑娘看着该喜欢才是,为什么反倒伤起心来。(67)

b. 我待你不错呀,为什么你倒拿话来葬送我呢!(103)

c. 李嬷嬷道:“他又不痴,为什么不进来?”(26)

d. 咱们明儿到阎王庙去烧香,和阎王爷说去,问他一问,叫我们托生人,为什么单单的给那小蹄子一张乖嘴,我们都是笨的。(54)

相同问句,相同语气,标点应该一致。奇怪的是,书中的标点却五花八门,前面例1各句就属此类。再如,“如何使得”书中共出现过14例,其中问号3例,叹号5例,句号6例。各举一例:

⑬a. 宝玉道:“这越发过露了。‘秦人旧舍’说避乱之意,如何使得? ……”(17)

b. 宝玉忙道:“这如何使得! 才好了些,如何做得活。”(52)

c. 晴雯因说:“正经给他们茶房里煎去,弄得这屋里药气,如何使得。”(51)

更让人不解的是,同样的问句,在同一个人的口中相继说出,语气居然也不同。如:

⑭a. 尤三姐便啐了一口,道:“我们有姊妹十个,也嫁你弟兄十个不成。难道除了你家,天下就没了好男子了不成!”(65)

b. (晴雯)冷笑几声,道:“……便是你们鬼鬼祟祟干的那事儿,也瞒不过我去,那里就称起‘我们’来了。明公正道,连个姑娘还没挣上去呢,也不过和我似的,那里就称上‘我们’了!”(31)

c. 凤姐在车上说与贾蓉道:“以后还不早打发了这个没王法的东西! 留在这里岂不是祸害? 倘或亲友知道了,岂不笑话咱们这样的人家,连个王法规矩都没有。”(7)

d. 凤姐想了一想:凡丧仪大事虽妥,还有一半点小事未曾安插,可以指此再住一日,岂不又在贾珍跟前送了满情,二则又可以完净虚那事,三则顺了宝玉的心,贾母听见,岂不欢喜? ……(15)

e. 凤姐会意,因笑道:“你也太操心了,难道大爷比咱们还不会用人? ……谁都是在行的? ……难道认真的叫他去讲价钱会经纪去呢! 依我说就很好。”(16)

f. 赵姨娘道:“……难道就眼睁睁的看人家来摆布死了我们娘儿两个不

成? 难道还怕我不谢你?”(25)

g. 赵姨娘啐道:“谁叫你上高台盘去了? 下流没脸的东西! 那里顽不得? 谁叫你跑了去讨没意思!”(20)

例⑭a 中两个反问句都用了“不成”,例⑭b 中两个反问句都用了“那里”,几乎一模一样,例⑭c、d 的两个反问句中均有“岂不”,例⑭e、f 的两个反问句中均有“难道”,例⑭g 中都有疑问代词“谁”,这些句子均出自同一次言语行为中,但书中硬是把它们一分为二,标成了两种语气。这种不一致的标点,书中还有 49 处。

顺便说明一下,我们统计的后标为逗号的反问句指的是如下的情况。如:

⑮a. 紫鹃笑道:“我说的是好话,不过叫你心里留神,并没叫你去为非作歹,何苦回老太太,叫我吃了亏,又有何好处?”(57)

b. 贾琏道:“提他作什么,我那里有这些工夫说闲话儿呢。……”(24)

c. 贾母道:“既这们着,你老人家老天拔地的跑什么,就带他去瞧了,叫他进来,岂不省事?”(29)

d. 黛玉站在炕沿上道:“罗唆什么,过来,我瞧瞧罢。”(8)

e. 卜世仁道:“怎么急的这样,吃了饭再去罢。”(24)

这五个例句中,问话中实际上都包含了两次言语行为。前三例是两次反问,后两例前面是反问,后面是祈使。如果使用逗号,就等于把两种(次)言语行为看成了一种,这显然是不妥的,对读者阅读文本是有误导的。

二、《红楼梦》中标点误用对文本理解的影响

标点符号的使用问题看似很小,所以很难引起研究者的关注。但是从文献整理者和阅读者的角度来看,任何一个标点符号的使用都不可等闲视之。作为四大名著之一的《红楼梦》,一部不朽的文学经典,它的版本的整理与校勘是一项意义深远的文化工程,其重要性更是毋庸置疑。经典应该体现为包括标点在内的权威性,我们不应将一本不经精心标点的版本留给后人。语言文字是作品的骨与肉,标点符号则是作品的神与脉。从阅读者的角度来看,精

准的标点,会引领他领悟作品精妙细微之处。因此,一个标点符号的误用,很可能导致对文本理解的误导,对准确领会和把握原著的精神形成干扰。这些误导与干扰有如下三个方面。

1　语气的判定与语境不符,不利于文本的理解

⑯a. 平儿手里正掰了个满黄的螃蟹,听如此奚落他,便拿着螃蟹照着琥珀脸上抹来,口内笑骂:“我把你这嚼舌根的小蹄子!”琥珀也笑着往旁边一躲,平儿使空了,往前一撞,正恰恰的抹在凤姐儿腮上。凤姐儿正和鸳鸯嘲笑,不防唬了一跳,嗳哟了一声。众人撑不住都哈哈的大笑起来。凤姐也禁不住笑骂道:“死娼妇!吃离了眼了,混抹你娘的。”平儿忙赶过来替他擦了,亲自去端水。(38)

b. (黛玉)方抽抽噎噎的说道:“你从此可都改了罢!”宝玉听说,便长叹一声,道:“你放心,别说这样话。就便为这些人死了,也是情愿的!”(34)

例⑯a 中凤姐骂平儿话语的语气,与语境极不相符,没有抓住话语的神。体察语境可知,凤姐的话中应是两个感叹句和一个反问句,即:“死娼妇!吃离了眼了?混抹你娘的!”书中把后两句作为一个陈述语气的句子标点,这种软绵绵的语气消减的是话语的力度,怎能显示出王熙凤悍妇的性格?怎能正确引导读者准确理解文本?例⑯b 黛玉话语的语气也与语境和黛玉的性格有悖。从宝玉的叹气与话语“你放心”推知,黛玉的话是以疑问语气而绝非规劝性的祈使语气说的。她欣赏的是宝玉叛逆的性格,所以才担心宝玉挨打之后会“改了”。黛玉是用疑问语气来试探、刺激宝玉的,她的“激将法”与宝钗的“规劝”形成对照。书中把黛玉疑问的语气标成了规劝性的祈使语气,不仅不符合语境,连林黛玉性格的“神”也给扭曲了。

2　把语气强行合并或肢解,消减了语言设计的细微之处

在一个人连续的话语中,常常包含两种语气,这两种语气表示的是不同的言语行为。说话人相继施行的不同的言语行为绝不是随意的,要受到说话环

境、说话者的身份地位等因素的影响。细微之处见精神,作家对人物语言的设计,绝非随意为之,是人物性格、角色、情景综合作用下的“景语”。而书中常把人物话语当中隐含的不同语气强行合并,不利于引导读者深入品味作家语言功力的细致处,从而造成对阅读文本的干扰。请看几例:

⑰a. 这熙凤携着黛玉的手,上下细细打谅了一回,仍送至贾母身边坐下,因笑道:“天下真有这样标致的人物,我今儿才算见了!况且这通身的气派,竟不象老祖宗的外孙女儿,竟是个嫡亲的孙女,怨不得老祖宗天天口头心头一时不忘。……”(3)

b. 门子笑道:“老爷当年何其明决,今日何反成了个没主意的人了!”(4)

c. 刘姥姥便要走。凤姐道:“忙什么,你坐下,我问你近来的日子还过的么?”(113)

d. 紫鹃只是哭叫:“姑娘怎么样了,快醒转来罢。”(83)

例⑰a 的王熙凤的话语的语气有三处问题。其一是“天下真有这样标致的人物”一句的语气,根据语境可知,此句必须是疑问句,方能与后续的感叹句“我今儿才算见了”形成一问一叹的呼应格式;其二是两句“竟……”与“怨不得……”的语气认定。两句“竟……”与“怨不得……”这三句都应是感叹语气。这才是王熙凤在老祖宗面前说话的口吻,才是她故弄玄虚的语言特点,才是她为讨好老祖宗而演的戏。例⑰b、c、d 各例中都包含两种语气,例⑰b 先赞叹后发问,是门子对其上司的语气;例⑰c 先反问后命令再发问,是主子对下人的语气;例⑰d 先发问后央求,是丫鬟情急之下的语气。奇怪的是书中把这些不同语气强行合并,不加区分,读者若根据书上的标点,很难体会在这些话语中所反映出的人物的语言风格以及人物角色、所处环境对话语语气的制约因素。

与上述把不同语气强行合并不同的是,书中还常把同一个人同一次言语行为中相同的语气强加肢解。这种标点问题,在书中也相当突出,我们在本节第一部分中已经论及。这种强行肢解相同语气的做法对读者理解作品的误导作用同样不能低估。如:

⑱a. 李嬷嬷听了这话，益发气起来了，说道："你只护着那起狐狸，那里认得我了，叫我问谁去？谁不帮着你呢，谁不是袭人拿下马来的！……"（20）

b. 探春听说，登时沉下脸来，道："这话糊涂到什么田地！怎么我是该作鞋的人么？环儿难道没有分例的，没有人的？一般的衣裳是衣裳，鞋袜是鞋袜，丫头老婆一屋子，怎么抱怨这些话！给谁听呢！我不过是闲着没事儿，作一双半双，爱给那个哥哥弟弟，随我的心。谁敢管我不成！这也是白气。"（27）

c. 赵姨娘啐道："谁叫你上高台盘去了？下流没脸的东西！那里顽不得？谁叫你跑了去讨没意思！"（20）

例⑱a、b、c 中的反问句分别有四个、六个、三个，书中把人物话语中包含的几次相同的质问的言语行为强行肢解为几次不同的言语行为。例⑱a 是宝玉的奶妈李嬷嬷质问宝玉时说的，四个反问句的连用，是受冷落后的怒气冲冲的大发泄。例⑱b 是探春对其生母连珠炮式的一番数落，得势而忘本的嘴脸。例⑱c 是赵姨娘骂子的声气，一腔失势的怨气与无奈。作家这种反问连用的话语设计，用意是借人物语言彰显人物性格。书中的标点显示不出话语的语势，还把作家的用意歪曲了。

三、《红楼梦》中标点误用的成因

分析《红楼梦》疑问句标点符号使用上的问题，我们不难发现，这些问题不是个别的，而是有联系且成系统的，这说明整理者在对句子语气的认定上，仍然存在着一个认识上的盲区。我们认为，这主要是不区分语气与口气导致的必然结果。

1　语气与口气的区分

语气与口气是两个不同的语用概念。何谓语气？范晓、胡裕树指出："句子都有一定的语气。语气能反映句子的表达用途，可以表示直陈、疑问、祈使、感叹等。按语气给句子进行分类,分出来的类叫作句类。”①语气是句子身上所特有的表示话语功能类型的语用成分。它与 discourse function(话语功能)之间有密切的关系。具体句子的目的或用途是多种多样的,因而句子的语气又可以根据其具体的功能分为不同的下位类型。

口气是说话人对所述命题的情感和态度,是由说话人在表达命题时表现出来的主观情态内容,它包括急促与舒缓、强调与委婉、确信与推测、惊异与顺意、张扬与收抑、偏执与宽容、亲昵与蔑视、提醒与解释等②。

语气和口气虽然都是由句子表达的语用意义,但是二者有本质的区别:(1)语气重句子使用的客观之效,而口气重句子表达的主观情态。(2)语气是由整个句子表达的,口气往往附着于句子中某个特定的词语上。如“难道、哪里、才、并、简直、绝对、丝毫”等表强调口气,“高低、分明、恰恰、明明”等表确信口气,“或许、未免、未尝、无非、莫非、大约”等表推测口气。(3)每个句子都表达特定的语气,因为都有特定的表达用途,但每个句子不一定都带有特定的口气。(4)从句子生成的顺序看,确立句子的语气在先,增加句子的口气在后。因此同一句子在语气不变的情况下,还可以再增加表示不同的口气成分。如:

⑲a. 那些人便说道:“老三,你怎么样?不下来捞本了么?”(111)

b. 凤姐道:“二十一是薛妹妹的生日,你到底怎么样呢?”(22)

c. 知县道:“这妇人胡说,现有尸格,你不知道么。”(86)

d. 袭人道:“宝二爷天天上学,你难道不知道,还候什么信呢。”(85)

例⑲a、b 中两个问句都包含了“你怎么样”,所不同的是 b 中增加了语气副词“到底”,使这一问句带上了偏执口气。例⑲c、d 两个问句的主干结构中都有“你不知道”,例⑲d 中的语气副词“难道”,给问句增添了强调的口气。可见,口气成分的增加,并不改变原句子所表达的语气,也不会改变原句子的功能与用途。口气只体现了说话人的主观情感与态度,它是句子中最典型的

① 范晓、胡裕树《有关语法研究三个平面的几个问题》,《中国语文》1992 第 4 期。

② 温锁林《现代汉语语用平面研究》,北京图书馆出版社 2001 年版。

人际成分。

以往的语法论著中，不仅没有区分语气与口气的意识，甚至于对语气的认识也不很清楚。王力曾给语气做过界定："每一句话总带着多少情绪。这种情绪，有时候是由语调表示的。但是，语调所能表示的情绪毕竟有限，于是中国语言里还有些虚词帮着语调，使各品情绪更加明显。凡语言对于各种情绪的表达方式，叫作语气；表示语气的虚词叫作语气词。"①吕叔湘对语气也下过定义："语气可广狭两解。广义的语气包括语意和语势。所谓语意，指正和反，定和不定，虚和实等区别。所谓语势，指说话的轻重，缓或急。狭义的语气，……可以说是概念内容相同的语句，因使用的目的不同所生的分别。"②很明显，王力所说的语气和吕叔湘所说的"广义的语气"，实际上指的是口气。吕叔湘谈的"狭义的语气"才提及语气的要旨，可惜语焉不详，并没有把语气与口气严格而清晰地区分开来。理论上的缺陷必然是语气认定混乱的根源，中国学术界没有区分语气与口气的传统，所以在给古代典籍加标点时，往往误将句子口气当成了语气，《红楼梦》中出现的疑问句后标点的误用也就不足为奇了。

句子语气的认定，表面上看是一个标点问题，从实质上看是一个语法问题。因此，要从根本上解决句子语气的标注问题，必须从语法上入手，把语气与口气区分开来。同时还应明确句子的观念，《红楼梦》中的不少标点错误，是对句子的界定模糊造成的。句子所代表的是一个言语行为，每个言语行为都是用一定的语气表示的。书中400多例疑问句后竟然标了逗号，就是句子的观念不强所致。再看一例：

⑳璜大奶奶听了，说道："那里管得许多，你等我说了，看是怎么样！"(10)

璜大奶奶的话中包含了疑问和陈述两个言语行为，应标成"那里管得许多？你等我说了，看是怎么样。"但书中却在疑问句后标上了逗号，陈述句后标上了感叹号。

---

① 王力：《中国现代语法》，商务印书馆，1985年6月第1版，第160页。

② 吕叔湘：《中国文法要略》，商务印书馆，1956年8月第1版，第261页。

2 句子语气认定的标准

我们认为,句末点号(如句号、问号、感叹号)是对句子语气的标注,目的是标出说/写者使用句子的功能和用途。因此,句号、问号、感叹号只与句子的语气相关,与句子所表达的口气无关。陈述句后只能标句号,感叹句和祈使句后只能标感叹号,疑问句后只能标问号。本节所讨论的《红楼梦》中的疑问句应一律标为问号。各种句类都有特定的语法标志,《红楼梦》的校注者正是忽略了语气的形式依据,而被句子所携带着的口气所迷惑,结果因人为的混乱导致了疑问句后的标点误用,进而给阅读者带来困扰,这是标注者根本没有想到的。

四、余论

《中华人民共和国国家标准:标点符号用法》规定:“句末点号用在句末,有句号、问号、叹号 3 种,表示句末的停顿,同时表示句子的语气。”在“用法说明”中还规定:“疑问句末尾的停顿,用问号。”“反问句的末尾,也用问号。”但它又规定:“语气强烈的反问句末尾,也用叹号。”①这些规定其实是互相矛盾且含混的。既然反问句末尾用问号,为何有的反问句的末尾“也用叹号”?难道反问句不属于疑问句?再者,语气何种程度为“强烈”?用什么标准来衡量?这本身就是一个很难量化的问题,由于标准的含糊不清,在给反问句加标点时只好凭着感觉来了。久而久之,反问句后由问号而感叹号,由感叹号而句号,甚至逗号都开始出现,最终由反问句标点的混乱又引发了整个疑问句系统的标点混乱。《红楼梦》中疑问句标点的现状就充分表明了《中华人民共和国国家标准:标点符号用法》的规定含混不明所带来的严重后果。

---

① 国家语委标准化工作委员会办公室《国家语言文字规范和标准选编》,中国标准出版社,1997 年第一版,第 425-426 页。

第二节　《红楼梦》中的语言问题

《红楼梦》是中国古典长篇小说的经典，是一部具有高度思想性和高度艺术性的伟大作品，其语言艺术成就，更是代表了我国古典小说语言艺术的高峰。自问世以来，有过多种版本。人民文学出版社 1996 年出版的《红楼梦》(第二版)，经中国艺术研究院红楼梦研究所多名专家参照多种抄本进行了几次详细校注，是最为流行且影响较大的版本。笔者发现，该版本中仍然有不少语言方面的问题。这些问题，有的是校勘者的疏忽导致的。比如第三回中写黛玉的一段心理活动：

一语未了，只听外面一阵脚步响，丫鬟进来笑道："宝玉来了！"黛玉心中正疑惑着："这个宝玉，不知是怎生个惫懒人物，懵懂顽童？"——倒不见那蠢物也罢了。心中想着，忽见丫鬟话未报完，已进来了一位年轻的公子……

很明显，破折号后"倒不见那蠢物也罢了"仍是黛玉的心理活动，应放在引号中。书中还有标点误用的问题，如第六回中周瑞家的问板儿的话，应该用问号，书中用的却是感叹号：周瑞家的又问板儿道："你都长这们大了！"本节要讨论的不是这类校勘问题，而是原著本身存在的语言问题，也就是说，这些问题是作家原创性的语言失误，又被校勘者原原本本地留在了书中。如第十五回中水溶的话就是一个典型的由句式杂糅而形成的病句："小王虽不才，却多蒙海上众名士凡至都者，未有不另垂青目。"水溶先生的这句话得改成"小王虽不才，却多蒙海上众名士错爱，凡至都者，未有不另垂青目的"，或改为"小王虽不才，海上众名士凡至都者，未有不另垂青目的"才通顺。这些语病虽只属白璧微瑕，不会影响到整部巨著的艺术成就，但与作品的经典地位还是不相称的。就笔者所见，书中的语言问题有以下四个方面。

一、问话的提示语后不见问语

汉语直接问句的常见格式是,前有“某某问”作为提示成分,随后直接引出所提的问题,期待听话人的回答。《红楼梦》中,有的直接问句,提示成分后的引号里根本找不到问话,出现了奇怪的“所引非所问”现象。书中此类情况有13处之多。如(例句后括号内的数字表示作品的回数):

①王夫人听了这话内有因,忙问道:“我的儿,你有话只管说。近来我因听见众人背前背后都夸你,我只说你不过是在宝玉身上留心,或是诸人跟前和气,这些小意思好,所以将你和老姨娘一体行事。谁知你方才和我说的话全是大道理,正和我的想头一样。你有什么只管说什么,只别教别人知道就是了。”(34)

②贾母喜的忙问:“这茶想的到,且是地方,东西都干净。”(38)

③麝月便忙问岫烟道:“想来别人求他是不肯的,好姑娘,我给姑娘磕个头,求姑娘就去,若问出来了,我一辈子总不忘你的恩。”(94)

④宝玉看了,也念了两遍,又念自己的两遍,因笑问:“姐姐这八个字倒真与我的是一对。”莺儿笑道:“是个癞头和尚送的,他说必须錾在金器上……”宝钗不待说完,便嗔他不去倒茶,一面又问宝玉从那里来。(8)

二、前言与后语对不了号

《红楼梦》里还有不少句子,前后失去照应,给人“前言不搭后语”之感。如:

⑤贾母那边听见,一叠声问:“见了什么这样乐,告诉我们也笑笑。”(38)

⑥a. 这门子忙上来请安,笑问:“老爷一向加官进禄,八九年来就忘了<u>我</u>了?”(4)

b. 门子笑道:“不瞒老爷说,不但这凶犯的方向<u>我</u>知道,一并这拐卖之人<u>我</u>也知道,死鬼买主也深知道。待<u>我</u>细说与老爷听:……”(4)

c. 门子道："小人已想了一个极好的主意在此：……小的在暗中调停，令他们报个暴病身亡，……小人暗中嘱托拐子，令其实招。……"(4)

例⑤中引述语"一叠声问"，意味着引号中的话语中至少应有两到三次发问，可找了半天也只找到一个没加问号的疑问句。例⑥是门子跟贾雨村的几个对话片段。众所周知，在等级森严的封建社会，门子对顶头上司说话应诚惶诚恐，开口"老爷""大人"、闭口"小人""奴才"才是。可书中的门子却不是这样，他跟上司的第一次说话就自称"我"，而且一用就是10次。但不知为何他马上又改口"小的""小人"地自称起来，连着各用两次。门子的这种先傲后卑、前后不一的自称很不得体，应是作家的一种笔误。

三、偷换叙述角度

叙事性文字，应该保持叙述角度的一致性，如果发生叙述角度的变换，文中应稍加说明或暗示，方不致使读者如堕烟海，搞乱头绪。《红楼梦》中就有偷换叙述角度的问题：

⑦说话时，已摆了茶果上来。熙凤亲为捧茶捧果。又见二舅母问他："月钱放过了不曾？"熙凤道："月钱已放完了。才刚带着人到后楼上找缎子，找了这半日，也并没有见昨日太太说的那样的，想是太太记错了？"王夫人道："有没有，什么要紧。"(3)

这是《红楼梦》第三回林黛玉进贾府时的一段叙述，"熙凤亲为捧茶捧果""又见二舅母问他"很明显是以黛玉作为视点的，但后文叙述角度就突然"暗渡陈仓"，"二舅母"一下子变为"王夫人"，给人一头雾水。第三回中叙述角度暗转的情形还有好几处。如：

⑧黛玉亦常听得母亲说过，二舅母生的有个表兄，乃衔玉而诞，顽劣异常，极恶读书，最喜在内帏厮混，外祖母又极溺爱，无人敢管。今见王夫人如此说，便知说的是这表兄了。(3)

这一段也是以黛玉为叙述视点的，其中几个动词"听""见""知"都是黛玉的感知。但是，以她的角度叙述的"二舅母"，又变成了"王夫人"，不知不觉把叙述角度转换了。

四、句子成分多余

《红楼梦》里有的句子怎么读来都颇感别扭,有的甚至会读不通,细细琢磨,才发现原来是句子里有多余的成分。试看:

⑨黛玉笑道:“就是扯谎,自来也没听见这山。”宝玉道:“天下山水多着呢,你那里知道这些不成。等我说完了,你再批评。”(19)

⑩当下雨村见了士隐,忙施礼陪笑道:“老先生倚门伫望,敢是街市上有甚新闻否?”士隐笑道:“非也。适因小女啼哭,引他出来作耍,正是无聊之甚,兄来得正妙,请入小斋一谈,彼此皆可消此永昼。”(1)

⑪又常对跟他的小厮们说:“这女儿两个字,极尊贵,极清净的,比那阿弥陀佛,元始天尊的这两个宝号还更尊荣无对的呢!你们这浊口臭舌,万不可唐突了这两个字要紧。但凡要说时,必须先用清水香茶漱了口才可,设若失错,便要凿牙穿腮等事。”(2)

例⑨“你那里知道这些不成”中,“那里”和“不成”都是表示反问的词语,循环使用,语义重复。例⑩中“敢是”与“有……否”两套疑问词语共用造成了成分多余。例⑪中,前有语气副词“万”做评注性状语,后有形容词“要紧”做评注性谓语,一前一后的两个评注性成分虽然句法性质不同,但语义上是重复的。上述三例中重复的成分,只有去掉其中之一,句子才是通顺的。

古人云:“尽信书则不如无书。”我们相信,《红楼梦》中还有其他语言问题尚未被人发现,本节的指误也只能算是列举性的,文中所指的“误”也只是个人的一点认识。管窥之见,还请方家指正。

第三节 《草房子》中的语言问题

《草房子》是国际安徒生奖获得者、中国著名儿童文学作家曹文轩的代表作之一,自 1997 年出版以来畅销不衰,多次再版,并被译为英文、法文、日文、韩文等;它先后获得冰心文学奖、国家图书奖、全国优秀儿童文学奖、宋庆龄儿童文学奖等;改编的电影《草房子》也斩获中国电影金鸡奖最佳剧本奖、德黑兰国际电影节评审团特别大奖"金蝴蝶奖"等。《草房子》因其在中国儿童文学领域的巨大成就和影响而入选"百年百部中国儿童文学经典书系",其中第八章的部分内容更是以《孤独之旅》为题节选编入以往人教版中学语文课本①。中国作家协会副主席樊发稼评价说:"读《草房子》真正是一种享受,是一种文学的享受,艺术的享受;是一种真、善、美的享受。"作为儿童文学经典,《草房子》也是文笔优美、语言凝练的佳作,蒋金绵的《〈草房子〉文学语言研究》对该作品的语言特点进行了评价②,胡超琼曾对其文学语言做了专门研究③。不过细读之下,我们却也发现了不少语言问题,这对该作品的传播会产生一定的负面影响。出于使《草房子》这部名著更加完美的考虑,我们以中国少年儿童出版社 2018 年版《草房子》为底本,从词汇、语义、语法、逻辑与表达等几个方面对作品的语言问题进行评析,希望再版时修正。

一、用词问题

优秀的文学作品最讲究遣词造句,因为准确精当的用词用语最能反映一个作家的语言水平,从而保证作品具有持久的艺术魅力。作为流布广泛的名著,更应成为规范运用语言的样本,不能出现用词模棱两可、似是而非的情况,更要杜绝词语的误用。作品的用词问题如:

①从西边吹来的风,又把这乳白色的热气往东刮来。(第 24 页)

第二个"来"应该改成"去"。

②小姑娘,快快长,长大了,跟连长,有得吃,有得穿,还有花不完的现大

---

① 教育部组织编写. 语文(九年级上册)[M]. 北京:人民教育出版社,2018:77-83.

② 蒋金绵:《〈草房子〉文学语言研究》[D]. 西安:陕西师范大学,2011 年。

③ 胡超琼. 小说《草房子》的语言特点[J]. 名作欣赏,2018,(8):38-39

洋……(第30页)

这里的“有得吃,有得穿”中的“得”是明显的误用,应该改成“的”。

③但纸月却没有一点点傲气。她居然丝毫也不觉得她比其他孩子有什么高出的地方,一副平平常常的样子。她让油麻地的小学的老师们居然觉得,她大概一辈子都会是一个文弱、恬静、清纯而柔和的女孩儿。(第41页)

《现代汉语词典》(第7版)(第703页)释“居然”为“表示出乎意料;竟然”,例(3)第一个“居然”是为了表现出纸月的行为让人出乎意料,但是第二个“居然”用得就有些莫名其妙了。根据纸月的表现,老师们自然会觉得“她一辈子都会是一个文弱、恬静、清纯而柔和的女孩儿”,这里并没有表示转折或者出乎意料的意思,所以后一“居然”纯属多余,删掉即可。

④正在冬季里,石板小道两边,无论是枫树、白杨还是银杏,都赤条条的。(第48页)

“赤条条”是一个状态词,“形容光着身子,一丝不挂,毫无遮掩。”[《现代汉语词典》(第7版)第178页]在此来形容冬季里落了叶子的树显然不合适。

⑤父亲后来也曾怀疑过他是一个念书已念得很高的学生。(第50页)

作者用“念书已念得很高的学生”要表达的是“他”念过很多的书,而且文化程度很高。但用“高”来表达是不妥当的。可以改为“父亲后来也曾怀疑过他,觉得他是一个念过很多年的书,而且文化程度很高的学生。”

⑥白雀还有一副好嗓子。不洪亮,不宽阔,但银铃般清脆。(第71页)

“宽阔”的意思是“宽广开阔”,用以形容道路、胸襟、思路等,如“宽阔平坦的林荫大道”,“洪亮”意为“(声音)大;响亮”[《现代汉语词典》(第7版)第542页],例⑥用“宽阔”和“洪亮”来修饰“嗓子”并不恰当。结合上下文,可以考虑将例⑥改为:“白雀还有一副好嗓子。声音虽不太洪亮,音域也不宽,但银铃般清脆。”

⑦他把笛子随意地扔在床里,都没有将它放进白布套里,白布套也被皱巴巴地扔在一旁。(第83页)

“床”不能和“里”搭配,例⑦的“床里”用得显然不合适,改为“床上”方通。

⑧细马听不懂，望望他，望望你，意思是说：这个秃子在说什么？（第171页）

“望望他，望望你”是叙述性语言，意思是想说细马听不懂别人的话，只好看看这个，看看那个。句中的代词“他”和“你”用得是有问题的。

⑨他觉得对不住儿子。但他现在除了用大手去安抚儿子的头，也别无他法。（第259页）

“安抚”的意思是“安顿抚慰；安慰”［《现代汉语词典》（第7版）第6页］，如“安抚伤员”“安抚人心”，而例⑨“安抚”一词与“儿子的头”在意义上是不能搭配的。因为“安抚”的对象必须是人或者是心灵，绝不能是人身上的某个部位。从“用大手”可知，作者想通过一个具体的手部动作——“抚摸（儿子的头）”来描写父亲杜雍和安慰儿子的情节，却把“抚摸”的意思误用“安抚”来表达了。

⑩杜小康闻到了一股鸭身上的羽绒气味。他把头歪过去，几乎把脸埋进了一只鸭的蓬松的羽毛里。他哭了起来，但并不是悲哀。他说不明白自己为什么想哭。（第262页）

既然是“说不明白”，一定和“说”脱不了干系。比如“要问我当时为什么哭了，我一下子也说不明白”“你连这么简单的事情都说不明白，还想当演说家呢”。可例⑩描述的是少年杜小康为追赶走失的鸭子而与父亲失去了联系，只得一个人在黑夜与鸭子们孤苦相守的情景，要着意告诉读者的是他又冷又累、又惊又怕的处境，并不涉及杜小康与人对话告白的环境。所以，此处的“说不明白”用得令人费解，改为“不清楚”或“不明白”才确当。

二、语法语义问题

名著之所以著名，其语言文字一定是经得起推敲的，不仅遣词造句要经得起考验，而且要严格遵守汉语的习惯、合乎现代汉语语法规则。《草房子》中存在不少语法及语义上搭配不当的问题，例如：

⑪她的毛笔字大概要算是油麻地小学的学生中间写得最好的一个

了。……桑乔的毛笔字,是油麻地小学的老师中间写得最好的一个。(第 40 页)

例⑪两句话出现在同一段落,都犯了主语和宾语语义上搭配不当的语病。第一句话的主语是“她的毛笔字”,宾语却是“油麻地小学的学生中间写得最好的一个(学生)”,“是”表示等同[①],然而其前主语指物,其后宾语指人,是无法等同和匹配的。应该改为“她的毛笔字大概要算是油麻地小学的学生中间写得最好的了”或者“她大概要算是油麻地小学的学生中间毛笔字写得最好的一个了”。第二句有同样的语病,应该改为“桑乔的毛笔字,是油麻地小学的老师中间写得最好的”或者“桑乔是油麻地小学的老师中间毛笔字写得最好的一个”。

⑫杜小康撒尿时,总有那么几个小孩儿站在那儿很羡慕地看,把他撒尿时的那副派头吃进脑子,仿佛要努力记住一辈子。(第 144 页)

例⑫中“记住一辈子”是典型的动宾搭配不当,动补结构“记住”和“一辈子”在语义上是不能匹配的,我们可以记住某个人、某件事、某一天,“一辈子”怎么“记住”呢?“一辈子”在这里可以做时间补语,将“记住一辈子”改为“记一辈子”或者“记上一辈子”就说得通了。

⑬这一切,既困扰、折磨着杜小康,但也在教养、启示着杜小康。(第 254 页)

“教养”作动词用时,意思是“教育培养”[《现代汉语词典》(第 7 版)第 659 页],主语必须是人,如“教养子女”“教养孩子”。而这一句中的“教养”的主语是“这一切”,指的是杜小康遭遇到的困难,生活中的困难只能教育人,启发人,不可能“培养”人什么。所以,此处的“教养”应改成教育才说得通。

⑭桑桑现在再见到的杜小康,已经是一个远远大于他的孩子了。(第 255 页)

这句话里说杜小康“已经是一个远远大于他的孩子了”,语法与语义都是不通的。我们很少听到说某人大于某人,只能说某人年龄比某人大。句中缺

---

① 吕叔湘. 现代汉语八百词(增订本)[M]. 北京:商务印书馆,1999:496.

少了比较的标准，是年龄还是身高？让人一头雾水。根据文中的意思，作者想要表达的是杜小康的身高已经远远高于桑桑了，所以，此例拟改为“桑桑现在再见到的杜小康，已经是一个个子远远高于他的孩子了”。

⑮他觉得自己将这么小小年纪的一个孩子，拉进他这样一个计划里，未免有点残酷了。（第259页）

“小小”作为形容词重叠式已经有了程度深的意思，无须再用表示程度的代词“这么”修饰，例⑮中的“这么小小年纪”其实是“这么小年纪”“小小年纪”两个近义结构的杂糅，任选其一即可。

三、逻辑与表达问题

语言是传递信息和表情达意的工具，好的作品不仅要做到文从字顺、言简意赅，还要特别关注表达的逻辑，否则，表达轻则拖泥带水、没有美感，表达重则逻辑不通甚至自相矛盾，如此一来名著的语言示范作用就大打折扣了。请看《草房子》中的例子：

⑯六年级的语文老师朱恒问：“桑桑，是有相亲的要来吗？”桑桑说：“去你的。”他自己也感觉到，他的小白褂子实在太白了，赶紧往自己的教室走。（第39页）

例⑯中的“去你的”使用不当。朱恒是桑桑的老师，尽管朱老师是跟他开了一个玩笑，但桑桑毕竟是个小学生，而且并不是那种极不懂事的孩子，此处让他用粗野的“去你的”来回答老师的问题，不合人情事理。结合人物性格及交际场景，后两句可以改为“桑桑的脸一下子红了，他自己也感觉到，他的小白褂子实在太白了，赶紧往自己的教室走”。

⑰桑桑的母亲很纳闷儿，终于在见到桑桑吃饭不再吃得桌上汤汤水水，直到将碗里最后一颗米粒也拨进嘴里才去看他的鸽子时，向桑桑的父亲感叹道：“我们家桑桑，怎么变得文雅起来了？”（第42页）

例⑰中“时”前有一个超长的定语“见到桑桑吃饭不再吃得桌上汤汤水水，直到将碗里最后一颗米粒也拨进嘴里才去看他的鸽子”，这是典型的欧化表达,虽不算错,但显得过于冗长臃肿,既不合乎汉语表达习惯,也不利于儿童阅读理解。结合前文,可以改为:桑桑的母亲很纳闷儿,待见到桑桑吃饭不再吃得桌上汤汤水水,直到将碗里最后一颗米粒也拨进嘴里才去看他的鸽子,她终于向桑桑的父亲感叹道:“我们家桑桑,怎么变得文雅起来了?”

⑱蒋一轮的眼泡因过度睡眠而虚肿,嗓子因过度睡眠而嘶哑。(第83页)

例⑱“嗓子因过度睡眠而嘶哑”或许来自作者的生活体验,可能有病理上的解释,但极其不符合人们的生活认知,下文紧接着也交代:“蒋一轮自己也怀疑自己病了,去镇上医院做了检查。结果是没有任何病。”过度睡眠和嗓子嘶哑之间没有常规的因果联系,这样的表述会对读者们产生一些误导,尤其不应该在儿童文学中出现。

⑲它们的羽毛开始变得鲜亮,并且变得稠密,一滴水也不能泼进了。(第262页)

例⑲以“一滴水也不能泼进”进一步说明鸭子长大后羽毛变得稠密,有悖事理与逻辑:“泼”为动作动词,意为“用力把液体向外倒或向外洒,使散开”,比如“扫地时,泼一点儿水,免得尘土飞扬”。须知“一点儿”“表示不定的较少的数量”或“表示很小或很少”[《现代汉语词典》(第7版)第1533页],而非“一点”,一个雨点那样的水量是不能用“泼”的,同样,没有人会拿“一滴水”来“泼”,因此“一滴水”和“泼”从语义和逻辑上讲是不匹配的。考虑到作者希望通过否定极小量来否定全量(最小的都否定了也就等于否定了全部),可以将“一滴水也不能泼进了”改为“一点儿水也渗不进了”。

⑳公鸭们变得更加漂亮,深浅不一样的蓝羽、紫羽,在阳光下犹如软缎一样闪闪发光。(第262页)

读者欣赏作品,作品也应照顾读者。例⑳“深浅不一样”指的是蓝羽、紫羽的颜色,考虑到少年儿童读者的认知水平和接受程度,还是表述完整为宜。此外,从韵律上来看,“深浅不一样”也不如“深浅不一”协调。该句或可微调为:“公鸭们变得更加漂亮,颜色深浅不一的蓝羽、紫羽,在阳光下犹如软缎一样闪闪发光。”

㉑秦大奶奶被人从水中捞起时，似乎已经没有气了。她湿漉漉地躺在一个大汉的臂弯里，被无数人簇拥着往河堤上爬去。……（第126页）

这段话叙述的主体（主语）是秦大奶奶，她被人救起时几乎没气了，明明是“躺在一个大汉的臂弯里”，怎么又能“被无数人簇拥着往河堤上爬去”？原来这段话暗中偷换了主语，其实“被无数人簇拥着往河堤上爬去”的并非秦大奶奶，而是那个抱着她的大汉！所以，最后的“被”字句，应该改成“无数人簇拥着那个抱着她的大汉往河堤上爬去”方才表述顺当。

㉒听见这笛声，做作业的桑桑或是照应鸽子的桑桑，就会不由自主地停下来。（第206页）

这句话表达啰唆，改成“听见这笛声，桑桑不论是做作业还是在照应鸽子，就会不由自主地停下来。”

㉓芦苇丛中还有一种不知名的香草，一缕一缕地掺杂在芦叶的清香里。使杜小康不时地去用劲嗅着。（第246-247页）

作者要表达的是芦苇丛中还有一种不知名的香草，散放出缕缕香气，吸引得杜小康不时地用劲去嗅。但却说成是香草一缕一缕地掺杂在芦叶的清香里，这样的表述逻辑是不通的。

需要说明的是，《草房子》中的语言问题还不止以上列的这些，我们仅仅是就一些有明显语言问题的地方进行了分类评析。之所以如此“较真”，源于我们对名著的追求与热爱，因为越是名著，尤其是能够节选编入教材的名著，越要做到字字珠玑，句句精雕细琢，尽量避免语言文字之误，这样才能真正起到名著进教材的示范性作用。“言之无文，行而不远”，名著恒久远，语言最关键。

第四节　《生命的意义》中的语言问题

《生命的意义》节选自苏联作家奥斯特洛夫斯基所著的《钢铁是怎样炼成的》。这一节写的是保尔·柯察金瞻仰烈士公墓后引发的对生命的思考。保尔以他在革命烈火中锻炼成长为无产阶级钢铁战士的经历和体验,对生命的意义做出了响亮的回答,这个回答激励了千千万万青少年,成为几代人的人生座右铭。这一励志的篇章曾多次被选进中学语文课本,如今,又入选既往的“义务教育课程标准实验教科书”(五四学制)《语文》七年级上册。该教材由人民教育出版社课程教材研究所、中学语文课程教材研究开发中心共同编著,经全国中小学教材审定委员会 2005 年初审通过,人民教育出版社 2007 年 3 月第 2 版出版发行。

按理说,这一短文只有 473 字,可是,我们发现,课文中有几处语言的使用,尚有改正的必要。请看:“也不知是哪一位热心肠的人,用云杉枝条编织的花环,装点了那一排掩埋忠骨的坟墓,又在小小的墓地周围种植上一圈苍翠的小树。陡坡外高耸着挺拔的青松。谷地里满铺着如茵的嫩草。”这一段文字的最后两个小句中都存在表意重复,给人拖泥带水的感觉。前一小句中“挺拔”一词是“直立而高耸”[《现代汉语词典》(第 7 版)第 1308 页],词义已涵盖了“高耸”。后一小句中前有“满铺”,后用“如茵”,造成了表意的叠床架屋。“茵:垫子或褥子”[《现代汉语词典》(第 7 版)第 1560 页],很明显,“如茵的嫩草”就是“像垫子一样铺着的嫩草”,前边的“满铺”似无使用的必要。还有,这两个小句之间也不应用句号,而应用逗号,因两个小句是并列的描写句,语义连贯对称,这种情况下汉语的习惯是用逗号或分号,这与西方语言中只要主谓完整就要用句号的习惯大异其趣。所以,最后两个小句比较地道的汉语译文应该是:

“陡坡外青松挺拔,谷地里嫩草如茵。”

这样翻译,表达更为干净利落,语义也显得连贯通畅。

第二处值得商量的地方是:“这儿是小镇的尽头,阴郁而冷清。只有松林轻声地沙沙作响。四野里复苏的大地散发出新春的气息。”最后一句中“四野里”放在句首,不加逗号则易看成“复苏”的状语,语义上就显得不相适合。语义上“四野里”应该是“散发出新春的气息”的修饰成分。故而,要么改为“复苏的大地四处散发着新春的气息”,让其紧邻其修饰成分;要么改为“四野里,复苏的大地散发出新春的气息”,停顿后,即使“四野里”所携带的信息得以强化，又解除了其语义对紧邻成分的干扰，较原译更为妥帖。

这两处语言问题在课文中还不算典型，只是在用词和语序上不太精致。第三处的语病就太明显了：

“人，最宝贵的是生命。生命对每个人只有一次。”

众所周知，“生命”为无生名词，它不可能主动地“对人”或“对物”怎么样。除非将其拟人化，可说成“生命对每个人都很公平”或“生命对人一视同仁”。“生命对每个人只有一次”的译法违反了汉语的语法限制，造成了语法病句。汉语中这句话可有五种正确的说法：①对每个人来说，生命只有一次。②生命对每个人来说，只有一次。③每个人的生命只有一次。④生命，每个人只有一次。⑤每个人，生命只有一次。唯独不能说的是课文中的译法，奇怪的是，译者给出的恰恰不是这五句中的任何一句。

第五节　电视剧《康熙王朝》主题曲中的语言问题

电视连续剧《康熙王朝》是一部热播剧，剧本编写的水平很高。剧作者巧妙地连缀了康熙皇帝斗鳌拜、撤三藩、收复台湾、扫平噶尔丹、选立太子等一生中颇有代表性的大事件，艺术化地塑造了一代天骄康熙大帝的辉煌人生。剧作的片头曲《向天再借五百年》，樊孝斌作词，张宏光作曲，由著名歌手韩磊演唱，该曲随着电视剧的播出而一路走红，传遍了大江南北，并成为韩磊多次演唱的代表作品。该歌曲在 2012 年 10 月 2 日中央电视台举办的《30 年电视剧歌曲盛典》中还获得了“中国改革开放 30 年优秀电视剧歌曲”的荣誉。

然而，盛名之下，其实难副。该歌曲的歌词与剧本的水准并不般配，其中的语言错误有的太过低级，让人大跌眼镜。为了让读者了解我们对该歌曲的歌词的点评意见，不妨先感受一下其部分歌词：

沿着江山起起伏伏温柔的曲线

放马爱的中原爱的北国和江南

面对冰刀雪剑风雨多情的陪伴
珍惜苍天赐给我的金色的华年
做人一地肝胆
做人何惧艰险
豪情不变年复一年
做人有苦有甜
善恶分开两边
都为梦中的明天
看铁蹄铮铮　踏遍万里河山
我站在风口浪尖
紧握住日月旋转
愿烟火人间　安得太平美满
我真的还想再活五百年
……

看了歌词您有什么感受呢?好像很有气势。这是以剧中的主人公康熙的口吻唱出来的,粗看起来,确实能把康熙皇帝气贯长虹的远大抱负、永载史册的辉煌业绩通过此曲告诉我们。不错,词作者的想法可能正是如此。然而,歌词中有如下三处错误,大大地抵消了这一创作目的。

一是"一地肝胆"。这可是笔者平生第一次听到的成语。成语有"一身肝胆""肝胆相照",意思都是要人们做人襟怀坦白、光明磊落。

二是"看铁蹄铮铮踏遍万里河山"一句,其中的"铁蹄",一般来讲,多含贬义,怎么能让康熙皇帝自己说他要乘着"铁蹄"踏遍万里河山呢?其实,把"铁"改为"马"就可以了。

三是"愿烟火人间　安得太平美满"一句,这句歌词有两种正确的写法:一是"问烟火人间安得太平美满",句子得变成问句,加问号才成;二是"愿烟火人间安享太平美满",句子是祈使句,句末加感叹号。可是词作者把两种正确的说法杂糅到一句中说了。显然这是他不知道古代汉语中"安得"的用法与意义所致。"安得"是"如何能够""怎么才能"的意思,如刘邦"安得猛士兮守四方？”杜甫“安得广厦千万间，大庇天下寒士俱欢颜。”

谬用词语，害人不浅。前些年电视剧《还珠格格》里就把汉代乐府民歌《上邪》中的“山无陵”（líng）篡改成了“山无棱”（léng），害得观众中“山无棱”之声不绝于耳。“陵”本义为“山丘”，“山无陵”就是山没有了高起的山丘部分。试想，山又不是石块，怎么能有棱角？

第六节　电视剧《三国演义》歌词中的语言表达问题

中国古典四大名著之一的《三国演义》被央视改编成电视连续剧已经有二十多年了。每年都会有不少电视台将其复播，这也说明了该电视剧具有极高的艺术水准，得到了广大观众的普遍认可。自从该剧电视台首播以来，随着该剧的持续热播，其片头曲《滚滚长江东逝水》与片尾曲《历史的天空》分别由著名男中音歌唱家杨洪基先生和著名歌手毛阿敏演唱，早已成为广为流传、家喻户晓的经典歌曲。那么，这两首创作于不同时代、风格迥异的歌曲，放在电视剧的开头和结尾处，合适吗？还是先请各位读者重新阅读品味一下这两首歌曲的歌词：

《三国演义》片头曲《滚滚长江东逝水》（临江仙）

词作者：［明］杨慎

滚滚长江东逝水，浪花淘尽英雄。
是非成败转头空，青山依旧在，几度夕阳红。
白发渔樵江渚上，惯看秋月春风。
一壶浊酒喜相逢，古今多少事，都付笑谈中。

《三国演义》片尾曲《历史的天空》

词作者:王健

暗淡了刀光剑影,远去了鼓角铮鸣,
眼前飞扬着一个个鲜活的面容。
湮没了黄尘古道,荒芜了烽火边城,
岁月啊你带不走那一串串熟悉的姓名。

兴亡谁人定啊,盛衰岂无凭啊,一页风云散,变幻了时空。
聚散皆是缘啊,离合总关情啊,担当生前事,何计身后评!
长江有意化作泪,长江有情起歌声。
历史的天空闪烁几颗星,人间一股英雄气,在驰骋纵横。

如果单独看电视剧《三国演义》中的这两首歌曲,你可能觉得写得都不错。片头曲《临江仙》出自明代杨慎(1488—1559)之手,他是明代大文人,号称明代三大才子之首。这首《临江仙》开头一句"滚滚长江东逝水,浪花淘尽英雄"借用了苏轼的《念奴娇·赤壁怀古》中"大江东去,浪淘尽,千古风流人物"的意蕴。意在表明,任何叱咤风云的风流人物,哪怕他干出了可以惊天地、泣鬼神的大事业,让当时的人们仰慕不已,但是,随着时间的流逝,都可能会被浪花淘尽、被后人遗忘。英雄只能是时代的,从历史的长河来看,任何不可一世的人物,都只是岁月和历史长河里翻卷起的一朵浪花而已。英雄人物最看重的是非对错、成功失败,但是非也好,成败也罢,在历史的洪流里,只不过是江河里的浪花转瞬即逝,根本不值一提。青山常在,绿水长流,太阳每天依旧升起落下,青山夕阳不会因某个英雄的离去而发生任何的改变。总之,词的上阕意在告诉人们:做英雄真的也没多大的意思!那些费尽心机、拼尽毕生精力追求大成功和大作为的英雄,放在历史的长河里,只不过是泛起的一朵小浪花而已,比起永恒的青山夕阳,真是微不足道!

那么,什么样的人生才是人们应该效仿与追求的呢?答案就在词的下阕。那些被世人忽略甚至正眼都不会一瞧的打鱼者与砍柴者才是人生的赢家。别看他们普通到不能再普通,但正是因为他们脑子里没有那些成功失败、是是非非的执念,活得反倒是轻松而自在,他们满头的白发可以告诉别人什么叫颐养天年,什么叫闲庭信步。两位老人在江边喜相逢,他们看惯了日出日落、云卷云舒,看惯了秋月春风!尽管喝的并非高级玉液的琼浆,只是自酿的浊酒,但是,这两位老人那洒脱乐观的小酌,却羡煞那些所谓的英雄!那些老人家听闻的古代故事,那些发生在赤壁附近的英雄争霸的历史传说,让多少人仰慕不已的伟大人物,反倒成了两位老人下酒的小菜,助兴的佐料!他们一边喝酒一边在拿所谓的英雄说事,开心逗乐!古今多少事,都付笑谈中。原来,无欲则刚,无过多的功名利禄的牵挂才能福寿延年,享受人生的快乐。

总之,杨慎的这首《临江仙》,充斥着一种道家的虚无,一种红尘看破、英雄无奈的落魄与悲凉!一言以蔽之:做英雄根本没什么意思!还不如做个普通人快乐呢!

可是,听到毛阿敏唱的片尾曲,却突然觉得里面要表达的意思却与片头曲大相径庭!

“暗淡了刀光剑影,远去了鼓角铮鸣,眼前飞扬着一个个鲜活的面容。”尽管三国英雄争霸的刀光剑影、鼓角铮鸣的现场不再,但是,这些英雄却把他们的英名镌刻在中华民族的记忆中:“红脸的关公战长沙,黄脸的典韦、白脸的曹操、黑脸的张飞叫喳喳……”眼前飞扬着一个个鲜活的面容,绝不是白头发的打鱼人与砍柴者,更不是那些普通的庶民百姓,恰恰是那些为了成功实现自己远大理想征战沙场的大英雄。“湮没了黄尘古道,荒芜了烽火边城”,尽管历史已经远去,当年的古道湮没了,曾经烽火连天的边城荒芜了,但是,岁月并没有因时间的远去而遗忘掉那一串串熟悉的英雄豪杰的姓名。青史留名的还是那些奋斗不止,做出了惊天动地业绩的大英雄!谁还能再说“浪花淘尽英雄!”英雄就是要把握时代的脉动,顺应历史的潮流,改天换地,做出无愧于时代的伟大业绩,他们“担当生前事,何计身后评!”不管别人怎么说,在历史的特定时刻,他们能够担当使命,不负韶华,有所作为,不管成功还是失败,不管别人论是论非,他们真正对得起生活的那个时代,历史因他们而改变了时代走向!长江之水是特意为他们的英雄业绩与奋斗史诗流下的眼泪,长江本流的巨浪,是为他们而唱起的赞美的歌声！历史的天空永远闪烁着的那几颗灿烂的星斗,是英雄化而为之,他们的贡献正是在于以伟大的理想抱负,以惊天动地的业绩鼓舞着一代又一代的后来者,生命不息,奋斗不止！给人间留下了一股英雄正气,激励和鼓舞着后人在人生的疆场上奋勇驰骋！这就是英雄的意义所在！

总之,《三国演义》的片尾曲意在告诉人们:做人就要做英雄！英雄才能改变历史,才能给人奋进的力量！

由此看来,《三国演义》的片头曲和片尾曲从意思上看是相悖的。片头曲要人看破红尘,不要被功名利禄所迷惑！看了容易让人消沉。而片尾曲正好相反,鼓舞人们要奋斗,要人学习古代的英雄,做出一番大事业,雁过留名,才能对得起人的一生！

故而,笔者认为,长篇电视连续剧《三国演义》把明代杨慎的《临江仙》作为片头曲似乎有欠考虑,它构成了对整部电视剧主题的偏误性指向,形成了与片尾曲相悖的效果！

第三章　话题作文与作文教学改革

近年来，在我国普通高考的作文命题中，话题作文已经成为高考语文改革中的亮点，它是继恢复高考以来的命题作文、给材料作文之后的第三种作文模式，体现出鲜明的时代特色。这种作文给学生一个既有开放性又有约束力的“话题”，提倡学生的自由创造，放飞学生的想象，是一种新颖的作文形式，是一个革命性的创意。因而它的出现受到了广大考生、教师的欢迎，成为高考语文改革中与时俱进的丰硕成果。

我们也应该看到，话题作文问世仅有几年时间，很多人对它的基本特点和要求认识还不到位，不仅在考生作文和教师教学中还存在一些误区，就是高考作文阅卷操作上也尚有误区。所以从理性上重新审视话题作文，不仅是很有必要的，而且是很有意义的。

第一节　话题作文漫谈

一、话题作文的特点及优点

话题作文的基本特点是“文意自定、文体自选、题目自拟”的“三自”方针，其优点也通过“三自”方针而体现出来。

第一，立意相当灵活，写作的范围非常宽泛，几乎没有任何限制，只要在话题所规定的范围之内与话题相关的内容,均可以纳入笔下。

第二,在文体上也把选择权交给了考生。这种命题,大大扩展了选材视野,给考生提供了丰富多样的表现形式,使所有的考生都能做到有话可说,还可以任意选择个人擅长的文体,做到各展其能。同时,也给素质较高的考生,给具有一定灵气和才华的学子以及学养丰厚、文情卓越的才俊,创造了充分展示和发挥其才情的广阔天地。

第三,作为一种导向,它使学生和老师从多年给材料作文僵化的"叙—议—联—结"作文模式中解放出来,扭转了高中学生为了应试而只练议论文一种文体的不健康的倾向,使语文教学和作文训练更加多姿多彩,最大限度地激发不同类型学生的写作热情,增强学生的写作自信心,全面提高广大中学生的写作水平和语文素质。因而它不仅激活了作文教学,也激活了整个语文教学。

实践证明,由于话题作文的推出,使我国中学生的整体写作能力大幅提高,有效地推动了素质教育的发展。开始以话题作文命题后,高考作文的整体水平堪称迥异于前,考生的写作风貌有了极大的改观。叙真情讲真话的作文多了,有个性、有见识、具有创新意识、逆向思维的作文多了,美文、妙文、奇文多了。所以,话题作文的积极意义是不容低估的。

二、话题作文与给材料作文的区别

话题作文这种广大考生、教师欢迎的新模式,却受到了不少人士的非难和批评。批评其"主题先行"者有之,指责其"路子越走越窄"者有之,甚至还能听到"应该给话题作文送终了"等论调。从考生的作文来看,许多考生还未了解话题作文的基本要求,还未从给材料作文的老路中转过弯来。更让人担心的是,不少中学教师对话题作文的理解尚未到位,还在热衷于让学生单练议论文一种文体,套用一句流行歌词,他们仍"拿上给材料作文的旧船票,要学生登上话题作文的新客船"。

上述批评意见以及考生的作文和教师教学中问题的出现,说明不少人对话题作文这种新型的作文模式还停留在给材料作文的认识水平上。话题作文与给材料作文的区别有以下四点，下面做具体分析。

1. 所给材料的作用不同

话题作文所给的材料只起引出话题的作用，而给材料作文中的材料本身暗含了观点。话题作文所给的话题，必须通过某个故事、某个材料才能引出，因此话题作文所给的材料只是一种提示、一个引子，而不含有观点，更不是论据。

2001年高考语文试题中的话题作文——“诚信”，所给材料是一个身背七个背囊的年轻人为过河丢弃“诚信”的寓言故事。这个故事是命题人为引出“诚信”的话题而编的，如果没有这个故事而只给出“诚信”的话题，岂不是又变成了命题作文？但必须指出，这个故事中并未含有对此年轻人丢弃“诚信”行为本身的评价。

给材料作文就不同了，所给材料中本身暗含了某种观点。如1983年语文高考试题中的给材料作文要求根据一幅题为“这里没有水，再换个地方挖”的漫画写一篇议论文，漫画讽刺了一种不脚踏实地、不做深入调查、蛮干瞎指挥的社会现象，暗含了“不做深入调查，就不能得出正确结论”的观点。我们看到，2001年语文高考试题中的作文中，有不少考生针对那位青年的做法，把诚信和金钱、美貌、才学等其他六个背囊中的内容逐个比较，从而得出诚信不可抛的观点。2002年语文高考试题中的作文，仍有不少学生的作文大谈那位登山者该不该救那个陌生人，这种处理，是把话题作文所给的材料当成了论据，是给材料作文的思路。

2. 所给的材料的使用不同

话题作文中的材料是引出话题，话题引出后，它的作用已经完结，写作者可以完全不再提及材料的内容。给材料作文必须首先涉及材料，从材料中提炼出一个观点，因此分析所给材料是给材料作文的起点，其作用正如田径赛场上跳远时设定的跳板，不从跳板起跳就是犯规。这是由给材料作文“叙—议

—联—结”的基本模式决定的,“叙”就是要写作者简要叙述材料的内容,叙的目的是要从中引发提炼出文章的观点,否则,观点的提出就让人觉得突如其来,文章就会以跑题看待。因此,在材料的使用上,两种作文形式有着明显的区别。

3. 主题的有无不同

话题作文无预设的主题,给材料作文的材料中暗含着主题。话题作文中的话题有类似法规的性质,考生的作文必须在所给定的话题范围内展开,或议论、或抒情、或叙述,但是有一条,立意不能跑出所规定的话题,否则就是跑题。话题作文的“文意自定”就是这个意思。不少考生硬是从材料中机械地搬来某个“主题”,反观考场作文中出现的这种现象,特别是话题作文是“主题先行”等批评意见,都是对“文意自定”的理解不到位所致。“文意自定”就是无给定的主题,所以在“诚信”这一话题下,考生从“诚信不可抛”这样的角度立意是切题的,从“诚信可抛”这样的角度逆向立意也不能看成跑题。2001 年全国卷某考生的一篇《不诚不信不为过》的文章得了满分就是明证,山西省 2000 年某考生的一篇《答案是丰富多彩的吗》的文章,2001 年某考生的《诚信不可抛》的文章,都从逆向立意,也得了高分。

话题作文与命题作文和给材料作文的根本区别在于,它从来没有预设的主题。有人硬说 2002 年的“心灵的选择”的话题作文的主题就是“生死的选择”,甚至是唯一的选择,是命题人事先设定的主题等,这实在是一种误解。“心灵的选择”是一个非常开放的命题,其思想内涵是相当丰富的,需要我们的心灵做出选择的并不限于生死,善恶、苦乐、公私、正邪、进退、取弃、奢俭、劳逸、忠奸、爱憎、真假、雅俗、是非等矛盾范畴都能纳入这一话题,甚至报考志愿时专业的选择,也要涉及心灵的斗争才能做出,同样符合话题的要求。

也有人从时事政治的角度来批评话题作文是“主题先行”。从几年来话题作文所给的材料来看,的确都体现出某种时代精神。1999 年“假如记忆可以移植”的命题,体现的是对科技发明这把双刃剑利与弊的思考;2000 年“答案是丰富多彩的”的命题,体现的是对世界多元性和生活多样化的关注;2001

年"诚信"的命题,体现的是对某些人道德滑坡的反思;2002 年的"心灵的选择"的命题,体现的是团结协作双赢的时代话题。所有这些,无不具有鲜明的时代特色和浓郁的时代精神。有人硬要把命题中所体现的时代精神说成是"主题先行",恰恰是思想僵化的反映,是简单拉郎配的结果。

4. 体裁限制的有无不同

"文体自选"是话题作文的特点,在体裁上没有限制。给材料作文有体裁的限制,一般都是议论文。近 1999 年前高考作文,基本上是给材料作文,这种从材料中提炼观点再加以分析议论的作文模式,把作文的体裁锁定为单一的议论文,造成了全国上下几百万中学生几乎只练议论文的不健康现象。在议论文一种模式的制约下,考生作文大多论证落俗、议理平淡、文思板滞、事例因循,简单地趋附短时期内的特定形式,说空话套话而言不由衷者也很多。话题作文文体不限的开放思路,无疑给沉寂的中学作文教学和写作打开了一片灿烂的天空,为中学生写作能力的全面发展指引了前进的方向。《全日制普通高级中学语文教学大纲》要求学生能够"恰当运用叙述、说明、描写、议论、抒情"等表达方式进行写作,明确要求中学生具有全面的写作能力。我们欣喜地看到,随着话题作文的问世,考生的文体异彩纷呈,他们的作文几乎涵盖了所有文章体裁,除了常见的议论文、记叙文、散文外,像小小说、散文诗、演讲稿、说明文、书信、日记、剧本等文章形式,在试卷中也时有发现。这是高考作文改革的新收获,是全面贯彻语文教学大纲的好思路,更是素质教育的最好体现。

三、2003 年话题作文评析

2003 年的作文仍旧是话题作文。题干部分选取《韩非子·说难》中的一个寓言故事,要求以"感情亲疏和对事物的认知"为话题写一篇文章。

2003 年的话题作文,较之 1999 年的"假如记忆可以移植",2000 年的"答案是丰富多彩的",2001 年的"诚信",2002 年的"心灵的选择",有以下几个

特点:

1. 话题的导引性和限制性更加明确

2000年“答案是丰富多彩的”的话题,选材立意的限制性很小,只要在“答案是丰富多彩的”的话题范围内即可;2001年“诚信”的话题,选材立意的限制性加强了,必须在“诚信”的范围之内;2002年“心灵的选择”的话题,选材立意的限制性进一步加强,除了“选择”的限制外,还必须突出“心灵”的含义,也就是要突出展现选择的心路历程,选择的心灵要义;2003年“感情亲疏和对事物的认知”的话题,引导性和限制性更加强了,更明确了,不仅要求立意选材在“感情亲疏”的范围内,而且必须同时兼及“对事物的认知”,光写一方面,都会造成偏题甚至跑题。

2. 对考生的要求提高,更便于区分考生的认知能力和写作能力

2003年“感情亲疏和对事物的认知”的话题作文,要求考生认识并处理好这样一组矛盾和关系:

(1)感情的亲疏和对事物认知的关系;

(2)对事物认知的正与误、深与浅的关系;

(3)感情的亲与疏的关系;

(4)认知的主体(人)和被认知的客体(事物)之间的关系。

可见,2003年的话题作文与往年的话题作文相比,要求明显提高了,如果分析能力不强,看不出命题中所蕴含的多重关系,是不容易写好的。这样的命题便于把分析能力强、写作水高的考生与分析能力不强、写作水平不高的考生区分开来,提高了试题的区分度。便于考查考生的素质,对今后中学的语文教学特别是作文教学具有很好的导向作用。

3. 题干中有明显的写作暗示,便于考生审题立意

考虑到考生对“感情亲疏和对事物的认知”这样一个包含多重关系的话题不易把握,题干中有这样的导语:“我们在认识事物和处理事物的时候,感情上的亲疏远近和对事物认知的正误深浅有没有关系呢？是什么样的关系呢？”这些导语的出现，具有很好的暗示和导引作用，要求考生写作时要关注“感情亲疏和对事物的认知”之间的关系，这样就减少了考生写作中偏题或离题的可能性。

“立意自定”是话题作文与给材料作文的一个根本性的区别，没有了立意上的限制，把立意的选择权交给了考生，放飞考生的思维和想象，鼓励考生的独立创造精神和个性化的发挥。考生可以正向立意，也可以逆向立意。今年的题干中首次出现了“但是，也常见到许多不同的甚至相反的情况”这样的话语，这是允许考生进行逆向立意的暗示语。这样的暗示更符合话题作文“立意自定”的特点和要求，易于解决由于对话题作文的特点和要求认识不到位而产生的阅卷中的分歧。

四、2003 年作文评分标准的不足

作文评分标准在科学性、严谨性方面尚有不足。高考作文的分值为 60 分，是主观性试题中分值最大的一道试题，占整个语文试题分值的五分之二。所以受到考生、教师乃至社会的广泛关注。

但是我们看到，话题作文这种因题材与体裁选择的灵活性受到广大考生欢迎的作文考试形式，从 1999 年，似乎出题人对它的特点和要求仍然认识不到位。在制定作文评分标准上存在一些不足，具体表现是：

1. 所给评分标准与试题的要求不相符

试题要求的第三点是“文体自选”，意思是文体没有限制，什么体裁都可，但评分标准的发展等级中第一项“深刻”所给的①②③条标准分别是：“透过现象深入本质”“揭示问题产生的原因”和“观点具有启发作用”，这样的标准一看就知道是为议论文一种文体而设立的，与“文体自选”的要求相悖，容易给阅卷工作带来干扰。

2. 语句不通

发展等级第二项“丰富”中的“意境深远”应为“意蕴深远”。

3. 等级评分标准貌似条分缕析,采分标准制订得相当详细,但没有详细的等级配制标准,使得作文评分标准很难掌握

如内容上偏离题意的四类作文,表达上等级的上限并无具体规定,发展等级一项该不该再给分,如给,有无上限等,这些均无具体说明。所以,作文评分标准难以统一是历年考试都无法回避的一个问题。山西省的“背靠背作文评分办法”对于解决这一难题做出了重要贡献,但是,作文评分如何更具有客观性、公正性、科学性,仍然是命题工作的一个重要攻关项目。

第二节　高考中的异类作文

1999 年以来,我国普通高考的作文都是以话题作文的形式出现的。这种作文以“立意自定、文体自选、题目自拟”的“三自”方针为特点,给学生一个既有开放性又有约束力的“话题”,把立意的选择权和文体的选择权都交给了考生,提倡学生的自由创造,放飞学生的想象,是一种新颖的作文命题模式,是一个革命性的创意。因而它的出现受到了广大考生、教师的欢迎,成为高考语文改革中与时俱进的丰硕成果。

我们也应该看到,话题作文,问世虽已二十余年,但很多人对它的基本特点和要求认识仍不到位。在高考阅卷中,常常看到数量不少的异类作文,这些异类作文由于不符合作文要求而造成了无谓的失分。因此,如何帮助高中学生,特别是即将参加高考的广大学生不再走入异类作文的误区,使他们顺利跨过高考这个门槛,使异类作文从高考试卷中销声匿迹,是一个亟待解决的问题。

一、何谓异类作文

异类作文是指不按正常作文样式和要求写成的作文。具体说来有如下几种类型：

1. 无主题作文

这类作文指的是通篇看不出观点或情感脉络的文章，如若细分还有两种类型：一种是考生写作时思维混乱，条理不清，通篇无主题的提示或暗示，让人觉得不知所云；另一种可能是写作者故意玩深沉，使文章主旨晦涩难解，结果造成无主题之感。这两类作文一般会被认定为跑题作文而判为第四类，得分一般在 20 分以下。

2. 多主题作文

这类作文是指一篇作文中出现两个或两个以上的主题。如 2004 年有个别考生在写作“感情的亲疏和对事物的认知”这一话题作文时，前半部分写“感情的亲疏会对事物的认知造成影响”，后半部分写“感情的亲疏不会对事物的认知造成影响”，等于一股道上跑了相向的两辆车，造成了两主题相撞，这是典型的多主题作文。这类作文的类别是第三类以下，得分一般也不会超过 25 分。

3. 另起炉灶作文

这类作文指的是写作内容与所给话题无关的文章，包括两个小类。一类是把背诵的范文改头换面，或把几篇范文的精彩段落进行拼凑。如 2004 年不少考生的作文就是把 2002 年的“心灵的选择”的优秀作文稍加改动，移植过来，有的甚至连题目都原封不动地搬过来。另一类是对话题理解出现偏差，造成离题。今年有不少考生写的是“感情”，既没写感情的亲疏，又没写对事物的认知，也有的考生大谈特谈如何认识事物，根本不涉及感情的亲疏对事物认知的影响。这些文章都是另起炉灶的跑题作文,得分都在 20 分之下,如果被认定为抄袭,得分会在 10 分以下。

4. **无体裁作文**

这类作文最典型的做法是把文章写成实验报告、化学方程式或数学公式。如去年的话题作文“心灵的选择”,有个别考生用了“登山者的心理实验”的题目,把登山者选择想救陌生人心理活动写成化学方程式,并且还有登山人的 pH 值,把登山者选择不想救陌生人而想赶快逃命的心理活动也写成化学方程式,再写出登山人的 pH 值。最后用观察两个化学方程式的反映结果,从而得出登山人应该救陌生人的实验结果而结束全文。这种“文章”因没有任何文体的构成要素而只能被判定为第四类作文,成为标新立异的受害者。值得注意的是,这类文章还有逐年增多的迹象。

5. **多体裁作文**

与无体裁作文不同的是,有少数作文前半部分是记叙文,后半部分又变成了议论文,或前一部分是议论文,后一部分又改成了诗歌。这类文章由于多体裁,只能放在四类,得分一般也在 20 分以下。

6. **非白话作文**

这类作文指语言不用现代汉语,而用半文不白或纯粹的文言文写成的作文,有人戏称为返祖类文章。这类文章因文风不正,背离国家的语言文字法,山西省在判定这类文章时,一律降一等处理。

7. **无题目作文**

这类无题目的文章在高考试卷中也时常出现。无题目的文章一般要被扣 5 到 6 分。

除上述 7 种异类作文外,还有相当数量的考生仍然沿用概括材料提出论点、正反议论论述观点、联系实际总结全文的给材料作文的写作模式。这种写法，虽不能称之为异类作文，但因不合话题作文的写作要求，也造成了不同程度的失分。

二、异类作文出现原因简析

1. 不理解“立意自定”

话题作文“立意自定”，把文章立意的选择权交给了考生，就是说只要在话题所规定的范围之内与话题相关的内容，均可以纳入笔下，考生可以正向立意，也可以逆向立意。但有一条严格的要求，内容不能与话题无关，否则就是离题。可见“立意自定”是戴着镣铐跳舞，是有约束力的自由。上述无主题作文、多主题作文和另起炉灶作文就是对话题作文“立意自定”的要求理解偏颇造成的。

2. 不理解“文体自选”

所谓“文体自选”，即把文体选择权也交给了考生。我们欣喜地看到，随着话题作文的问世，考生的文体异彩纷呈，几乎涵盖了所有文章体裁，除了常见的议论文、记叙文、散文、说明文外，像小小说、散文诗、演讲稿、说明文、书信、日记、剧本等文章形式，在试卷中也时有发现。

但“文体自选”绝不意味着可以不要文体，上述把文章写成实验报告、化学方程式或数学公式的“无体裁作文”或多体裁作文的出现，就是对话题作文“文体自选”的要求误解而产生的。

3. 受个别传媒影响

前些年，江苏省把一篇半文半白的高考作文评成了满分，媒体纷纷报道，这无疑给鉴别力不强而又模仿力极强、喜欢标新立异的中学生一个暗示，能用半文半白甚至纯粹的文言文进行写作的文章才是高水平、有创意的文章。由于这些不负责任、有悖国家语言文字法的宣传炒作，结果出现了高考作文中文白混杂、滥用早已淘汰的文言文的不健康文风再度回潮。令人不解和担忧的是，后来北京市、甘肃省等地又评出了用文言文写成的所谓满分作文，看来，文言文作文在高考试卷中还会不断涌现，这无异于又会导致中学生滥用文言文的不健康文风的进一步升级。希望考生切莫效仿。

4. 标新立异的心理

创新求异是青年学生的普遍心理特点，有的考生希望通过“另类”的作文以引起评卷教师的注意，获得一个理想的分数，这种心情是可以理解的。但有的考生不顾写作的要求而一味求新求异，像实验报告、化学方程式或数学公式的“无体裁作文”，不用规范的现代汉语而用文白混杂甚至文言文写作的考生，就吃了这种“创新”的哑巴亏。

5. 蒙混过关的心理

有的考生由于不注重平时的语文学习，分析问题的能力不强，写作的水平较差，产生了破罐子破摔、背几篇范文企图蒙混过关的心理，结果把 60 分的作文分白白地丢掉了。

第三节　高考话题作文评价

话题作文是高考制度恢复以来继命题作文、给材料作文之后的第三种作文命题模式。这种作文从 1999 年首次在高考语文试题当中出现到现在，已经有 20 余年了，这种作文命题模式具有鲜明的时代特色，它以所给话题的约束性与立意、体裁选用的广泛自由度和开放性的巧妙结合，受到了广大考生和教师的好评，同时也受到社会各界的广泛关注。它的影响是极其深远的，很多地方的中考作文甚至小学升初中的作文试题也采用了这种模式。话题作文从出现到现在，经历了由过度开放到不断成熟完善的成长过程。目前，尚未出现一种更好的作文模式来取代它，据我个人的估计，以后几年的高考作文可能还会沿用这一命题形式。因此,简单回顾话题作文所走过的历程,总结一下近年来话题作文的命题思路的变化,对于深刻认识话题作文的特点,对于高中作文的教学与写作都是很有意义的。

一、话题作文诞生的历史背景

20世纪80年代初到90年代后期,我国的高考作文可以说是给材料作文的一统天下。这种长期不变的命题模式,形成了全国上下几百万中学生只练议论文一种文体的奇异现象,考生的作文事例因循、空话套话连篇、文路定格、论证落俗,成为一种较为普遍的现象。社会上一些"高考快速作文法"之类的书畅销,就是多年一贯的给材料作文模式的直接产物。这种程式化作文,严重地背离了语文教育的精神,也不符合国家所倡导的素质教育的时代要求。

素质教育呼唤作文命题方式的改革,沉寂的语文课堂期待着新型的作文命题方式的春雷。增加立意的灵活性,扩大写作的范围,放飞学生的想象,是素质教育的呼唤;把文体的选择权交给考生,冲破议论文单一文体的限制,使考生各展其能,更是激活作文教学的需要。话题作文这种新颖的命题形式就在这一时刻应运而生。

二、从过度开放到成熟完善

回顾1999—2004年的高考话题作文,我们看到它走过了由早期的过度开放到不断成熟完善的演变过程。这是任何新生事物都要经历的一个过程。

1. 话题作文的孕育

1998年,高考作文虽然仍旧是给材料作文,但却从材料中提示了两个方向:"坚韧——我追求的品格/战胜脆弱",要求写一篇"关于你自己心理承受力的文章"。我们看到,1998年的作文与往年相比,有三个明显的特点:一是材料中明确提示了立意的两个方向,这是话题作文"立意自定"精神的初步萌芽。二是取消了文体限制,这种文体选择的自由,是对多年来议论文单一文体的大胆突破,暗示着给材料作文文体的坚冰开始消融。三是所给命题“心理承受力”有规定写作范围的作用,类似后来话题作文中“话题”的性质。这三点变化,足以说明1998年的高考作文已经具备话题作文的雏形。

2. 话题作文的诞生

话题作文的正式诞生是1999年。题干根据人类器官移植和动物记忆移植的成功的实例,让考生以“假如记忆可以移植”为作文内容范围写一篇文章。这一年的作文命题有三项明确的要求:一是明确规定了作文的写作范围,并在注意事项中提示:“内容只要与‘假如记忆可以移植’有关就符合要求,具体的角度和写法可以多种多样。”这正是“立意自定”之意,只不过用了一种表述;二是明确提出文章“题目自拟”。三是明确指出“除诗歌外其他文体不限”。“立意自定、文体自选、题目自拟”这三点要求后被人称作“三自方针”,一直沿用到现在,成为话题作文与给材料作文的本质区别。这些从立意、文体到题目都由考生自由选择的新思路、新要求的明确化,标记着新型的话题作文的诞生。

初生的话题作文,宣告了给材料作文时代的终结和话题作文时代的到来。它提倡学生的个性化写作,是素质教育的一大成果,其意义是巨大而深远的。我们也应该看到,1999年的话题作文存在一些不足:其一,作为一种新型的作文模式,在当年的考试大纲中未做详细的说明。无论是教师还是考生难以从多年给材料作文训练的习惯中回过神来,考生对立意、文体到题目所给的自由度并不熟悉,更无法合理运用。其二,话题本身的自由度过大,因为记忆移植是一个崭新的话题,高中学生对此知之甚少,更何况它所包含的科技、伦理、法律、社会等诸多内容超出了一般中学生的认知层次,要驾驭这一话题,实非易事。考生在没有相关的知识储备的情况下,不少考生的文章用空想代替了想象,也有不少考生实在是无话可说,只好借题胡乱发挥一下了事。这些都是命题者始料未及的。

3. 话题作文的成熟

从2000年起到2004年的高考作文，均为话题作文，话题依次是“答案是丰富多彩的”“诚信”“心灵的选择”和“感情的亲疏和对事物的认知”，这一时期是话题作文的成熟期。与1999年的作文相比，这4年话题作文最明显的变化是：

（1）明确指出作文的性质是话题作文。

（2）明确了话题作文“立意自定、文体自选、题目自拟”的“三自方针”。

（3）文体进一步解放，去掉了不能写诗歌的限制，实现了文体的最大自由。

（4）话题贴近中学生的情感和认知实际，使他们能够有话可说，容易考出学生作文的真实水平。

这4年作文的不足主要是：

（1）所给“文体自选”要求与评分标准的发展等级第一项“深刻”相互矛盾，“深刻”一项所列的三条标准只适合于议论文，这反映了命题人对话题作文特点的认识尚未到位。

（2）基础等级与发展等级的匹配无明确规定，带来了阅卷的困难。

三、话题作文命题的趋势

话题作文是在命题作文和给材料作文的基础上衍生出来的，它的话题类似于命题作文，但它与命题作文不同，它只给文章写作范围做出限制，考生还可以自拟题目，它题干中所给材料又与给材料作文类似，但这些材料只起引出话题的作用，材料中不包含观点，写作者可以不使用所给材料的内容。它兼容了两种作文的特点但又不同于其中的任何一种。从1999—2004年话题作文的走势看，有这样三大特点：

1. 话题的限制性趋年加强

从2000—2002年所给话题形式看，“答案是丰富多彩的”是全命题，“诚信”是概念，“心灵的选择”是复杂概念，“感情的亲疏和对事物的认知”是联言关系概念，内涵逐年扩大，外延逐年缩小，立意范围随之进一步缩小。

2. 审题和写作难度加大

“答案是丰富多彩的”是全称肯定判断，本身就是观点，不存在审题的困难；“诚信”“心灵的选择”“感情的亲疏和对事物的认知”，从简单概念到复杂概念再到二元关系，话题的限制性加强，带来的结果是审题和写作难度的加大。

3. 关注社会和人生

话题所给材料尽管都是寓言故事，但从这些寓言中所引发出的话题无不包容着现阶段人类所面临的重大的社会问题或人生的重大课题。如何使科技的发展进步给人类带来更大的幸福，而不是灾难，这是“假如记忆可以移植”所必须回答的世界性的时代课题；改革开放，经济腾飞，中国进入了世界贸易组织，而在市场经济的冲击中，一些人丢弃了诚信的美德，所以“诚信”这一话题作文正是对重大的社会问题的思考；我们哪个人没有遇到、见到或听到一些触动心灵、需要心灵做出选择的事情？那时，我们大家是怎样选择的呢？又应该如何选择呢？这是“心灵的选择”这一话题作文要我们回答的人生课题；我们认识事物和处理问题时，感情上的亲疏远近和对事物认知的正误深浅有无关系呢？是什么样的关系呢？这同样是我们每个人常常遇到又不得不思考的问题。所以2004年的话题作文“感情的亲疏和对事物的认知”启发我们审视感情、直面社会人生。2001年“诚信”的话题作文曾引发了全社会一场诚信问题的大讨论，正说明了话题作文关注社会人生问题的现实意义。

第四节 高考作文“背靠背”评卷的改革实践

从1999年起，山西省高考的作文评卷实行了“背靠背”评卷方法的改革。这是为提高语文试卷的评卷质量、适应新形势的需要所进行的一次评卷方法的重大改革。几年的实践证明，“背靠背”作文评卷改革是成功的，这种全新的评卷方法的实施，最大限度地减少了作文评卷中的主观随意性，确保了作文评卷的质量，为优秀作文脱颖而出提供了制度上的保障。

一、改革的必要性

作文是语文试题中比重最大的部分，同时又是主观性试题中比重最大的部分，120分制时占了45分，150分制时占了60分，因此，作文评卷直接关系到语文试卷评卷质量的高低。高考作文评卷一直备受社会关注，也是高考评卷中容易受到批评的一个环节。众所周知，由于受到时间的限制、经费的制约，高考作文评卷一般都是采用两人面对面的方法，虽然是两人评卷，两次给分，但是因为是面对面评卷，且所给分值直接写在作文卷的题首，所以，后一评卷人所给的分值容易受前一评卷分值的影响，两个分值不易拉开，作文评卷的质量不易得到保证。特别是从1999年以来，高考作文采用了话题作文的新模式，这种作文以“文意自定、文体自选、题目自拟”的“三自”方针为特色，考生在立意、文体的选择上有了更大的自由度。考生写作的范围扩大了，文体上也越来越显得丰富多样，除了常见的议论文、记叙文、散文外，像小小说、散文诗、演讲稿、说明文、书信、日记、广告词、剧本等形式，也时常见到。话题作文带来的这些新特点，对作文评卷工作提出了更高的要求，客观上也增加了作文评卷的难度。再加上话题作文问世之初，很多评卷者对它的基本特点和要求认识还不到位，在作文评卷上也容易出现误区。因此，原来所用的面对面作文评卷方法不仅难以解决其固有的问题，更难以应对话题作文的新要求，为了保证高考作文评卷的质量，对作文实行评卷方法上和制度上的根本改革就成为大势所趋。山西省高考语文评卷组在省考试中心领导的大力支持下，经过广泛讨论和多次论证，从 1999 年起，作文评卷全面实施了“背靠背”的作文评卷方法。

二、实施方法

1. 分组及职责

(1)保密组，负责试卷保密。

(2)评卷组，负责基础知识和作文的评卷。

(3)移分组，负责移分和 A、B 两大组试卷的周转。

(4)仲裁组，负责有争议作文试卷的仲裁。

(5)复查组，负责对全部试卷评卷质量的检查。

(6)分析组，负责对试题试卷进行分析并撰写分析报告。

(7)核分组，负责核分。

2. 评卷步骤

(1)将所有评卷教师分成 A、B 两大组，A、B 两大组内各设若干评卷小组，每小组包括评基础知识和作文的教师若干名。A、B 两大组的试卷实行大循环。首评试卷各小组基础和作文都阅，复评试卷只阅作文。作文成绩不能写在试卷上，必须写在作文评分表上并签名。首次评阅作文的教师将名字写在试卷封面第一纵栏，复评作文的教师签名写在试卷封面第二纵栏。

(2)整本试卷首次全部评阅结束后，评卷小组将试卷连同作文评分表并交移分组。移分组将作文评分表抽出后把试卷转交另一大组的评卷小组进行复评，复评时只阅作文。复评结束后，再将试卷连同作文打分表交回移分组。

(3)当试卷复评后，移分人对照两个组的作文评分表算出每份作文的平均分，填在 A 大组作文评分表的最终得分栏，再把两次的作文评分与均分移到每份试卷题首得分栏和卷首得分栏内。如果两组评分值差在 8 分以上(含 8 分),在 A 大组作文评分表上标注需仲裁标记,最终得分栏空下,留由仲裁组仲裁。

(4)仲裁组对移分组提供的两个评卷组评分值差在 8 分以上(含 8 分)的作文卷复议并由两位教师做出仲裁,仲裁时首先在该作文题首加盖仲裁章,然后将仲裁分写在作文题首的仲裁分栏内,并将分数移至作文的卷首得分栏内,仲裁分填在 A 大组作文评分表的“仲裁分”和“最终得分”栏内并签上两人的名字,仲裁后的得分为该作文的最终得分。

(5)为防止有的教师给作文打保险分,在复查组内由专人对两个作文评分值在 36 分至 45 分区域内而且分差在 8 分以内的作文进行抽查审核,每份作文都由两位教师进行审核,复查后的得分为该作文的最终得分。复查得分填在相应的得分栏内,并由两人签字。每个复查组复核的作文卷数至少应占总卷数的五分之一,对每本所复核的总数至少应占每本作文的五分之一。

(6)试卷流通示意图:

保密组→评卷组(初评)→移分组→评卷组(复评)→移分组→保密组→仲裁组→保密组→复查组→保密组→核分组→保密组

面对面时的试卷流通图:

保密组→评卷组→保密组→复查组→保密组→核分组→保密组

三、改革成效

实行“背靠背”的作文评卷方法在工作流程上比改革前增加了五个环节,增加了仲裁组和移分组,评卷人员也比改革前增加近五分之二。评卷环节的增加可能使出错率增加,而评卷人员的增多无疑增加了评卷费用。我们在评卷管理上下了很大的功夫,培训评卷骨干,加大各流通环节的检查力度,保证了语文试卷的评卷质量,并使出错率比改革前有所下降。山西省考试中心大力支持我们的改革,合理地解决了评卷费用问题。两年来,语文评卷质量明显提高,有效地杜绝了作文评卷中的主观随意现象,使作文评卷更加规范化、科学化。由于仲裁人都是由有丰富教学和高考阅卷经验的教师担任,而且仲裁人与作文评卷人的比例达到了一比五,保证了仲裁的权威性和质量。1999 年山西省语文试卷为 15 万份,作文仲裁份数约为 28000 份;2000 年语文试卷共 14 万份,作文仲裁份数约为 30000 份;2001 年语文试卷为 13 万份,作文仲裁份数约为 25000 份,2002 年山西省语文试卷为 17 万份,作文仲裁份数约为 34000 份,2003 年山西省语文试卷为 21 万份,作文仲裁份数约为 51000 份。也就是说,五年来,几乎占 1/5 的作文经过了至少四位评卷人审阅,最后仲裁得分。2001 年的一篇题为《诚信是什么》的作文,初评分仅为 43 分,复评分为 52 分,后经仲裁得了满分,该考生才以语文 141 分的高分成为该年度高考语文状元。2002 年的五篇满分作文也是通过仲裁得来的。这种情况在改革前是不可能有的。"背靠背"的作文评卷方法因为有了仲裁制的保障才能实施,因为有了监督打保险分的复查制而更加完善,因而它的实施受到了广大考生、教师和社会各界的高度称赞。

第五节　我与中国的满分作文时代

每年人们都关注满分作文,但满分作文如果没有低分作文做陪衬,几乎没有任何意义。所谓低分作文,就是及格线以下乃至个位数的作文。遗憾的是,直到今天,这一意义都被许多省市主持高考评卷的领导和老师所忽视。据说,以后的语文总分要提高到 180 分,作文分值也将占到 80 分,但是,假如不把作文的分差拉开,用足这 80 分的分数空间,这种改革是没有多大意义的!

"满分作文",今天这个连小学生都知道的名词,在 1998 年高考之前的中国教育界可是绝对没有的,而它的"发明者"与实现者正是笔者。1998 年笔者在主持山西省高考语文评卷中首次给出了十篇满分作文,从此我国第一次有了这一新生事物。满分作文制的推出,带来了高考作文评卷的重大改革,突破了我国多年来高考语文评卷中作文不能打满分这样一项不成文规定的限制,也是笔者为推进中国教育的改革所做出的一生中最值得骄傲的标志性贡献。

20世纪末随着中国教育改革的推进，教育部正在制定与新世纪人才培养要求相配套的新课程标准，全国新课标的改革首先在两省一市（山西、江西、天津）进行试点。1998年，教育部考试中心首次增加了新课标的考试思路作为尝试。比如在1998年的高考作文题中首次突破了以往只能写议论文的限制，明确指出考生“可任意选用叙述、描写、抒情、说明和议论几种表达方式中的一种或几种”（即后来话题作文的文体自选），并明示考生连题目都可以选择或自拟（即话题作文的题目自拟）。也就是在那一年，笔者作为山西大学中文系副主任，开始担任山西省高考语文评卷组副组长。顺带说明，语文评卷组长是中文系主任，实际上整个评卷工作由笔者全权负责。由于笔者当年春天才被任命为中文系副主任，时年才36岁，又是第一次担当起了全省高考语文评卷总裁判的重要角色，心里除了紧张还是紧张。高考评卷是一项既责任重大而又庞大复杂的系统工程，从评卷细则的拟定，到对评卷规范与流程的掌控，从对评卷质量的把关，再到评卷的合分等，各个环节都亲自主持参与，生怕出什么差错对不起上级的信任，更怕对不起广大的考生，无法向社会交代。

笔者从1985年首次参加山西省高考语文评卷，到1998年期间，笔者几乎不间断地参与了十多年高考评卷，做过保密员、评卷小组副组长与组长、检查小组与检查大组组长，也就是说，除评卷领导组组长外，高考评卷中所有的重要角色笔者都担任过。十几年的阅卷经历，使我目睹到高考中的一个怪现象：许多考生在考前给自己的作文打分都在40分左右。语文学养深厚写作水平突出的才俊之作，就在机械式的阅卷程序中被埋没，而靠背上几篇范文或东抄西拼写出的垃圾之作，也能打个40分左右！

还有一件事必须提及，1985年我首次参加高考语文阅卷，年轻的我看到有个别考生才华出众，文章写得漂亮，就情不自禁地给打了满分。后来此事被检查组查出后上报到了评卷领导组，受到了阅卷领导组组长中文系主任孟维智先生的批评。他老人家说，你听说过高考作文能打满分吗？年轻人不能想当然行事。我有幸成为孟维智先生的硕士生后，我跟他老人家还提过此事，他说忘了，并补充说，高考作文确实无打满分的先例。我当时感慨：先例，先例，害死人的先例！

时间到了20世纪90年代后期,当时教育部考试中心要求,各省市高考语文评卷组每年必须提交十篇优秀作文并附加评语。为了完成上级的这一任务,评卷中不断有优秀作文被推荐到评卷领导组。看到一篇篇文质兼美考场作文,十几年前因自己打出满分作文而挨批的一幕顿时在脑中回放。笔者不禁把打满分的想法与领导组的三位同人又提了出来,大家都睁大了眼睛,好像看到外星人一般地惊诧,一个劲儿地摆手摇头。这可是在冒天下之大不韪!大家都说,这是高考评卷啊,谁敢造次,来个“敢为天下先”!

面对着大家的担心与不理解,我几乎要放弃了。但思来想去,还是不能说服自己。回家后我一夜无眠,最终我还是决定大胆一试。第二天评卷领导组召集各评卷组长开会,会上笔者宣布了要在我省26万份作文中评出十篇满分作文的想法,并建议各组组长马上下去简要传达。我给评卷组印发的评选满分作文的意义大体归结如下:

一是现实的需要。语文教学,特别是作文教学在初高中阶段都被边缘化,语文学科普遍不受学生重视,学生阅读能力低下、写作水平下降是被社会广为诟病的不争事实。如何给语文教学,特别是作文教学注入一种新的推动力,高考评卷的打分走向其昭示意义重大。既然有一些才俊十几年来在语文方面下了功夫,有不俗的表现,给他们以满分,就是对他们学业努力与成绩的最正面的肯定。所以,满分作文是优秀作文中的优秀者,并非有些人理解的无可挑剔、达到什么发表水平或作家创作水平之作。榜样的力量是无穷的,满分作文制的推出,可以最充分地利用高考指挥棒的杠杆作用,撬开语文教育改革的大门,让学校和社会都来重视语文知识的学习,重视写作能力的提升,从而有效改变语文学科及语文教学不受重视的现状。

二是评卷公正的需要。参加过评卷的老师都清楚,高考评卷是一项十分艰巨而艰苦的任务。待遇低不说,单说工作量之大,十天时间要高质量地评出全省每年近三十万份试卷,还要完成所有试卷的合分任务,而且查错率不能超过万分之一。造成工作量大的直接原因是每年下拨的经费少得可怜,经费不足,聘请的评卷人员只能极大程度地压缩,老师们都得超负荷地冒着酷暑加班加点工作。这也导致阅卷及其后的复查工作效率打陇折扣,一些在语文方面下了功夫且能写出华美文章的才俊们，最终和语文成绩平平、靠东拼西凑文字来应对高考的考生又被放在了同一个分数段上……作为一个人民教师，这样的情形看在眼里，急在心头，这是我阅卷十几年的真实感受。作文成绩就应该能者上，得高分甚至满分；庸者下，得低分直至零分。这样才能把作文的等级严格地区分开来，学生的作文能力有高低，高考作文评卷的真正意义，就是要把这种等级严格划分出来，这样，才能还高考评卷以公正。

三是提高国民素质的需要。每个走上社会的人都清楚，一个人的工作能力与水平，除了专业知识外，最重要的知识是语文，最重要的能力是说话与写作。一个语文能力低下的人，不管他有多高的专业技能，都很难成为一个综合能力与素质很高的人。所以，满分作文制度的推出，会给全社会与在校学生释放一个强有力的信号：如果你平时重视语文学习和积累，加大阅读量，提高写作水平，那么，就有可能在高考中凭借语文之长而胜出。如果高考评卷能够起到这样示范引领的作用，那么，我们就合理而充分地利用了高考指挥棒的作用，带来语文教学，特别是阅读教学和作文教学的革命性改变。长期下去，对提升全社会的语文能力，特别是阅读与写作能力是有重大意义的。

四是评卷质量的需要。我们大胆采用了奖励机制，不仅对满分作文的推荐者给予 100 元的奖励，而且还颁发证书，后经我和省教育厅、招办协商多次商议、研究，最后决定：满分作文推荐者证书、优秀阅卷者证书与省级教学能手具有同等效用。要知道，老师们为了发现满分作文，必然要更加认真地阅读考生作文，优劣，由此，又从整体上提高了高考语文试卷的评卷质量。这叫一箭双雕。

五是评卷原则的需要。高考作文号称高考第一大题，分值高达 60 分。60 分意味着什么？意味着打分分值的覆盖范围应该是从零分到 60 分。试想，如果绝大多数作文都是 40 分左右，优秀的作文分数上不去，普通的作文分数虚高下不来，滥竽充数的作文也能弄个及格，这样的结果，受害最大的是真正有写作才华的考生，直接否定的是语文学科本身，因为学和不学失去了差别。如果作文分值拉不开，只在十分的差异度之间评分，那还要 60 分的作文分值干什么？给优秀作文打满分，同时意味着劣质作文应该在 10 分以下。这样才能用足国家试题给出的60分的分数空间,才能达到作文评价有效的区分度,从而有利于国家对人才的鉴别与选拔,才能实现高考的真正意图。由于当年我们要首先实现的是满分作文的突破,所以,这种满分作文与10分之下的作文绑定一起运作的总要求并未在那年同时实行,而是在次年才开始强调并有效实施。这一思路体现的不仅是公平,更是甄别人才、选拔人才的需要,它是对高考命题原则的回归与合理使用。一石激起了千层浪。语文评卷领导组要在优秀作文中挑选满分作文的消息很快传达给了每个阅卷教师。广大教师以极大的热情投入到了语文评卷中来,他们积极地配合我的工作。笔者当年我们受经费所限,只给出了十篇满分作文,但老师们推荐的优秀作文多达三千余篇,这些推荐上的作文尽管没有以满分作文的名目出现,但由于是高水平之作,都得到了55分至59分这样接近满分的分数,这批学生才是满分作文制最大的受益群体。顺便说明,每年人们都关注满分作文,其实能让大批写作能力强的孩子在高考中胜出、不被埋没,这才是推出满分作文的真正内涵与意义。

山西省在1998年的高考作文评卷中给出满分作文的消息很快成了当年教育界和全社会具有轰动效应的新闻事件。省内各大报刊纷纷刊发山西优秀才俊之满分作文,全国的多家报刊也陆续登载了山西评出的满分作文。在全国教育界,特别是语文界,很快引发了一场大辩论。一开始,否定、声讨的一方占上风,而肯定、赞赏的人则寥若晨星。这种局面的出现完全在笔者预料之中,所以在这场轰轰烈烈的大辩论中,笔者保持了沉默,以静观其变。因为笔者深知,任何新生事物的出现都不可能是一帆风顺的,更何况是对一种沿袭多年评卷制度与传统的根本性变革。在冷静观察的同时,笔者欣喜地看到论辩双方阵营与论辩内涵在发生着奇妙的变化。随着论辩的深入,支持给出满分作文的呼声慢慢地越来越高,先前激烈批评满分作文的人也有的改变了态度。整个辩论也由可不可以打满分的论战,演变成了打满分的标准与数量如何把握的讨论。这样,笔者紧张的神经也慢慢松了下来。应该特别感谢山西省教育厅和招生办的领导,当他们得知满分作文被媒体关注并引起了全国性的争鸣时,并没有向我这个不知天高地厚的始作俑者兴师问罪,后来他们还特别指示我要在第二年的高考评卷中争取扩大满分作文的规模,并保证划拨足够的经费支持，让我尽早想出一些能够提高阅卷水平的新举措，把山西的高考语文评卷改革工作做得更好，继续走在全国前列。

作文阅卷改革的成功给了笔者极大的成就感与自豪感，也激起了笔者要大显身手的勇气与信心。1999 年的高考评卷中，笔者又策划并成功实施了高考作文"背靠背"的评卷模式。即作文阅卷由过去名义上的两人打分改变成名副其实的两人独立打分。这可是一项前所未有的大事，其难度与复杂度远非推出满分作文可比。因为这不仅涉及评卷人数的大量增加，还必须要追加十几万元的评卷经费，更涉及必须保证背靠背作文评卷具体实施过程不出差错。比如，为了保证做到真正意义上的背靠背，过去一个小组独立评卷就得变成两个小组交叉，还不能两组间私相授受，由此多了一道试卷移交保密环节；为保证后一评阅者不受前一评阅者打分的影响，那就得设计专门的作文打分表，由此又多了独立的移分环节，即由专设的移分组把两人的评分移回到试卷中并得出平均分值；为了保证评卷质量，两人评分有重大的误差时还得增加仲裁环节，仲裁组不仅要对争议作文仲裁重阅，还要协调各组的评分，以免出现不同评卷人标准掌握松紧不一的问题，等等。这种新的评作文模式，操作的复杂度极大，之前又无现成的经验可以借鉴，各种情况都必须事先想到。为此，笔者与招生办几经商量讨论，最后得到了他们的大力支持，特别是经费上的支持。1999 年的高考评卷是在一路高歌中进行的。我们不仅保留了满分作文的评卷制度，而且严格规定了作文评分的级差制度，即一本试卷 30 份，得分必须有明显级差，由 60 分到十几分，甚至是个位数的分都须间或出现。整本试卷打保险分过多，是检查组检查的重点，一经发现，必须重评。当年的满分作文也增加到了一百篇，接近满分的 55 分至 60 分的作文给出了 5000 余份。还有经过仲裁重评的争议作文（两人评分有 6 分以上分差者）近三万份。背靠背的作文评卷流程由于设计科学，事先设定了可能出现混乱与失误的多个环节，所以整体的评卷流程进展顺利，语文评卷质量也大大提高。

山西在高考语文评卷中打出满分作文后，马上有北京、甘肃、江苏、黑龙江等多个省市在 1999 年高考评卷中响应，并推出了满分作文。随后的几年时间里全国各省市都在高考语文评卷中引进了满分作文的评卷模式。高考语文评卷工作走在全国前列的山西省，又在国内率先于1999年高考语文评卷中成功实施了背靠背作文评卷的新模式。这一高考评卷制度的改革幅度大大超越了满分作文制的推出，所以又一次轰动全国。因为高考语文评卷制度的改革是全国都想搞而又无良方应对的一道难题，各个省市当时都在积极探索并密切关注率先搞新课改的两省一市的新做法。山西省高考语文评卷继推出了满分作文后，又成功实施背靠背作文评卷的新模式，这是一套组合拳，两种做法有着内在的联系。如果把满分作文的推出看成是高考作文评分改革的突破口的话，那么背靠背作文的评卷模式则是保证作文评卷质量、实现作文得分有充分级差的防护网。满分作文如果失去了低分作文的陪衬，就只剩下了象征意义，并无多少实际的价值。进行背靠背作文评卷，其核心意义就是使高考作文的评分实现由60分到低分甚至零分的巨大级差，就是为了使这个级差客观公正地反映考生作文的实际水平，就是为了利于选拔人才，发现才俊，就是为了促进语文教学，就能彻底根除考生在考前就敢给自己作文打40分的怪现象。如果真能实现背靠背作文评卷的既定目标，那将带来语文教学的新面貌，带来全民语文素质的大提高。与满分作文相配套的背靠背作文评卷模式，在之后笔者主持山西省高考语文评卷的八年时间里，一直坚持下来并不断充实完善，唯一的调整是在2003年后，把满分作文的数量提高到了两百份。

山西省连续两年进行的高考作文评卷制度的改革引起了国家考试中心的关注，他们要求我把山西省所进行的改革的思路做法整理出来，让其他省市学习借鉴。满分作文这一做法理解与操作并不困难，可是背靠背作文评卷的新模式到底是什么？怎么才能做到背靠背？实施起来有些什么具体环节？这些都成为各省市招生办与评卷点共同关注与学习的重点。从2000年到2002年，笔者共接待了16个省市高考语文评卷点的来访与参观。笔者首创的背靠背作文评卷的新模式很快在全国各省市被借鉴使用。山西省高考语文评卷的改革成为全国各地效法的榜样。从此，作为全国新课程标准试点省份的山西，高考语文评卷成为与课程改革配套的成功改革样板，成为教育界关注与效法的榜样。2005年后，随着经济发达省市引进电子扫描直接在电脑上评卷，高考作文评卷模式由纸质过渡到了电子媒介，但背靠背的做法在电脑时代得到了继承与发扬。

令人鼓舞的是，在高考指挥棒的强大作用下，全国的中考评卷也普遍推出了满分作文，甚至在小学作文中也都有了满分作文。当年，由笔者一人主导推出的满分作文在中华大地开花结果，成为改革开放以来教育界最值得关注的新成果之一。

由于山西省语文评卷改革在全国影响的扩大，在2002年由教育部考试中心主办的全国高考试题评价会议上，我被邀请为大会发言的六位专家之一。会上，我以“山西省高考语文评卷改革的思路与实践”为题，向参会代表全面介绍了我省的经验与做法，受到了与会代表的一致好评，特别是受到了时任国家考试中心主任的公开表扬。马主任在大会上宣布，教育部考试中心邀请山西大学的温锁林教授为全国高考语文试题评价专家。从此，我开始以此身份多次参加了教育部考试中心在全国各省市的高考试题评价活动。至今已受邀在全国各地做相关报告300余场。

高考满分作文推出近20年了，回顾笔者在这一新生事物的诞生中所起的助产婆式的关键作用，至今都心潮澎湃。

第六节　给文言作文打高分满分是教育导向之错误

从2001年起，给高考中的文言作文打高分甚至满分的现象屡见于各种媒体。受这种风气的影响，从高中学生到初中学生出现了众多的模仿者，甚至出现了全国性的文言作文回潮风。本节针对这一奇怪的现象进行了剖析。认为高考评卷是国家行为，给高考中的文言作文打高分甚至满分不符合国家的语言文字政策，不符合时代需要，不利于现代化建设，与素质教育的精神不符，是一种教育导向的错误。此风不可长！

2001年，江苏省高考语文评卷中将一篇文言作文《赤兔之死》评成了满分(60分)，并在多种媒体上公布，从此，不少考生纷纷效仿，出现了全国性的高考文言作文回潮风。令人不解的是,北京、甘肃 2003 年又公布了高考中的文言满分作文。更有些所谓的高考语文试题分析专家到处演讲,居然称文言作文是创新作文,是个性化的作文。这无异于给高考文言作文火上浇油、推波助澜。面对给文言作文打满分逐渐扩散的趋势和愈刮愈烈的文言作文回潮风,有识之士无不忧心忡忡。应该怎样对待高考中的文言作文,该不该此类作文打高分满分,成了目前语文教学和语言文字规范化工作中备受关注和迫切需要解决的问题。著名语言学家周有光先生著文《提倡文言是时代性的错误》,旗帜鲜明地指出:“现代人要说现代话,写现代文,开创现代文化。文言的用处只是了解古书,不适用于现代生活。”“认为文言比白话优美,那是心理错觉。”“目前有一股复古风,这是缺乏时代意识和自信心的现象。青年人不可误入歧途。”“不要忘记,这是 21 世纪。”①对于那些给高考文言作文打满分的始作俑者和拥护者,周老先生的话可谓当头棒喝。

我们完全赞同周先生的观点,文言作文不应该倡导,给这类文章打满分更是一种教育导向的错误。我们不赞同在高考中给文言作文打高分甚至满分基于以下理由:

首先,高考中给文言作文打满分,不符合国家语言文字政策。

全国人民代表大会常务委员会通过的《中华人民共和国国家通用语言文字法》第一章第二条明确指出:“国家通用语言文字是普通话和规范汉字。”第三章第二十六条还对违反本法的行为做出了相应的规定:“违反本法第二章有关规定,不按照国家通用语言文字的规范和标准使用语言文字的,公民可以提出批评和建议。”普通话是现代汉民族的共同语,也是中华民族的民族共同语,而用早已淘汰的文言写作显然是不符合国家语言文字法的。《国家通用语言文字法》是我国第一部语言文字方面的专项法律,第一次以法律的形式明确了普通话和规范汉字作为国家通用语言文字的地位。作为国家的法律,每个公民都应该遵守,自觉地维护它的尊严。中宣部、全国人大科教文卫委员

① 周有光:《提倡文言是时代性的错误[N]. 中国教育报 · 文化周刊 · 校园文学第 43 期,2003-9-23。

会、教育部、司法部和国家语委联合颁发的《关于学习宣传和贯彻实施〈中华人民共和国国家语言文字法〉的通知》中明确指出，国家机关、学校教育、新闻出版、广播影视等有关部门和行业是《国家语言文字法》规定的规范用语用字的重点领域。《中国教育报》也专门为此发了《学校是贯彻实施〈国家通用语言文字法〉的基本阵地》的社论，社论中深入论述了语言文字规范化、标准化工作与学校教育密切系："语言文字规范化、标准化工作与学校教育密切相关，学校作为培养社会主义建设人才、普及文化教育、进行科研的主要阵地，应担负起学习宣传和贯彻实施《国家通用语言文字法》的重要职责，发挥学校教育对全社会语言文字规范化的基础性作用。"①

语言文字规范化、标准化工作是基础教育教学中不可忽略的内容，语文教师理所当然是语言文字法的宣传员，个别考生用文言写作，或是由于对语言文字法不了解，或是期望以"另类"的语言引起阅卷教师关注得个高分，或是把话题作文"文体自选"的要求误解成了"语体自选"。如果说个别考生这样做还尚可理解的话，那么在高考评卷中给这类作文打高分满分就不可理喻了，尤其是把此类作文在媒体公布，等于变相地向学生宣传、提倡用文言写作，其负面影响可想而知，近两年来高考中文言作文的大量出现，就是这种不负责任的宣传带来的后果。

其次，高考中给文言作文打满分是开历史倒车，不符合时代需要，不利于现代化建设。

语言文字工作关系到国家的统一、民族的团结、社会的进步和国家的交往，必须集中统一，不能各行其是。国务院批转的原国家语委《关于当前语言文字工作的请示》的通知中指出："实现语言文字的规范化、标准化，是普及教育、提高文化水平、发展科学技术的一项基础工程，对中国改革开放和社会主义现代化建设具有重要意义。因此，当前必须采取有力措施，加强领导，继续贯彻执行新时期语言文字工作的方针、政策，纠正语言文字应用中的混乱现

① 学校是贯彻实施《国家通用语言文字法》的基本阵地[N].中国教育报，2000-11-02。

象,努力促进语言文字的规范化和标准化,使语言文字适应经济和社会发展的需要。”①原国家语委主任许嘉璐指出:“要想使十二亿人都懂得语言文字规范化、标准化的道理,言、行(写)‘不逾矩’,最根本的是发展教育,提高全民族的语文素质,而造成讲规范、讲标准的社会环境和气氛,让人们目力所及都是规范字、通顺文,耳力所及都是普通话、文雅语,也是不可忽视的,甚至可以视为语文教育的一个组成部分。”②高考评卷中给文言作文打高分甚至满分,其结果必然对学生造成误导,使学生不知语言规范为何物,如果任由此风蔓延,不仅会造成语言文字使用的混乱,还会影响文化交流、影响经济发展与国家形象,后果不堪设想。

再次,给文言作文打满分,与素质教育的精神不符。

目前,国家正大力推行素质教育,这是现代化建设的需要,是时代发展的要求。素质教育首先是规范教育,一个高素质的民族一定是一个讲规范的民族。作为以培养国民素质为本的学校,尤其是中小学基础教育,忽视规范教育就等于丢掉了素质教育的根本。高考是国家最重要的选拔性考试,是一种国家行为,其重要性和权威性决定了它对基础教育巨大的导向作用,高考评卷绝不能变成不顾国家法律、以少数评卷人的主观意志为标准的随意行为,给基础教育进行错误的导向。因此,给文言作文打高分甚至满分的做法是评卷者法律意识淡薄的结果,是自身素质不高的反映,是教育理念落后的产物,是语文教育导向上的一个误区。这种做法与素质教育的时代精神相违悖,与现代化建设的要求相冲突,是一种时代性错误。

---

① 国家语委:《关于当前语言文字工作的请示》,1992-10-23,国务院1992-11-06批转。

② 许嘉璐:《现代化呼唤语文规范化——从〈咬文嚼字〉谈起》,《咬文嚼字》1996年第4期。

第四章　语文教学中值得关注的语言问题

第一节　变了味道的语言解读要不得

《天津教育》2009 年第 6 期发表了徐江先生的大作《要品出“酒”中的“异味”来——谈“精致的解读能力”》，读来很受启发，文章以《囚绿记》和《鱼我所欲也》两篇课文的“精致解读”为例，向我们展示了徐江先生倡导的“精致的解读能力”的内涵。诚如作者所言，目前的语文教学当中的确存在着由于一些语文教师的审美能力的低下和想象力的缺乏而造成的对文学作品的解读粗疏的问题，以已昏昏何能使人昭昭？所以，“精致的解读能力”的培养在语文教学当中就显得尤其重要与迫切，因为这不仅是对学生阅读能力的培养问题，也是语文教师所必须具备的基本素养。那么，何谓“精致的解读能力”呢？徐先生以《堂・吉诃德》里两个人品酒而分别品出了上等好酒中有异味的故事，首先向读者形象地诠释了何为“精致”，然后才给予界说：所谓“精致的解读能力”，就是像桑科的这两位亲戚一样，能品出酒中的异味来。就是要读出文中独有的味道来，让学生领略他们自己不能领略出的东西。

可是，当读到徐文后半部分对孟子名作《鱼我所欲也》的解读，怎么也弄不明白徐先生品出的异味是酒中的味道还是茶水的味道。徐文一反陈说，大胆地提出：“孟子说的那‘一箪食’‘一豆羹’是可以吃的。”这就是他品酒品出的“异味”。并且特意申明，这样的观点不是心血来潮的“反弹琵琶”“要提出新看法”,是“斟酌再斟酌得出的结论”。那么,徐先生这种振聋发聩的新见到底从何而来的呢?我们不妨将徐文中的高见逐一细加品读。品读前,我们有必要特别回顾一下徐文谈到的那个品酒的故事,那两位品酒的人之所以能分别品出酒中有皮子和铁的味道,前提是酒桶底里有一把铁钥匙上拴着一根皮带。所以皮子味也好,铁味也罢,都是酒中的味道。把这个道理用于文章的解读上,正是作者所强调的,读出的是文中独有的味道。如果不是文中所有,那么,你即便品到了异味,不是你的品文的味觉出了毛病,就是你把别的文章的味道掺杂进了你所品的文章中,这异味肯定不是文中独有的味道。下面是笔者对徐文立论依据的商榷意见:

一、无中生有

徐文认为,孟子的文章中有“可吃”的主张。作者声称“一箪食”“一豆羹”可吃,“这是根据孟子的主张权衡利害得失,计较利益轻重,然后斟酌再斟酌得出的结论。”读过孟子这篇文章的人都知道,孟子的文章中根本就没有流露出一丝一毫的“可吃”的主张,孟子文中的主张始终是“舍生而取义”:当“生”和“义”二者不可得兼的情况下,“舍生而取义”;当自己追求的东西比“生”还要重要时,决不苟且偷生,也是要“舍生而取义”;当自己厌恶的东西超过了对“死”厌恶时,决不躲避死亡,仍要“舍生而取义”。由此可见,孟子文中的确有对利害得失与轻重的考量,但他从来没有把“生”“死”与“义”的轻重颠倒,“义”永远是第一位的,是唯一不可丢弃的。“一箪食、一豆羹,得之则生,弗得则死。呼尔而与之,行道之人弗受;蹴尔而与之,乞人不屑也。”这段话说得很明白,廉耻之心是“义”的起码的要求。哪怕是在“得之则生,弗得则死”这样的生死关头,如果你采用侮辱人的方式把“一箪食、一豆羹”施舍与人,就连“行道之人”“乞人”都不会接受,因为你使人家失去了尊严,当然更谈不上“义”了。所以连“行道之人”与“乞人”都会“舍生而取尊严”,而此种行为也是“舍生而取义”的另一种表现。可见,“一箪食”“一豆羹”绝不可吃!这才是孟子的原意。徐文品出来的异味,并不是文中独有的味道,而是徐文强加的。而我们颇感好奇的是,徐先生何以会品酒品出了茶味呢?细细琢磨,原来是他认为孟子的文章有自相矛盾之处。果真有所谓的自相矛盾吗?下面我们就这一点展开分析。

二、随意解释

徐文认为:“他一方面说‘一箪食’‘一豆羹’不能吃,另一方面又让人们去接受这一切。他的文章自相矛盾。”我们认为,孟子的文章并无自相矛盾之处,所谓的“自相矛盾”,不过是持论者对孟子文章的误解导致的,因为作者没有准确理解“生亦我所欲也,所欲有甚于生者,故不为苟得也”和“如使人之所欲莫甚于生,则凡可以得生者,何不用也”这两句话的意思。徐文说“孟子这话,通俗一点儿说,就是自己所追求的东西‘甚于生’,那么值得为它豁出命去;如果‘所欲莫甚于生’,就不值得为它豁出命去;那么,凡是能保存生命的手段都要利用之。”很显然,正是这个“通俗一点儿说”通俗得把后一句话的意思背离了原意。原文的字面意思是说:“如果一个人追求的没有什么比生命更重要,那么凡是可以保全生命的手段,有什么不去使用的呢?”其言外之意很明白:如果人把生命看得高于一切,只要让他活着就行,那么人为了能够保全生命,就会把一切求生的手段用上,甚至会不择手段,不管是“义”还是“不义”。孟子话语中的表达倾向其实很明显:“生”的意义是以“义”的存在为前提的,他对那种只顾保全性命而不管求生手段的正当与否、“义”与“不义”的人,态度是否定的、语气是蔑视的。说白了,没有“义”的“生”,这样的“生”,虽生犹死。如果不看句子表意时的态度与语气,只看自己“通俗一点儿说”出来的后半句“那么,凡是能保存生命的手段都要利用之”的意思,而得出孟子的话语中又在主张“舍义而取生”这样的结论也就不足为怪了。这就是徐文指责孟子文章中“自相矛盾”时的立论依据。可见,徐文以这样莫须有的所谓的“自相矛盾”来品读孟子的文章,品出的确实是“异味”,但并不是文本独有的味道。看来,这种无中生有的文本解读真的算不上“精致的解读”,所以,徐先生并未实践他倡导的“精致的解读”的主张。由于徐文的这种误读,从而又引发了下面更为“异味”的价值观的发挥。

三、胡乱发挥

徐文对孟子倡导的价值观的理解有误。徐文说“孟子还是很重视价值比的”,这句话没错,但作者对孟子文章中给出的价值比孰轻孰重的判断偏离了原作的意思,孟子整篇文章论述的价值观是一致的,那就是“舍生而取义”。众所周知,“生”与“死”是对人生价值观的最大的考验,孟子多次给出了“生死”与“义”的价值比都是“义”大于“生死”。所以后世才有所谓“孔曰成仁,孟曰取义”的概括。可是在徐文中,我们却发现这个价值比的权重倒过来了,倒转乾坤的妙方就是把“行道之人”与“乞人”的“弗受”“不屑”判定为“非义之义”,“义”前加上了“非义”的限定,就自然有了如下的发挥:

“那么人们得到的是什么呢?人们失去的又是什么呢?很显然,人们免受了‘呼之耻’‘蹴之辱’,也就是维护了自己的尊严,维护了自己的面子。而失去的是宝贵的生命,……在‘得’与‘失’的公平秤上量一量,不言而喻,‘得’小于‘失’。”

“要饭的,捡起来,吃去吧!施饭人说着,踢了踢地上的饭篮子,这就是‘蹴尔而与之’。不就是这么一点点难堪吗?有什么大不了的,为它舍命值得吗?个人这点儿‘自尊’‘面子’显然是‘鱼’,‘生命’显然是‘熊掌’。特别是当生命不仅仅属于他一个人的时候,这种轻生行为更值得商榷了。这种面子之‘鱼’是莫甚于生命之‘熊掌’的。孟子把账算错了。在这种情况下,我则取孟子‘凡可以得生者,何不用也’这句话行事!”

这样的文本解读不是“我注六经”,而是彻头彻尾的“六经注我”!纯粹是阿Q式的“我想什么就是什么,我喜欢谁就是谁”。解读文本的前提是要尊重文本,既然孟子在本节中并没有表达出“行道之人”与“乞人”的“弗受”“不屑”是“非义之义”的任何意义线索,那么,从孟子的其他文章中断章取义地找来一个“非义之义”硬要套在所要解读的文章上的做法是失之武断的。徐文上述的发挥如果是对学生进行逆向思维的作文或演讲训练,倒还不算太离谱。

但也必须强调的是,观点独特倒是独特,但其中的价值观也有一不小心走向悖论的危险。不要人的尊严和人格而苟延生命的人,用徐文的价值公平秤衡量是“得大于失”,刘胡兰、董存瑞等为别人而牺牲的年轻英烈应该就是“失大于得”,见义勇为的英雄们恐怕也要寒心了,他们也是“失大于得”呀!因为根据徐文提出的“价值比”,我们只能得出这样的想象和推断,我想这绝不是徐先生愿意承认的,但读者这样的推断是从徐文的价值观中自然而然品出的味道。如果这样的解读正像徐文声称的那样,是另一种“精致的解读”,那么,它带来的是解读的随意性,除了新奇和扰乱学生的思维外并不对学生理解文本有多大的帮助。如果我们把这种“精致的解读”使用开来,老师和学生可随意向任何课文开炮:《再别康桥》中的“轻轻的我走了,正如我轻轻的来”不对,回母校又不是做贼,何必蹑手蹑脚偷偷摸摸的?《我爱这土地》中的“为什么我的眼里常含泪水”也不对,谁的眼里能会常含泪水?睡着了呢?……文本就是文本,在尊重文本的前提下解读出人们不易觉察的信息才是最好的、最精致的解读。

徐文曾经强调,解读作品,就是要读出文中独有的味道来,让学生领略他们自己不能领略出的东西。说得很对,只是让学生领略他们自己不能领略出的东西,不要变成让学生领略课文中没有的东西。品酒要品酒中味,茶水切莫当酒品。因为茶水里只有茶味。

第二节　古诗文特殊字注音的原则性问题

中国是世界上唯一一个五千年文明延续至今的国家,汉语和汉字在延续中华文明的进程中起了关键性的作用。今天的中国人,依然能够凭借工具书或注释看懂几千年前的文献,汉语、汉字在其中起了最关键的作用,它是古人留给我们的一笔最为重要的文化遗产。所以,学好古代诗文,对于提高国民的语文素养具有非常重要的作用。我国的语文教育历来就特别重视中华文化传承的优良传统,有大量的古代诗文收进中小学语文教材。但是,在语文教学中,有一些汉字的读音却一直困扰着广大的教育者和学习者,造成了实际使用中的不少混乱。比如,在央视《开讲啦》节目中,主持人把《将进酒》读作“将jiāng进酒”,就引发了“将”到底应读qiāng还是读jiāng的争论。

其实,像“将”这样容易引发争议的古诗文用字,还有不少。贺知章《回乡偶书》“乡音无改鬓毛衰”中的“衰”,有shuāi、cuī两读。陶渊明《饮酒》两读的字有三个:“结庐在人境,而无车马喧”中,“车”有chē、jū两读;“飞鸟相与还”中的“还”有huán、xuán两读;“悠然见南山”“见”有jiàn、xiàn两读。李白《望庐山瀑布》“遥看瀑布挂前川”和杜甫《月夜》“闺中只独看”中的“看”,有kàn、kān两读。李白《宣城谢朓楼饯别校书叔云》“明朝散发弄扁舟”中,“扁”有piān、biǎn两读。刘禹锡《乌衣巷》“乌衣巷口夕阳斜”、杜牧《山行》“远上寒山石径斜”和孟浩然《过故人庄》“青山郭外斜”中的“斜”,有xié、xiá两读。辛弃疾《丑奴儿·书博山道中壁》“为赋新词强说愁”中的“强”,有qiǎng、qiáng两读。《敕勒歌》“天似穹庐,笼盖四野。天苍苍,野茫茫,风吹草低见牛羊”,也有“野”的yě、yǎ和“见”的xiàn、jiàn两读。另外,容易读错的,还有人名、地名等专有名词。如诗人岑参名字中的“参”是一个多音词,读shēn还是读cān?“阿房宫”读ē páng gōng对还是读ā fáng gōng对?诸如此类的多读音字太多太多了!那么,这些多读的字,现在到底应该怎样读?哪些读音今人是没有必要那么读的?本节收集了几十年来用于教材的古代诗文中标注的多读字,提出了古诗文特殊字注音的几条原则,并尝试解决这些问题,以求教于方家。

必须指出,造成这种读音乱象的源头正是我们从小就无比信赖的语文课本,孩子们从小就给灌输了某字怎么读才算“正确”的观念。“课本上的都对”“老师教的都对”的社会大众认知形态就是在受启蒙教育时形成的,国民这种思维特点,也影响到了整个社会的语言生态。如果你一不小心读了一个与老师教的不一致的字音,马上就会受到指责:“这是小学生都知道的常识,你怎么会读错?”如果你想纠正别人,人家也会坚定地回应:“课本上就是这么说的,老师就是这么教的!”所以,面对这种现象,为减少执着,杜绝乱象,很有必要讨论我们的中小学语文课本到底应该怎样处理那些特殊读音的问题,以便给中小学的一线教师一个科学有用的施教范本。我们认为,语文教材的编写者都应该明了如下的原则。

一、遵循工具书又不唯工具书

权威工具书是语文教材中词语解释的最重要的依据。但是,作为语文教材的编写者,还应该对工具书某些特殊的读音与释义有所鉴别,找到课文用字的最恰当的读音与释义,甚至发现工具书中的某些不足,这叫遵循工具书又不唯工具书的原则。这就对语文教材的编写者提出了更高的要求。因为工具书也是人编写的,不可能保证做到绝对正确。关于这一点,语文教材的编写者要有一个清醒的认识,否则,唯工具书是从,就会以讹传讹,做一些画蛇添足之举。如李白《将进酒》中的"将",课文中注的音是 qiāng,表示"愿,请"。这也难怪语文教材的编写者,权威的词典就是这么解释的。如《现代汉语词典》(下文简称《现汉》)中就给出了"将"的三个读音:jiāng、jiàng 和 qiāng,其中的 qiāng 音只对应了《将进酒》中的"将",并注明:[书]愿;请:将进酒。《辞海》也给出了三个读音,qiāng 同样是为《将进酒》中"请、愿"义的"将"专设的。据语言学者宋国明(2011)的考证,《将进酒》的"将"读 jiāng 不读 qiāng。魏学宝的《〈将进酒〉的"将"究竟怎么读》指出:唐代"将"为精母字,而非清母字,也就是说,唐代"将"根本就没有 qiāng 这个音,"将"读清母阳韵的字音(qiāng)在宋代才出现,至清代流传开来。边家珍(2017)的文章也指出,"将"读 qiāng(千羊切)的音,首见于北宋仁宗时期的《集韵》中,并在下面注明"请也"。可见,拿一个唐代根本没有的读音来反过来要求现代人读,是没有根据而又很不科学的。

语文教材的注音有时还存在张冠李戴的问题。比如贺知章的《回乡偶书》"乡音无改鬓毛衰"中的"衰"的读音,至今尚有争议,有不少的语文教师特别强调,这个"衰"字不读 shuāi,而读 cuī。而《现汉》中读 cuī 的"衰"义同"缞"(用粗麻布制成的丧服),与"鬓毛衰"的"衰"语音语义并不对应。《辞海》的"衰"条下也给出了 cuī 的读音,但只列了两个义项:①依照一定的标准递减;②通“缞”,见“斩缞”“齐缞”。这两个义项也不能解释“鬓毛衰”的“衰”。可见,把“鬓毛衰”的“衰”读成 cuī,是讲不通的,联系《回乡偶书》的韵脚字,“衰”与“来、回”同韵,止摄“衰”在该诗中押与蟹摄咍韵相似的 uái 母,所以,诗中“衰”只能读 shuāi,读 cuī 音是不符合该诗韵脚的。

有人对陶渊明的《饮酒》(其五)中的几个字进行了过度解释,如把“而无车马喧”中的“车”读成 jū,就属拉郎配。“车”读 jū 时,指“象棋棋子的一种”(《现汉》),与“马车、车辆”是扯不上关系的。把“采菊东篱下,悠然见南山”中的“见”读为 xiàn 也是如此。“见”读 xiàn 时同“现”,即“显现”(《辞海》)、“表露在外面使人可以看见”(《现汉》),是物体“使人见”的动态过程,而“见”读 jiàn 时表示生命主体主动地“观看、看见”的动作,二者的用法是有严格区分的。联系陶渊明的诗作,“采菊”与“见南山”都是他主动的行为,而非被动的状态过程。若把语序调整成“悠然南山见”或许才能表示“南山”显现的状态过程。更不可理喻的是把“山气日夕佳,飞鸟相与还”中的“还”读为 xuán,陶渊明《归去来辞》“鸟倦飞而知还”一句可证,“还”就是“返还”义,夕阳西下,倦鸟归巢,也暗示了自己归田园而居的生活理想与状态。而“还”读 xuán 时义同“旋”,是“旋转、立刻、轻捷貌”(《辞海》),语义上与诗意是不搭界的。

像《将进酒》中“将”的读音 qiāng,《回乡偶书》中“衰”的读音 cuī,《饮酒》(其五)中的“车 jū、见 xiàn、还 xuán”的读法,都是过度解释,张冠李戴,应该去掉。

二、尊重和正视语言变化

语言是一个发展变化的系统,汉语从古至今虽然一脉相承,但从语言发展演变的角度,不论是语音、词汇,还是语法,都发生了巨大的变化。今人读古代作品,只能按现在的语言系统来解读,词汇与语法比起语音来还相对容易做到,但也只能是接近而已,由于语音转瞬即逝不易记录,真实“还原”古人的语音基本上是不可能的事。所以,我们读古代诗文,理解是第一要素,原汁原味地“还原”那是永远做不到的。可是,有些人就是要做这种出力无功之事,死死咬住某个字的读音不放，试想，你有可能把李白的《将进酒》全诗中的字都读成李白时代的读音吗？既然做不到，为何不顺应时代的变化，用今天的读音来读古人的作品？理解古人作品的思想内容与情感表达才是最重要的。墨守成规，不知顺时而变，一不小心弄出个子虚乌有的东西来，倒是最要不得的。“将进酒”之“将”读 qiāng、“鬓毛衰”之“衰”读 cuī 的做法就是这样。根据音韵学普遍认可的规则，所处时代读音为何即为何，而不必亦不应该强行改变现有读音去恢复所谓的古音。这是语文教材编写者必须明了的原则，只可惜我们的语文教材编写者们都没能深刻认识到这一原则，从而出现了不少本不应该出现的规定。

三、需要而非人为

古今汉语的语音、词汇和语法的变异是不争的事实，如词义所指范围的扩大、缩小和转移，实词虚化、某些语法成分的结构位置变化等，都是显而易见的现象。语音的变化虽然不像词汇和语法的变化那样通过古今语料的比对容易显现，但是，在讲究韵律的诗词歌赋中，也能朦胧地感知到。一些过去合辙押韵的诗句，现在读起来都不押韵了。如白居易《长恨歌》中开头几句韵脚的“国、得、识、侧、色”都是入声字，另外，他的《卖炭翁》押的也是入声的“色、黑、食、雪、辙、歇、敕、北、得、直”，两首诗今天读来声韵极不协调。押咍韵（韵母都是 ai 或 uai）的诗词，如李白《望天门山》中的“开、回、来”，晏殊《浣溪沙》中的“杯、台、回、来、徊”，两诗中的“回、杯”都不押韵了。像这种古代押韵而现代读起来不押韵的诗词随时都能遇到。那么，我们有必要把每个入声字再都标注入声？或是给那些押的是咍韵但现在都不读 ai 或 uai 韵母的字都再另加一个咍韵的读音？这里就有个需要不需要原则了。因此，像“遥看瀑布挂前川”和“闺中只独看”，平仄分别是“平平仄仄仄平平”“平平仄仄平”，从律诗严格的声律要求看，“看”要读成 kān，但是从语法语义的角度看是不必要的，两句的“看”都是“观看、观望”的意思，并非“照看、看护”，故不必非得让人读成 kān。这种由平仄而产生的音变和口语里的语流音变现象属于同样的性质,在古代诗词中要涉及的汉字会有很多很多,这种把特定语境下的临时音变都作为字的另一个读音的处理是荒唐而可笑的。

有一些字的读音由于不同的读音代表了不同的语义,那就是必要的区别,所以必须严格进行区分,硬性而明确地做出规定,这就是需要的原则。如《敕勒歌》“风吹草低见牛羊”中的“见”,历来注家都标为读 xiàn,正契合了“风吹草低”而使得牛羊“使人见”的状态,是正确的读音。辛弃疾《丑奴儿·书博山道中壁》中“为赋新词强说愁”中的“强”,读 qiǎng 而不读 qiáng,那是因为此处的“强”表示“勉强”,读 qiǎng 就是强制性的。历史上的人名、地名、称谓都有其特殊的标识作用,有的还有专用的读音,读这些名称时都要尊重历史与特殊的区别性要求。人名:郦食 yì 其 jī、岑参 shēn、曹大家 gū;特殊称谓:可 kè 汗 hán、单 chán 于、(一叶)扁 piān 舟、山大 dài 王、阿 ē 房 páng 宫;地名:安徽的“六 lù 安”“涡 guō 阳”、山西的“洪洞 tóng”、山东的“东阿 ē”、河北的“乐 lào 亭”“获 huái 鹿”、广东的“番 pān 禺”等。这些特殊的读音依照了约定俗成的习惯,坚守了语音标注的原则。

四、说明而非强制

语言在历史发展进程中发生了变化,这种变化在现代语言中是以系统性的方式呈现的,如古代汉语中的入声字,在普通话中都已经发生了音变,不再使用了。所以,现代的字典与词典中,都只标现代语音,不标古代读音,除非有特殊的需要,这是常识。但是,语文教材中,还能见到硬是要把现代不读的音强制性地规定到教材中,让人们去读,如《敕勒歌》“天似穹庐,笼盖四野”中的“野”,要读为 yǎ,不能读 yě。“朱雀桥边野草花,乌衣巷口夕阳斜”“远上寒山石径斜,白云生处有人家”“绿树村边合,青山郭外斜”中的“斜”,都要读 xiá 不读 xié。这种规定既不明智又无必要。可能是教材的编写者觉得,在诗作里,古人就是这么读的,因为只有如此读才能押韵。如果为了押韵就要照古人的读法给汉字这么注音,那带来的后果将是灾难性的。请看几首押哈韵的诗:

少小离家老大回,乡音无改鬓毛衰。
儿童相见不相识,笑问客从何处来。
(《回乡偶书》)

九州生气恃风雷,万马齐喑究可哀。
我劝天公重抖擞,不拘一格降人才。
(《己亥杂诗》)

麻衣如雪一枝梅,笑掩微妆入梦来。
若到越溪逢越女,红莲池里白莲开。
(《赠道者》)

长安回望绣成堆,山顶千门次第开。
一骑红尘妃子笑,无人知是荔枝来。
(《过华清宫绝句三首》)

为了读得押韵就得分别将“回、雷、梅、堆”强制注读为huái、lái、mái、duāi。如此做法,又会有多少汉字得增加另一个读音!其后果将是无效而多余的。

针对这类现象,正确的做法是在课文中做个注释说明,告诉现代人这些字在古代诗词中的实际读法,但不做强行规定。这种说明性而非强制性的注解内容,既不会因增加强制性的读法与现代汉语的语音规范相违逆,给学习者与使用者造成不必要的混乱,又能给学习者提供了某种有益的提示,体现了一种既讲规范又有处理弹性的科学精神。

语言规范,应该从教材抓起!

第三节　真是一个“排”字见贫穷吗?

《孔乙己》一直是中学语文教材中的经典选文,所以,这篇小说也自然成了鲁迅小说中最广为人知的作品之一。然而,就是这样一部我们最熟悉的鲁迅经典,多少年来,不论是在各种各样的教学参考书中,还是在语文教学中都普遍存在并且一直流行着对一处语言的误解,即小说中动词“排”的使用:

孔乙己一到店,所有喝酒的人便都看着他笑,有的叫道:“孔乙己,你脸上又添新伤疤了!”

他不回答,对柜里说:“温两碗酒,要一碟茴香豆。”便排出九文大钱。

每当讲到此处,几乎所有的授课者都要对学生津津有味地大讲特讲小说中孔乙己到酒店付钱时动作“排”使用得精妙。老师告诉学生,这个动词“排”是小说中对主人公形象的细节描写,这个动词非常形象而准确地表现出了孔乙己当时穷困潦倒的处境,因为他此时身上穷得只有这九文大钱,所以作者才用了动词“排”而不是用动词“抓”来刻画他付钱的动作。这个动词的“神妙”使用早已被语文教师当作讲课的经典,一代又一代地传承着,甚至在作文教学中常被作为词语使用的范例而更加深入人心。

如果仅看我们引用的小说中这段文字,再联系小说前面对孔乙己落魄状况的描述,这样的讲解似乎很有道理。但是,笔者觉得,把作品中此处的动词“排”解释为作者刻意表现孔乙己的穷困潦倒,这种解读有似望文生义,不仅影响到对作品的精到的理解,而且误导学生,有悖语文教育的科学精神,所以有必要指出并希望得到纠正。

为了有助于对动词“排”的理解,我们须参照其出现的上下文语境:

孔乙己一到店,所有喝酒的人便都看着他笑,有的叫道:“孔乙己,你脸上又添新伤疤了！”

他不回答，对柜里说：“温两碗酒，要一碟茴香豆。”便排出九文大钱。

他们又故意地高声嚷道：“你一定又偷了人家的东西了！”

孔乙己睁大眼睛说：“你怎么凭空污人清白？……”

“什么清白？我前天亲眼见你偷了何家的书，吊着打。”

孔乙己便涨红了脸，额上青筋条条绽出，争辩道：“窃书不能算偷……窃书……读书人的事，能算偷吗？”

上面引出的是小说中作者为塑造孔乙己这一形象而特意设计的他在酒店与酒客们的三次矛盾冲突，这三次冲突是在承续前文对孔乙己形象刻画的基础上，对其命运拐点的一次浓墨重彩的集中展示，也是小说故事情节的高潮部分。在这一节中，作者集中笔墨进一步交代他在酒客们毫不留情的多次进攻下，丢尽了面子，从此彻底地失去了做人的勇气，在无限悲凉中走向了自己生命的终点。小说巧妙地设计了孔乙己面对酒客的三次挑衅而采取的三种应对“战术”：即“回避术”“蒙骗术”与“诡辩术”。此段冲突的设计集中紧凑而又环环相扣，充分彰显了作家融人物形象刻画与情节发展为一体的高超创作艺术，十分经典而耐人寻味。

第一种是“回避术”。孔乙己一到店，不仅“所有喝酒的人便都看着他笑”，有的甚至叫喊：“孔乙己，你脸上又添新伤疤了！”面对这种公然的挑衅，自知理亏的孔乙己只得采用“回避术”装聋作哑，以期度过这难堪、尴尬的局面。此时，他只能“不回答”，没听到似的对柜里说话，边说边排出九文大钱，内心中则急盼如此的场景快快过去。可见，“不回答”是他此时所采用的总体“战略”，旁若无人似的“对柜里说”与“排出九文大钱”是其“战略”的具体表现。动词“排”就是“排列”“排开”，当然在文中还有那么一点“摆布”“摆弄”之意，突出表现的是孔乙己为掩饰内心窘迫而故意装出来的慢条斯理与从容不迫的动作特点。

第二种是“蒙骗术”。孔乙己的息事宁人的做法，并没有奏效，那些无聊的酒客还是不依不饶，又向他发起了第二次挑衅：“他们又故意地高声嚷道：

‘你一定又偷了人家的东西了!’”作为一个读书人,怎么能容忍别人在众人面前说他“偷人家的东西”?面对如此的“侮辱”,孔乙己以反咬一口的方式进行了反击。他“睁大眼睛说:‘你怎么凭空污人清白?……’”他一改之前的沉默,以后发制人的方式进行绝地反击,以一种被冤枉者激愤的口气并想用“凭空污人清白”的帽子唬住那些挑衅者。很明显,这种猪八戒倒打一耙式的回击,其实是他在被逼无奈之下施行的一种“蒙骗术”。

第三种是“诡辩术”。孔乙己根本没想到他的这招儿并没有吓倒对方,反倒给自己招来了更大的麻烦,有个酒客直接揭穿了孔乙己的老底儿,开始了更具杀伤力的进攻:“什么清白?我前天亲眼见你偷了何家的书,吊着打。”这样铁证如山的凌厉攻势,对于本来就没有多少底气的孔乙己来说真可谓釜底抽薪,一招致命,他的心理防线被彻底摧毁,再无反击之力,只好用“窃书不能算偷”这样连他自己都不可能相信的“鬼话”来进行诡辩了。

鲁迅先生精心设计的孔乙己与酒客间短兵相接的三个回合的较量,匠心独运,别有新意。酒客一次次步步紧逼的挑衅,饱含了作者对本来十分落魄的孔乙己的极度同情,也暗含了对那些落井下石者的批判。而孔乙己一次次使用招数却一次次失败,不仅使他的形象更具立体感,而且又暗示了他从此精神受到致命打击后做人“尊严”的彻底破灭。把动词“排”解释为着意刻画他的穷困潦倒,不仅误解了作品的真意,而且无法还原作品中孔乙己丰满形象的设计匠心。只有将孔乙己的三个招数连贯起来,才有可能还原动词“排”在文中的真实用意,并以此为突破口,读出作品中包含的丰富意蕴。因为作品从开篇到本段故事,一直是描写他如何贫穷与不得志,读者对他的处境早已印象颇深,作家似无必要再着意地重提他的穷困潦倒。如果作家果真想要表现他的贫穷,在“九文大钱”之前加上三个字“仅有的”做修饰语即可,远比仅用动词“排”表意更为贴切,也更为直截了当。

孔乙己第一回合的“回避术”,重在表现其可怜与无助,因为他本已穷途末路,连接招的勇气都没有;第二回合的“蒙骗术”,重在表现其可恶相与无赖气,因为他不敢好汉做事好汉当,却反咬一口,一脸的无赖相;第三回合的“诡辩术”,重在表现其可笑与迂腐,他颜面丢尽了还不忘卖弄书生的酸腐气。孔乙己形象正是在作者导演的这场荒唐可笑的连续表演中,变得更加丰满而立体。这样的解读,也许更合作品的原意。

第四节　《与朱元思书》中的“寒树”到底是什么树?——来自历史与文本两个研判现场的结论

《与朱元思书》是南朝(梁)文学家吴均所著的一篇著名的骈体文。该文用优美的语言描述了“自富阳至桐庐一百许里”天下独绝的奇山异水,流露着对大自然美好景色的无限热爱,含蓄地传达出爱慕美好自然,避世退隐的高洁之趣。以往的义务教育课程标准教科书《语文》(七—九年级),是教育部组织编写(温儒敏为总主编)并由人民教育出版发行的权威教材。该教材的八年级上册就将该文选入。教材中对“夹岸高山,皆生寒树”中的“寒树”的释义却让人疑惑。2006年版的释义是“使人看了有寒意的树,形容树密而绿”,新版中的释义调整为“这里形容树密而绿,让人心生寒意。”其实改动前后的意思并无多大的变化。既然是“形容树密而绿”,怎么又会“让人心生寒意”? 二者之间缺乏自然的因果关联。“寒树”出现的语境是“夹岸高山,皆生寒树,负势竞上,互相轩邈,争高直指,千百成峰。”古诗文注释是教材编写过程中的重要部分,也是教师和学生在使用时非常关注的地方,所以特别讲究科学性与准确性。科学的释义不仅能够给人以拨云见日的通透感,而且也经得住文本与词语本身历史发展的检验。

现行的权威词典,只有《汉语大词典》收录了“寒树”一词。该词典对“寒树”给出了详细的释义与说明:“寒天的树木;冷清凋残的树林。诗文中常以衬托冷落与萧条的环境气氛。南朝·梁·江淹《杂体诗·刘太尉伤乱》:‘千里何萧条,白日隐寒树?’唐·韦应物《送崔叔清游越》诗:‘远水带寒树,阊门望去舟。’前蜀·牛希济《临江仙》词:‘峭碧参差十二峰,冷烟寒树重重。’”此释义是否符合《与朱元思书》里“寒树”用法? 语文教材的编者给出的释义“这里形容树密而绿,让人心生寒意”,到底是空穴来风还是有据可依? 为减少主观性干扰,我们特意选取了“寒树”一词使用的历史与《与朱元思书》的文本语境这两个研判现场,看看教材中“寒树”究竟有无依据,其所指到底是什么。

一、来自该词使用的历史的研判

要充分而准确地理解“寒树”的意思,最好的方法是回归词语使用的历史场景来研判,即从古代诗文具体用例中梳理其具体的用法与意义。我们查询了北京语言大学的 BCC 语料库,共查到“寒树”的有效用例 146 例。整理其全部的用例,发现“寒树”有两种用法与意义。

1.“寒树”指的是“寒天的树木;冷清凋残的树林”。这种用法最多,共 119 次。此种意义的“寒树”多用于送别诗中,共现的意象多是“愁云、西北风、落日、霜雪、暮色、边地”等秋冬季节的枯寒景物,描绘的是一种萧条、肃杀、凄凉的环境,表达的是一种伤感悲凉之情。

江淹(南朝·梁)《刘太尉琨伤乱》:“饮马出城濠,北望沙漠路。千里何萧条,白日隐寒树。投袂既愤懑,抚枕怀百虑。”诗中的“寒树”与“城濠、沙漠、白日”等共同构成了一幅凄凉的画面;沈约(南朝·梁)《为临川王九日侍太子宴诗》:“凉风北起,高雁南翻。叶浮楚水,草折梁园。凄凉霜野,惆怅晨鹍。云轻寒树,日丽秋原。”诗中的“寒树、凉风、高雁、落叶、折草、霜野、晨鹍、轻云”等,呈现出一派肃杀的景象;谢朓(南朝·齐)《奉和随王殿下诗》(其八)的“怆怆绪风兴,祁祁族云布。严气集高轩,稠阴结寒树。”也是将“寒树、绪风、族云、严气、稠阴”并置,烘托出一种悲凉的气氛;刘禹锡(唐)《途中早发》:“中庭望启明,促促事晨征。寒树鸟初动,霜桥人未行。”诗中与“寒树”相伴的景象是“启明星、初动的鸟”,气氛之悲凉也不言而喻;李端(唐)《留别柳中庸》:“惆怅流水时,萧条背城路。离人出古亭,嘶马入寒树。江海正风波,相逢在何处。”诗中伴随“寒树”的是“惆怅的流水、萧条的背城路、出古亭的离人、嘶嘶的马鸣”,表达出无限悲怆的情调。

总之,诗人在使用“寒树”时,都将其置于秋冬凄凉、严酷的自然风景下,所以,它是落叶干枯的树,与春夏时节郁郁葱葱生机勃勃的树木形态形成了鲜明的对照。

我们看到，诗人在使用“寒树”意象时，还在不经意间描述了深秋落叶过程，可为“寒树”指“寒天的树木；冷清凋残的树林”提供注脚，这类用法有6例。如：“红叶去寒树，碧峰来晓窗。”（唐代李山甫《题慈云寺僧院》）“江南客来归，山中叶亦稀。相思绕遍寒树下，有恨愿随秋风吹。”（元代吴师道《落叶行》）“一夜西风万壑声，刁条寒树焕新荣。”（金代朝觐清《红叶》）“西风飒飒催寒树，黄叶飘飘满地金。”（清代达珍《正源略集补遗》）。

因为“寒树”是“寒天的树木；冷清凋残的树林”，苍凉而枯败，所以在追思故人、寄托哀思的诗文中，“寒树”也为常见的景象，借树木的枯萎来烘托悼亡者沉痛的心情。此种用法的“寒树”共有8例。如：《隋唐五代墓志汇编》中有“悲深寒树，思结霜柯”“悲车咽驷，寒树啼猿”的语句。用“寒树”作为意象来表达悼念者悲伤心情的诗作在宋代比较常见：如梅尧臣的悼亡诗《宁陵阻风雨寄都下亲旧》：“昼夜风不止，寒树嚎未休。人言雨杀风，雨急风未柔。独扶慈母丧，泪与河水流。”蔡襄的悼亡诗《司徒侍中宋宣献公挽词五首其一》：“行翣连寒树，凝笳上晚云。路人那得识，挥涕指幽坟。”文天祥的悼亡诗《挽巽斋先生欧阳大著》：“方期黄鹄翔，忽作朝露晞。黔娄不盖体，延陵有遗悲。层阿翳寒树，平楚暖希微。”

必须指出的是，“寒树”在古代诗文中多与送别的场景、追思亡灵故人等场合相联系，是用“秋冬季节落叶之树”的枯干、凄凉、荒凉无生气来传递一种悲伤凄惨的心情，并不是说“寒树”是“让人心生寒意的树”。因为此释义更无法面对下面两种语境：

一种是由“寒树”描述出的并非凄惨的场景，而是喜庆的气氛或环境，抒发的是一种欢喜的心情，此种用法共有6次。唐代许浑《题陆侍御林亭》有诗句：“寒树雪晴红艳吐，远山云晓翠光来。定知别后无多日，海柳江花次第开。”宋代祝穆撰写的《方舆胜览》记载：“建宁府嘉禾有万寿院，陈轩读书于此，及第后重游诗云云。‘寒树似添新喜色，野猿犹听旧吟声。’”明代江盈科《春日署中即事》的诗句：“暖花多宿草，寒树又新枝。勋业思前辈，身名只旧时。”这些“寒树”都与欢喜的心情相配，总不能说“寒树”是“让人心生寒意”吧？

另一种是古代诗文中有“暖树”一词，语义上正好与“寒树”形成对比。“暖树”首见于白居易的《钱塘湖春行》：“几处早莺争暖树。谁家新燕啄春泥。”白诗中的“暖树”指的是初春长出新叶或吐蕊开花的树木。此种用法的“暖树”在后世的诗作中也常见。如：王安石《宿雨》：“绿搅寒芜出，红争暖树归。”宋人黄公度《春日怀王庆长》：“润畦舒菜甲，暖树拆茶枪。”秦观《风流子・新阳上帘幌》：“堪娱处，林莺啼暖树，渚鸭睡晴沙。”这些诗作中的“暖树”就是春季刚刚吐叶或开花的树，是充满生机的树，正好与秋冬季节树枝干枯叶落尽的萧条之象形成了鲜明的对照。如果说“寒树”是“让人心生寒意的树”的话，那么“暖树”是否可以解释为“让人看了心生暖意的树”呢？很明显这样的释义是牵强附会的。

从古代诗文中这么多的用例来看，《汉语大词典》将“寒树”释义为“寒天的树木；冷清凋残的树林”是符合该词使用历史的。而将《与朱元思书》中的“寒树”解释为“形容树密而绿”不符合该词使用历史的任何线索。至于说该词有“让人心生寒意”的意思，也只是“寒树”词义的使用语境带来的附加义，并非该词的概念义。

2.“寒树”指耐寒的树木，即生长于高海拔地区的树木的统称。此种用法共有 7 例，多用于题画诗中，只有《与朱元思书》是写实景的：

五代后梁荆浩《画山水图答大愚》：“恣意纵横扫，峰峦次第成。笔尖寒树瘦，墨淡野云轻。”宋代吴山《题画》：“雪意满前山，苍云落寒树。扁舟人不归，想在溪中住。”明代冒襄《影梅庵忆语》：“姬于吴门曾学画未城，能做小丛寒树。笔墨楚楚，时于几砚上辄自图写，故于古今绘事，别有殊好。”清代张照《秘殿珠林》：“后有其昌太史氏二印，前有子字小方印，又前有松石一幅，后有寒树山亭一幅，无款审定之，皆其昌笔也。”

古人喜作写意的山水画，峰峦叠翠，曲水流觞，颇富意境。“笔尖寒树瘦”“苍云落寒树”“小丛寒树”“寒树山亭”中的“寒树”都是生长于崇山峻岭之上的耐寒的树木。这种高海拔环境生长的树木与《与朱元思书》中“夹岸高山，皆生寒树”中所描述的“寒树”的生长地域倒是颇有几分相似之处。

二、来自《与朱元思书》文本语境的研判

从《与朱元思书》文本的语境来研判，文中的“寒树”并非《汉语大词典》中所说的“寒天的树木；冷清凋残的树林”，只能是指生长于崇山峻岭之上耐寒的树木。

首先，吴均此文，写的是“自富阳至桐庐”百里画廊奇山异水，所写的季节应该是夏秋之交：“蝉则千转不穷，猿则百叫无绝。”“横柯上蔽，在昼犹昏；疏条交映，有时见日。”可见，文中所写的“寒树”不可能指“寒天的树木；冷清凋残的树林”。

其次，从《与朱元思书》所表达的意向来看，作者以清丽的笔法，向友人朱元思展开了一幅美丽无比的风景画卷，抒发了作者希望寄情山水的思想感情和对官场与功名的鄙视。作者是以一种舒畅的心情来描述这段百里风光的，“夹岸高山，皆生寒树”所描写的正是沿江两岸的山之高耸，特别是高山之巅并非只有突兀的石头，而是居然生长着茂密的“寒树”，即郁郁葱葱耐寒的树木，用课文中的注释说就是“密而绿”的树。但是，这“皆生寒树”是一种喜景、美景，属于作家对“夹岸高山”的意外发现，所以，“寒树”既非“寒天的树木”，更非“冷清凋残的树林”，也绝无教材所谓“让人心生寒意”的悲观情调。我们也注意到，文中作家插入两个议论性偶句：“鸢飞戾天者，望峰息心；经纶世务者，窥谷忘反。”但这种议论只是作者观赏大自然美景时油然而生的联想，借景言志，意谓美丽的大自然之伟力会使人流连忘返，平息一切功名利禄之心。这些议论的语句是自己的人生感悟而并无半点寒心伤感的意味。所以，全文中绝无任何悲观伤感的情调，不知注释中“寒树”那种“让人心生寒意”的意思从何而来。

也许有人会说，生于高山峻岭之上耐寒的树木确实也是“密而绿”的树啊，但是“耐寒的树”与“密而绿”的树词义上并不对等，更何况“密而绿”的树木怎么会“让人心生寒意”呢？词义是用法经过长期使用而固定下来的，从解释词语的角度看，绝不容许把注释者个人的想象带进词语当中。如《现代汉

语词典》中对“寒士”的释义是“贫穷的读书人”而非“令人心寒的贫穷的读书人”,对“寒星”的释义是“寒夜的星斗”而非“让人看了心寒的星斗”。这样的注释就很好地体现了词语释义的客观性与通用性原则。

总之,从古代诗文“寒树”的使用历史来研判,“寒树”只有两种意思:一是指“寒天的树木;冷清凋残的树林”,适合表达送别伤感类的主题;二是指生长于高山峻岭之上的耐寒树木,此种意思常见于景物描绘的场景,这种意思常有高山峻岭相配。从《与朱元思书》文本语境的研判结论:文中的“寒树”指的正是高山峻岭之上的耐寒树木,即历史用法中的第二种意思。综合两种研判的结论,教材的释义是望文生义的结果。

第五节　《回乡偶书》中“衰”的读音

唐代诗人贺知章的《回乡偶书》是人人尽知的诗作,多次入选小学语文课本。关于诗中第二句末尾“衰”的读音问题却一直存在争议,是读 shuāi 还是读 cuī,至今困扰着人们。

孙玉文的《解读唐诗〈乡音无改鬓毛衰〉的〈衰〉》①对“衰”的读音与语义做了专门研究,并提出了新的解决方案。即“鬓毛衰”的“衰”应写作“毸”。这个新方案是从宋代赵令畤《侯鲭录》和明代徐《徐氏笔精》的记载中找到的。孙先生指出:“作‘毸’文从字顺,合乎原文的押韵规律,因此应是《回乡偶书》的原文。‘衰’是后人根据后代押韵习惯所作的改动,不合唐诗格律。”可是,看了孙先生的方案,困惑仍然很大:一是《回乡偶书》是一首很通俗富有生活情趣的诗作,为何要用那么冷僻的一个字?二是“毸”是联绵词“毰毸”中“毸”的单用,据说意思是“胡须披拂貌”,即长长的胡须垂吊的样子。而支撑这种联绵词单用的证据却只是一家之言,即向熹《汉语复音词语单音化举例》

① 孙玉文:《解读唐诗“乡音无改鬓毛衰”的“衰”》,《陕西师范大学学报(哲学社会科学版)》2018 年第 6 期。

中“联绵词也可以单用”的结论,孙先生就顺势指出:“于是单用‘毵毵’的‘毵’,作‘胡须披拂貌’讲,《回乡偶书》就是这样用的。”孙先生还指出,贺知章在诗中用了一个比较生的字“毵”,而古书中“鬓毛衰”的说法不少,止蟹二摄后代完全混同,这大约是后人将它换成了“衰”的一些重要原因。孙先生还特别强调:“‘乡音难改鬓毛毵’的‘毵’放到整首诗中文从字顺,合乎押韵要求,因此应是贺知章原作的用字。”三是贺知章诗中的“衰”明明是“鬓毛”,怎么又变成“胡须”了?“鬓毛”是鬓角的毛发,往宽泛里讲,说“鬓毛”也可以涵盖“胡须”倒也能勉强成说,但“胡须”却不能倒过来涵盖“鬓毛”!所以,孙先生说的“文从字顺,合乎押韵要求”实在难以服众。

为什么孙玉文先生非要拿这么一个很难让人信服的证据来解释呢?客观上来说是因为“衰”在古代是个多音多义字,历代韵书中有不同释读,造成了读音选择的困难,再加上《回乡偶书》的韵脚是“回、衰、来”相押,就出现了到底押什么韵的困惑:“回”是蟹摄灰母字,即现代韵母为 ei、ui 的字;“来”是蟹摄咍母字,即现代韵母为 ai 的字,“衰”为止摄脂母字,“追、锤、谁、龟、维”等均属此。那么,问题来了,“衰”该怎么读?第一个困惑来自语音:如果“衰”要读 shuāi,与蟹摄灰母的“回”不合韵;如果“衰”要读 cuī,则又与蟹摄咍母的“来”不合韵。第二个困惑来自所谓的语音与语义不和谐。这也是困扰学者多年的一个老大难问题(见唐作藩的《唐诗“乡音无改鬓毛衰”的“衰”字读音》,该文收录于 1996 年北京大学出版社出版的《语文修养与中学语文教学》)。孙玉文先生就特别强调:“‘鬓毛衰’的‘衰’,字义一定是‘衰减,衰白’”。按孙先生的意思,如果将“衰”读为 shuāi,语音合而语义不合,因为这种读音的“衰”语义表示“事物发展由盛而衰,衰落”,决不能表示“衰减、衰白”。如果将“衰”读为 cuī,语义合但韵不合,不合近体诗押韵的要求,因为这种读音的“衰”与押灰咍韵的“回、衰、来”不协调。

孙先生一再强调,《回乡偶书》是一首近体诗,必然是押蟹摄的灰咍韵。那么,这首近体诗中“衰”到底应该怎么读?真的存在孙玉文先生说的音义矛盾吗?真的就得弃“衰”字选它字另谋出路吗?我们认为,“衰”在《回乡偶书》中的读音只能是 shuāi,之所以产生“衰”字读音的困惑,一个很关键的因素就是对诗中第一句韵尾的“回”在唐诗中读音为 huái 的基本事实的忽略,即在唐诗中蟹摄的灰韵与咍韵早已合并的事实。由此而带来的“衰”的读音问题与所谓的读音与语义的矛盾其实都是人为的。下文我们的论证分为两个步骤:第一步先解答《回乡偶书》中的“衰”到底押的是什么韵,应该怎么读的问题;第二步再解答“衰”是不是真的存在音义矛盾的问题。

一、从古诗押韵的规律看

“衰”在《回乡偶书》中押的必定是灰咍韵,韵母中必然含有 āi。得出这种推论的前提是《回乡偶书》是押韵的近体诗这一最基本的事实,而且大家对该诗所押的是灰咍韵并无不同意见。何以证明“衰”的韵母中必然是 uāi? 下面是我们的思路,首先证明唐诗中“回”的读音,再证明唐诗中“来”的读音,两个字的读音一旦清楚,“衰”的韵母自然就非常清楚了。

证据一:灰韵的“回”在唐诗中读的都是 huái,有多首唐诗可证明,“回”与咍韵的“来”同韵,不是以灰韵的 huí 入诗的。“衰”读为止摄灰韵的 cuī 明显不押韵。

君不见黄河之水天上来,奔流到海不复回(huái)!

(李白《将进酒》)

天门中断楚江开,碧水东流至此回(huái)。
两岸青山相对出,孤帆一片日边来。

(李白《望天门山》)

小娃撑小艇,偷采白莲回(huái)。
不解藏踪迹,浮萍一道开。

(白居易《池上》)

紫陌红尘拂面来,无人不道看花回(huái)。

(刘禹锡《游玄都观》)

山围故国周遭在,潮打空城寂寞回(huái)。

淮水东边旧时月，夜深还过女墙来（lái）。

（刘禹锡《石头城》）

绣户时双入，华堂入几回（huái）。

无心与物争，鹰隼莫相猜。

（张九龄《归燕诗》）

这样的例证太多太多，从唐诗“回”与咍韵相押的实际情况不难推知，《回乡偶书》中的“少小离乡老大回”中的“回”与“笑问客从何处来”中的“来”押的一定是咍韵，而且“回”的读音只能是 huái。而恰恰是“回”在唐诗中只能读 huái 这一基本的事实，在几乎所有的讨论“衰”在该诗中的读音现象时都被忽视了。

证据二：唐诗中“来”用的都是咍韵，读 lái 不读 léi 或 lí。也就是说，《回乡偶书》中的“来”不可能与“衰”的古音 cuī 押韵，只能读成咍韵的 lái。

奉帚平明金殿开，且将团扇共徘徊。

玉颜不及寒鸦色，犹带昭阳日影来（lái）。

（王昌龄《长信秋词》其三）

海燕虽微眇，乘春亦暂来（lái）。

岂知泥滓贱，只见玉堂开。

（张九龄《归燕诗》）

日落沙明天倒开，波摇石动水萦回（huái）。

轻舟泛月寻溪转，疑是山阴雪后来（lái）。

（李白《东鲁门泛舟二首》其一）

不见李生久，佯狂真可哀！

世人皆欲杀，吾意独怜才。

敏捷诗千首，飘零酒一杯（bāi）。

匡山读书处，头白好归来（lái）。

（杜甫《不见》）

百亩庭中半是苔,桃花净尽菜花开。
种桃道士归何处,前度刘郎今又来(lái)。

(刘禹锡《再游玄都观》)

溪水悠悠春自来(lái),草堂无主燕飞回(huái)。
隔帘惟见中庭草,一树山榴依旧开。

(刘禹锡《伤愚溪》)

瑶池阿母绮窗开,黄竹歌声动地哀。
八骏日行三万里,穆王何事不重来(lái)?

(李商隐《瑶池》)

麻衣如雪一枝梅(mái),笑掩微妆入梦来(lái)。
若到越溪逢越女,红莲池里白莲开。

(武元衡《赠道者》)

既然“来”在唐诗中押的都是蟹摄咍韵(现在的读音为 lái),而且如前所证,“回”在唐人诗作中都读 huái,那就说明《回乡偶书》中蟹摄灰韵的“回”已与咍韵的“来”合韵相押,并不是以灰韵(即现在的读音 huí)入诗的。“回、来”的读音确定了,那么,“乡音无改鬓毛衰”中的“衰”的韵母也一定得与“来、回”同韵,即“衰”在诗中只能押与灰咍韵相似的 uái 母,所以,《回乡偶书》中“衰”读止摄的 cuī 音,是绝对不可能的存在。

证据三:蟹摄灰韵的“摧、催、堆、杯、回、灰、梅、媒、雷”等,在唐诗中大都押咍韵,韵母都得变成 ai、uai。蟹摄灰韵的“衰”照此也得读咍韵相近的 uai 母。请看:

葡萄美酒夜光杯(bāi),欲饮琵琶马上催(cuāi)。
醉卧沙场君莫笑,古来征战几人回(huái)。

(王翰《凉州词》)

火树银花台,星桥铁锁开。
暗尘随马去,明月逐人来。

游妓皆秾李，行歌尽落梅(mái)。
金吾不禁夜，玉漏莫相催(cuāi)。

(苏味道《正月十五夜》)

重阳独酌杯中酒，抱病登江上台。
竹叶于人既无分，菊花从此不须开。
殊方日落玄猿哭，旧国霜前白雁来。
弟妹萧条各何在，干戈衰谢两相催(cuāi)。

(杜甫《九日》)

忆归休上越王台，归思临高不易裁。
为客正当无雁处，故园谁道有书来。
城头早角吹霜尽，郭里残潮荡月回(huái)。
心似百花开未得，年年争发被春催(cuāi)。

(曹松《南海旅次》)

烛龙栖寒门，光耀犹旦开。
日月照之何不及此？唯有北风号怒天上来。
燕山雪花大如席，片片吹落轩辕台。
幽州思妇十二月，停歌罢笑双蛾摧(cuāi)。

(李白《北风行》)

常存抱柱信，岂上望夫台。
十六君远行，瞿塘滟滪堆(duāi)。

(李白《长干曲》)

长安回望乡成堆(duāi)，山顶千门次第开。
一骑红尘妃子笑，无人知是荔枝来。

(杜牧《过华清宫绝句三首》其一)

风急天高猿啸哀，渚清沙白鸟飞回(huái)。
无边落木萧萧下，不尽长江滚滚来。
万里悲秋常作客，百年多病独登台。

艰难苦恨繁霜鬓,潦倒新停浊酒杯(bāi)。

(杜甫《登高》)

花枝草蔓眼中开,小白长红越女腮。

可怜日暮嫣香落,嫁与春风不用媒(mái)。

(李贺《南园十三首》其一)

飒飒东风细雨来,芙蓉塘外有轻雷(lái)。

金蟾啮锁烧香入,玉虎牵丝汲井回(huái)。

贾氏窥帘韩掾少,宓妃留枕魏王才。

春心莫共花争发,一寸相思一寸灰(huāi)。

(李商隐《无题四首》其二)

山西中部的晋中、吕梁一带的许多方言也可为这种蟹摄灰韵在唐代的实际读法提供佐证。榆次、太谷、平遥、汾阳、孝义、介休、清徐、交城、文水、寿阳、榆社、武乡等方言中,“媒、煤、回、灰、雷、妹”等字,韵母都用 ai、uai。方言是语言的活化石,其读音如实地记录并反映了历史某个时期的面貌,正好与唐诗中的读音一致。如果这些灰韵的字在古代某个时期不发生韵母读 ai、uai 的变化,我们无法解释它们在唐诗中与咍韵字相押的大量事实,也无法解释“徘徊”中的“徊”何以会读 huái 而不是读 huí 的事实,因为双音字保留了历史上的发音。

故,《回乡偶书》中蟹摄灰韵的“衰”的韵母一定是 uai。否则,无法解释“衰”现在读成“衰”shuāi 的由来。

“衰”作为一个多音多义字,在古今辞书中多有记载。《集韵》收的读音最多,有五种:①初危切,②双隹切,③仓回切,④苏禾切,⑤丘追切。是不是“衰”真的就同时存在这么多的读音呢?我们认为,既然是“集韵”,就是把曾经被以前记录过的读音都收集起来,以供参照。这就好比我们现在的方言字汇,把某个字在不同方言里的读音都汇集起来,给研究的人提供参考,但不能反过来说,某个字的读音有多少种,并且可以无条件地使用于共同语中。事实上,真正的韵书会对这些读音进行提取合并,如《广韵》“衰”就只收了两个读音:①楚危切:"衰,小也,减也,杀也",读 cuī;②所追切:"衰,微也",今天读作 shuāi。《回乡偶书》中"回、衰、来"相押的事实已经告诉我们:"衰"在诗中与灰咍韵相押,韵母只能是 uāi。另外,唐诗中大量的蟹摄灰韵的"摧、催、堆、杯、回、灰、梅、媒、雷"等,都能与蟹摄咍韵相押,也能从侧面反映唐代诗歌用韵的时代特点与语音的变化。如果我们放着大量唐诗用韵的事实不顾,非要从古代辞书的记录中寻证据,是有点舍本逐末的做法。根据上文的论证,《回乡偶书》中的"衰"只有两种可能的读音:shuāi 与 cuāi,考虑到语言是变化的实体,特别是当代人更容易接受的方式,最好的选择是读 shuāi。

二、从音义的结合看

"衰"在《回乡偶书》中读咍韵并不存在所谓的音义不合。孙玉文先生指出:"按照'衰'的音义和'鬓毛衰'这种组合对'衰'的字义的取舍要求,'鬓毛衰'的'衰'只能作'由盛而衰,衰白'讲,是止摄字;而该诗中'衰'占据的位置只能是蟹摄字。由此推定诗中的'衰'字不能按照通常的音义来押韵。"

之所以会产生所谓的"衰"在《回乡偶书》中读咍韵存在音义不合的说法,其实质是不承认语言是变动的实体这一基本的事实。尽信书则不如无书,语音不是一成不变的,同样,语义也不可能是永远固定的。否则,"耳闻目睹"的听觉动词"闻"怎么会变成今天的嗅觉动词的"闻"了呢?死死咬定读音与语义不可变动,就会陷入自设的尴尬境地:"衰"要表示"由盛而衰,衰白",就必须是止摄字,那样止摄字的"衰"在本诗中就不与"回、来"押韵;如果"衰"作"减少,稀疏"讲,就必须读成楚危切的"衰",押韵的问题倒是解决了,但语义上又说不通。由此出现了两难的困境:语义通,韵不通;韵通了,语义不通。所以孙先生宁可选择一个"胡须披拂貌"的"鬤"来躲避这种困境,岂不知,人家贺知章诗中说的是自己"鬓毛衰",而不是"胡须鬤"!这种张冠李戴的处理所面对的困境并不比不采用这样的解释小,而且这么冷僻的字到底是不是原字,只是出于宋代的记载,并非来自唐代的可信记载,其可信度也是令人起疑的。

其实,"由盛而衰,衰白"义与由"事物发展由盛而衰,衰落,衰退"引申而来的“减少、稀疏”义,两种语义上并无多少隔阂或是过不去的鸿沟。“衰白”是描述“鬓毛”又“衰”又“白”的结果,而“减少、稀疏”既指“鬓毛”的“减少”过程,又指“减少”过程后的结果“稀疏”。两种语义放进《回乡偶书》都能讲得通,至少要比“胡须披拂貌”的“鬈”更能为人们所接受。

综上所述,“衰”在《回乡偶书》中押的是与“回、来”一样的韵,只能读为 shuāi,语义上表示鬓毛的稀疏减少和衰白。如果非要学唐人读唐诗,读得合辙押韵,读音上该调整的倒是“回”,读 huái 而不是读 huí,这样的读法才能反映唐诗用韵的实际。

第五章　文学作品的语言鉴赏

第一节　舒婷《致橡树》的语言解读

《致橡树》是女诗人舒婷创作于20世纪70年代末的一首著名的诗篇，该诗热情讴歌女性的人格独立，坦诚歌唱诗人的爱情理想，被誉为新时期新女性的“爱情宣言”。20世纪90年代曾入选高中语文课本，是舒婷诗作中流传最广、影响最大的一篇。该诗问世以来，赏析评价的文章虽为数颇多，但是大多是从诗歌的主题、意象、表现手法等方面进行评价的，对其语言特点一般都是附带性地谈一谈，并未将语言的使用与诗歌的主题、意象、表现手法等结合起来进行分析与挖掘，这在很大程度上制约了对诗的理解质量，也消解了赏析评价的深度。笔者曾经问过不少大学生和多次讲过这首诗的语文教师这样的问题：诗中“甚至日光，甚至春雨”两句诗究竟为何意？令人失望的是，几乎无人能给出较为满意的回答。因为一般人的鉴赏诗歌的习惯，都是重视对诗的整体把握以及诗的主题与表现手法等，很少有人去关注诗的语言，至于更细微的用词等，就更不会去仔细琢磨了。我们看不到有哪篇鉴赏与评价的文章谈到过两句诗究竟象征什么，表达什么意思。

笔者认为，《致橡树》中在语言上最富特色的是诗的前半部分“绝不”“也不止”“甚至”“不”“必须”等几个虚词的运用，它们不仅把诗中的多个意象连贯起来，而且是诗作中塑造意象表情达意的重要法宝。所以，准确把握这几个虚词的意思是理解诗作的关键。下面，我们联系具体语境分析一下这几个虚词在构建意象、抒写情感方面的独特作用，并借此对全诗进行细致地赏析。

我如果爱你——
绝不像攀援的凌霄花，
借你的高枝炫耀自己。

这是诗中构建的第一个意象——“攀援的凌霄花”，这一意象象征的是“攀高枝型”女子的情爱模式。诗人把那些凭借姿色嫁与豪门而依附对方过奢华生活的女性喻为“攀援的凌霄花”，她们之所以要在人前炫耀自己春藤绕树的“幸福”，也许是要掩盖出售美貌与青春而付出的沉重代价，或是那种高处不胜寒的寂寞，或是失去自身人格与尊严的悲哀。生活中又有多少女性，依然心怀“干得好不如嫁得好”的信条，做着坐享其成的美梦。诗人对这类“攀高枝”女子的情爱观嗤之以鼻，因为它根本就谈不上什么爱，与诗人心目中理想的爱情根本不沾边，所以诗中用了语气副词“绝不”，表达了诗人对这种“爱情”断然否定的态度。

诗中在构建第二个意象——“痴情的鸟儿”来象征那种“小鸟依人型”女子的情爱模式时，再度使用了“绝不”：

我如果爱你——
绝不学痴情的鸟儿，
为绿荫重复单调的歌曲。

诗人把那些以取悦男性为职业而谋取衣食无忧的女性喻为“痴情的鸟儿”，对这类靠人豢养、寄生虫式的女性同样毫不留情地予以唾弃。当她们嗲声嗲气，有时甚至低三下四地乞讨着对方的欢心时，其自身早已沦落为一个承欢卖笑者的角色，随对方的喜恶而决定自己的悲欢，其“痴情”又隐含了多少泪水与无奈？有何尊严与价值？所以，诗人仍以一种毅然决然的否定语气把这类情爱模式与自己理想的爱情彻底划清了界限。

在接下来的两小节诗中，否定副词由决断性的“绝不”变成了“类同义”副词“也”与关联连词“不止”。“也”承接前两节中否定的语意，而“不止”包含部分肯定（要有某种东西）与部分否定（但仅仅有某种东西是不够的）两层含义，共同构成了“不止”表示“要有而不限于”的双重语义。诗人为何由前边的断然否定一转而为部分否定呢？答案就在诗句所塑造的意象中：

也不止像泉源，常年送来清凉的慰藉。

原来，诗中构建的第三个意象是“泉源”，象征的是“贤妻良母型”女子的情爱模式。诗人将她们喻为“常年送来清凉的慰藉”的“泉源”。“贤妻良母”是传统文化中盛赞的女性美德，因为它集中体现了女性的奉献与牺牲。作为女性，毫无疑问应该具有这种美德，因为爱的本质就是一种奉献，诗作正是在这样的前提下对“贤妻良母型”女子的情爱模式给予肯定。但是如果一位女性把做“贤妻良母”看作爱情与生命的全部，把“相夫教子”当成自己唯一的职业，那是远远不够的，有时结果甚至是可悲的。岂不知，女性做“贤妻良母”这种标准是男权社会对女子的强制性定位，是以男性为中心而建立的，它强调的是女性的奉献与付出，而完全忽视妇女作为生命个体价值的存在与生命感受，历史上曾有多少女子牺牲了自己而最终也没能换来自己的幸福。现代社会又有多少女性仍在哀唱着同样的奉献者的悲歌。所以诗人才用“也不止”委婉地表达了对这种传统的情爱观的否定。诗的下一小节里，又使用了“也不止”：

也不止像险峰，
增加你的高度，衬托你的威仪。

这是诗作中给出的第四类情爱模式——“比翼双飞式”，诗人用“险峰”这一意象来象征这种情爱模式。“五四”以来，我国妇女的地位得到空前的提高。“男人能做到的女人也能做到”的豪言,化成一个个现实。事业型的女性活跃在各种职场上,巾帼不让须眉,多少女性事业卓然,真正撑起了“半边天”,在事业上与男子“比翼双飞”成了多少女性爱情的理想。但是,事业的成功并非与美满爱情等值,如果一个女性把事业看成了自己生命与爱情的全部,以做“成功女人”为终极的人生目标,而造成对家庭与爱人子女的忽略,同样也不可能获得爱情的幸福与美满。所以,诗中再次使用“也不止”,给“比翼双飞式”爱情模式注入了新的内涵,对那些正埋头追求事业成功的女性予以当头棒喝,对那些单纯以“增加你的高度,衬托你的威仪”为资本,而欲成为“险峰”的女性给予适度的否定。

甚至日光,
甚至春雨。

这两句诗是诗中出现的第五类爱情模式——“女强人式”爱情模式。它由“日光”与“春雨”两个意象构成。谓之“女强人”有何依据?万物生长靠太阳,“日光”何其重要!久旱春苗盼春雨,“春雨”何等金贵!这种女性,里里外外一把手,家庭中唯我独尊,男人也得俯首帖耳,社会上呼风唤雨,周围须听我号令。“半边天”何足谓其能,“一手遮天”方可状其势。试想,男人在这样的铁娘子面前有如小羊卧于恶虎前,哪配得上做什么靠山,还不就是一只任她摆布的猎物。这种女豪杰就一定能够获得理想爱情吗?不见得。所以诗中用了语气副词“甚至”,隐含了“甚至……,也不……”这样让步性否定转折的意味。这两句诗用散文化的句子可以转述为:“我如果爱你,甚至让我做万物离不了的日光,我也不做;我如果爱你,甚至让我做给春苗以生命的春雨,我也不做。”可见,“甚至日光,甚至春雨”两句诗从表面看是肯定句,但表达的意思却是否定的。

诗人对所构建的这些意象一一予以否定,为推出并凸显自己的爱情理想蓄足了势,铺平了路,但仍觉语力不足,所以又用了“不,这些都还不够!”对所构建的种种情爱模式来一个总体的否定,使否定的语力再度加强,至此才旗帜鲜明地亮出了自己的爱情宣言：

我必须是你近旁的一株木棉，
作为树的形象和你站在一起。

这时，在把一切与自己爱情理想不相干的已有的诸种“爱情模式”彻底划清界限后，诗人在宣告自己爱情理想的诗句中用了表强调的语气副词“必须”，语气何其决断。“我”不仅要成为“你近旁的一株木棉”，而且“必须是你近旁的一株木棉”，还得“作为树的形象和你站在一起。”诗中用“木棉”与“橡树”分别比喻阴柔独立的女性和刚硬挺拔的男性，象征着诗人所倡导和热情讴歌的爱情理想——“相依独立”的情爱模式。“相依”是因其有两情相悦的爱情基础；“独立”是因为各自人格独立、身心自由，又都事业有成。“男”与“女”是生理意义上的两性，不再是文化意义上的两极，不再受任何已有程式的限制。“我必须是你近旁的一株木棉，作为树的形象和你站在一起。”这无比自信而坚定的呐喊，是诗人洞悉人生、跨越古今，走过漫漫心路历程后独特的生命体悟。我们不难看出，与形形色色的各种爱情观相比，“相依独立”是诗人崭新的爱情理想，是女诗人站在新时代黎明的起点向新一代的女性吹响的嘹亮号角！

在宣告了自己“相依独立”的爱情理想后，诗人以更加丰满的意象对这一意象给以具体的展示：

根，紧握在地下，
叶，相触在云里。
每一阵风过，
我们都互相致意，
但没有人听懂我们的言语。

这一节所给的意象重在表述“独立中的相依”。根相握、叶相触这种“分离性的交融”象征着双方血肉相连的亲密关系;风中致意这种“无言式的交谈”则象征着绵绵情意。这种简单而独特、大爱无言的情意表达,那些惯用卿卿我我死去活来的空洞言词的尘世男女当然是无法听懂的。

下一节的群体意象则重在表达“相依中的独立”:

你有你的铜枝铁干,
像刀,像剑,也像戟。
我有我的红硕花朵,
像沉重的叹息,
又像英勇的火炬。
我们分担寒潮、风雷、霹雳;
我们共享雾霭、流岚、虹霓。

“铜枝铁干”的“橡树”象征着刚硬的男性之美;“红硕的花朵”的“木棉”则象征着具有新的审美气质的女性人格。相爱双方一刚一柔,独立而又互补,共同完成和诠释了情爱的意义:“分担”与“共享”。

“木棉”对“橡树”的内心独白,坦诚、开朗地直抒了诗人独特而丰盈的心灵世界,使得“相依独立”的爱情理想的内涵得到了充分展示。于是诗人对她的爱情理想做了一个总结:

仿佛永远分离,
却又终身相依,
这才是伟大的爱情,
坚贞就在这里:
爱,不仅爱你伟岸的身躯,
也爱你坚持的位置,脚下的土地。

“永远分离”而又“终身相依”,这就是诗人理想的“伟大的爱情”。诗人这看似矛盾的表述其实是对“相依独立”情爱理想的最恰当的人生体悟。“分离”是外在的，表象的；“相依”则是内在的，本质的。人生是一门艺术，爱情更是这一艺术中最精彩的华章；爱情是哲学，唯有用生命来体悟这门哲学的女性，才能洞悉其全部奥妙。这就是舒婷《致橡树》阐发的尖锐深刻的诗化哲理，也是这首诗弥足珍贵的思想价值与艺术价值。

人们常说，“文学是语言的艺术”，从语言角度切入进行文学作品的批评与鉴赏是当代西方文学批评的一种潮流，也是我国文学批评上的一个优秀传统。我们这里所做的也正是这样的尝试。

附：

致橡树

舒婷

我如果爱你--
绝不像攀援的凌霄花，
借你的高枝炫耀自己。
我如果爱你--
绝不学痴情的鸟儿，
为绿荫重复单调的歌曲。
也不止
像泉源，
常年送来清凉的慰藉。
也不止像险峰，
增加你的高度，衬托你的威仪。
甚至日光，
甚至春雨。
不，这些都还不够！
我必须是你近旁的一株木棉，
作为树的形象和你站在一起。
根，紧握在地下，

叶,相触在云里。
每一阵风过,
我们都互相致意,
但没有人听懂我们的言语。
你有你的铜枝铁干,
像刀,像剑,也像戟,
我有我的红硕花朵,
像沉重的叹息,
又像英勇的火炬,
我们分担寒潮、风雷、霹雳;
我们共享雾霭、流岚、虹霓。
仿佛永远分离,
却又终身相依,
这才是伟大的爱情,
坚贞就在这里:
爱,不仅爱你伟岸的身躯,
也爱你坚持的位置,脚下的土地。

第二节　从语言的角度解读《茉莉花》的主题

江苏民歌《茉莉花》是一首流传甚广,妇孺皆知的优美歌曲。不过,关于这首歌曲的主题,也就是它到底唱的是什么,却普遍存在一种误解。一般人都会以为这首歌是赞美茉莉花的。这种误解的形成有多方面的原因。一是歌词的每段都以"好一朵茉莉花,好一朵茉莉花,满园花草谁也香/白/开不过它"开头,很容易给人以赞美茉莉花的印象。二是歌词主旨的表达比较曲折含蓄,除了明确表示出"我"对想采茉莉花和采摘后的担心和顾虑外,并未提示人们他担心和顾虑的原因。三是一般人欣赏歌曲的习惯往往关注的是曲调的优美婉转，而很少去追究歌曲主旨到底是什么。笔者认为，这首民歌其实是一首爱情歌曲，赞美茉莉花其实只是歌词的表象与托词，而其主题的真实表达是非常含蓄而隐蔽的。因此，要准确理解歌曲的意思，必须联系中国人特有的文化心态与诗歌语言的表达特点方能达到。我们先看一下全部的歌词：

好一朵茉莉花，好一朵茉莉花，
满园花草香也香不过它。
我有心采一朵戴，
看花的人儿要将我骂。

好一朵茉莉花，好一朵茉莉花，
茉莉花开雪也白不过它。
我有心采一朵戴，又怕旁人笑话。

好一朵茉莉花，好一朵茉莉花，
满园花开比也比不过它。
我有心采一朵戴，又怕来年不发芽。

三段歌词的开头都高度一致，所不同者，只是每段结尾的那一句。所以，理解整个歌曲的主题，必须从三段歌词里不同的尾句入手。必须指出，仅以这最后的三句歌词而言，把《茉莉花》看成是对花本身的赞美与热爱也是极为不妥的。且不说看见那么美的茉莉花又要摘又要采的，与赞美热爱茉莉花的主题也不太相符，光看这每段最后的三次“担心害怕”，也与赞美茉莉花的主题不符。既然他采摘茉莉花怕“看花的人要将我骂”，那么为何还要采摘不已，还得担心“又怕旁人笑话”“又怕来年不发芽”！毁花之志如此地坚定，到底是爱花还是要存心毁花？

《尚书·尧典》中有“诗言志，歌永言”之经典论断，意思是说，诗是用来表达人的意志与愿望的,歌曲是语言之延长的表达,延长诗的语言是要突出诗句的内涵与意义。歌词是配乐演唱的诗歌,它的特点是用咏唱诗歌来表情达意。以《茉莉花》而论,既然它不是赞美茉莉花的,那么它到底要表达歌唱者什么样的情志?其实,《茉莉花》是一首青年男士向心仪女孩示爱求爱的情歌。它以咏颂茉莉花的美丽芬芳为掩饰与导引,曲折婉转地表达出对意中人的向往与爱慕,并巧妙地以自己的担心向姑娘连续问了三个问题:①有对象吗?②我配你吗?③啥时候呢?

何以知之?唯一的依据是各段歌词的意思。分析歌词之前有必要谈一点中西文化背景下的情歌与求爱方式之不同特点。与西方人直白显露的示爱方式不同,中国人的示爱求爱要含蓄得多。旧时的青年男女即便男有情来女有意,在传达爱意时也不可能不加掩饰地直来直去,因为赤裸裸的爱意表达,不仅会被对方认为没有文化修养,甚至会给对方留下轻浮与浪荡的坏印象。陌生男女之间表达爱慕时更得拿捏好分寸,言行举止更要得体到位,达到可意会而不直言的神奇效果。在这种传统文化深刻影响与浸润下的中国情歌,往往会采用把实际的意思隐藏起来的表达方式,让心上人自己去猜想。用这样的方式来理解中国传统的情歌,方能揭秘其主题意思,否则,就会流于皮相而不得要领。

首段歌词以花喻人,借赞美茉莉花的芳香来暗中表达出自己对心上人的爱意,之后,巧用"我有心采一朵戴"表达了歌者想与对方结为秦晋之好的美好意愿,但可能他与这位姑娘并不是很熟悉,故用"看花的人儿要将我骂"来流露出自己的"担心"。那么他究竟担心什么呢?字面意思是怕挨对方"看花人"的骂,"看"的意思为"看护"而非"观看"。若对方真的有看花人,有护花使者,说明人家早已名花有主,果真如此,那还有你的什么事?如果你还死缠烂打向人家表达爱意,岂不无趣?故而,歌词通过传递自己的这种担心,隐曲地向姑娘提出了一个问题:姑娘,你有看花的人吗?简言之即是:姑娘,有对象吗?

此时如果姑娘羞答答地摇头或回答"哪有对象啊",那男士就可以继续他的演唱式求爱。这位男士挺幸运,他大约得到了这位可心人儿的某种暗示,于是又继续表白他的心意。第二段歌词借茉莉花的雪白纯洁喻指对方的清纯美丽，再次流露出想与对方结为连理的强烈愿望，同时还表达了“怕旁人笑话”的另一层担心。注意，歌者于字面上表达的是怕头戴茉莉让别人笑话自己傻帽，真实意思却是怕人家姑娘笑话他癞蛤蟆想吃天鹅肉，怕自己配不过人家而自取其辱。别人笑话不笑话其实并不重要，重要的是眼前这位意中人的态度。所以切不可被这表面的托词所迷惑，这表面的担心背后又是大有寓意的，也等于是暗中向她抛出了一个问题：姑娘，别人不会笑话我的自作多情吧？实际意思是，你不会笑话我配不上你吧？简言之即是：姑娘，我配你吗？

最后一段同样是以赞美茉莉花打头来重复了自己的爱意，同时第三次表达了自己的担心：“又怕来年不发芽”。他真的是怕自己强摘茉莉花而导致其来年不发芽的结局吗？怕出现这种结局不摘就是了，实际上他担心的是自己时机把握不准而错失一段美满的姻缘。设身处地地想来，这小伙子此时也确实挺为难的，面前这如花似玉的意中人，人家已暗示她没有对象还不嫌弃他，这不等于表白愿意了吗？可更现实的问题摆在面前：着急上手吧，怕人家嫌自己轻浮不够庄重而遭到拒绝；可下手太迟了，这么美丽可人的姑娘有多少人惦记着，一旦错失良机真就成了别人家的花，那还不悔青肠子！所以，这种表面上的担心表达的是一个时机该如何把握的问题。这不还是通过自己的担心来向人家发问：姑娘，啥时候呀？

生活是艺术之源。这种借担心来发问的话语方式屡见于我们的日常的生活谈话中，一点也不稀奇。比如，朋友们商定了一次旅行，某君常常违约，组织旅行的人打电话给他：“咱们准备后天下午动身，可我们担心你又会有别的事。”这不也等于向某君提问：“你究竟能不能去？给我们个确切的信息，别让我们再白等了。”用这种生活化的思维来理解诗歌、歌曲或是别的文学作品，往往有拨云见日的奇特效果。山西晋北二人台《走西口》中的年轻妻子在丈夫临走时有一段著名的唱段，其歌词是这样的：

哥哥你走西口,小妹妹实难留;
手拉着哥哥的手,送你到大门口。

哥哥你走西口,小妹妹送你走;
有几句知心话,哥哥你记心头。

走路你走大路,万不要走小路;
大路上人马稠,小路上有贼寇。

坐船你坐船后,万不要坐船头;
船头上风浪大,操心掉在水里头。

日落你就安生,天明再登程;
风寒路冷你一个人,全靠你自操心。

哥哥你走西口,万不要交朋友;
交下的朋友多,你就忘了奴。

有钱的是朋友,没钱的两眼瞅;
哪能比上小妹妹我,天长日又久!

这段唱词虽然有七段,但其核心的意思只在最后的两段,即嘱咐丈夫在外不要交朋友,这朋友可不是普通的朋友,而是异性朋友,其他的嘱咐只是这个核心意思的衬托。因为这是她最担心的事,所以才放在了歌曲的最后。把最重要的意思放在最后来讲,是中国人表情达意的常用方式。

诗歌也好,歌曲也罢,都是生活艺术化的再现方式。而代表中国传统文化的民间歌曲、歌谣,则是最原生态的中国文化的活标本。了解中国文化不仅应该关注中国的传统文化经典,也应该将视点更多地转向民间文化与艺术。可惜的是,现代中国社会由于西方文化的冲击,不少人失去了理解与感知博大深厚的中国传统文化的能力。江苏民歌《茉莉花》的主题不仅在一般大众的理解中不能到位,就连有些专业人士也不能准确理解它的主题,比如,在向海外流传中就失去了它本来的味道。《茉莉花》由于其优美的旋律与表意的唯美而成为第一支走进西方主流文化圈的中国民歌。中国当代剧作家魏明伦和意大利作曲家韦伯、布索尼,对意大利著名作曲家普契尼1924年创作的歌剧《图兰朵》中部分音乐进行了改编与创作,其中更动最大的是歌剧吸收了江南民歌《茉莉花》的旋律,给这部西方歌剧带上了浓郁的东方韵味。很多人都认为这是《茉莉花》走出国门的一次重大成功,然而事实并非如此,笔者认为其歌词的改动却是一大败笔。请看:

好一朵美丽的茉莉花,
好一朵美丽的茉莉花,
芬芳美丽满枝芽,
又香又白人人夸。
让我来将你摘下,
送给别人家。
茉莉花呀茉莉花。

这哪是原汁原味的江苏民歌《茉莉花》呀?由于创作者对中国文化的了解不深,特别是对《茉莉花》的主题缺乏精确而通透的理解,所以与这首优美乐曲相配的歌词是很蹩脚的。歌词"让我来将你摘下,送给别人家"完全背离了原作《茉莉花》的主题。试想,怎么能够把自己的心上人拱手相让,而且让得是那样的主动而兴高采烈!

第三节　《林黛玉进贾府》语言鉴赏与人物出场设计

《林黛玉进贾府》节选自《红楼梦》第三回,这一回中,作家巧妙地借林黛玉这个从未踏入过贾府的外来少女的耳闻目睹与心思,引领读者走进贾府,结识贾府中上上下下的人物。因贾府人物众多,作家在本回为了着力推出王熙凤和贾宝玉两个主要人物,采用了单独描写与群体扫描相结合、详细介绍与简略介绍相结合的方法,精心设计了两个人物的出场,并对其形象与性格特点给以成功的刻画,集中地体现了作家高超的创作技巧和塑造人物的非凡功力,是《红楼梦》中刻画人物最精彩的章回之一。因此,本课曾被多种版本的高中语文教材选用,后来又入选人民教育出版社 2006 年 11 月第 2 版的《普通高中课程标准实验教科书·语文必修 3》。

"阅读鉴赏"是新课程标准教科书的主体,目的是通过对文学名篇的精深地阅读与品味来培养学生的文学鉴赏能力与形象思维能力,《林黛玉进贾府》无疑是难得的文学鉴赏精品。根据新课程标准与本课的特点,我们的教学设计把王熙凤和贾宝玉两个主要人物的出场戏作为阅读与鉴赏的重点,这样的教学设计能起到画龙点睛、纲举目张的教学效果。

一、王熙凤出场

王熙凤的出场戏从"一语未了"到"王夫人一笑,点头不语",总共九百多字。她的出场可用"神兵天降,处处非凡"来概括。作家精心打造了她的七个不一般:说话、衣着、长相、关系、拍马、做戏、弄权。为了达到鉴赏的层次,要求教师不仅要让学生关注作品写了什么和怎么写的,而且要启发学生说出为什么这样写以及这样写的效果。教师宜采用提示的方法让学生逐个找出这七处不一般并进一步思考其描写意图与效果。

首先是她说话的声气不一般,从"一语未了"到"只见一群媳妇丫鬟围拥着一个人从后房门进来。"小说以神兵天降的方式设计了王熙凤的出场,未见其人,先闻其声,以戏剧舞台常用的空台叫板法,造成先声夺人之效,把读者的注意力一下子聚焦于王熙凤身上。借助黛玉耳闻与心思,使用对比手法,即"这些人个个皆敛声屏气,恭肃严整如此"与"这来者系谁,这样放诞无礼"进行对比,暗示了王熙凤在贾府和贾母心中的地位以及她好张扬的个性。

第二个不一般的是她华丽招摇的衣着,是借助黛玉眼睛,使用直接描写方法反映的。她那与众不同的打扮,是其地位的象征,也是她好显摆的性格的又一次披露。

紧接着，小说又借助黛玉的眼睛，用极其概括的方法给读者勾勒了王熙凤不一般的长相，一是她那“一双丹凤三角眼，两弯柳叶吊梢眉”的眼睛，二是她那“粉面含春威不露，丹唇未启笑先闻”的面容，漂亮的外表下活脱脱地刻画出一个刁钻歹毒的悍妇，一个虚伪冷酷的婆娘。画龙点睛之笔入木三分地道出了其性格。

作品给我们揭示的第四个不一般是她与贾母关系。这是借黛玉之耳从贾母的话中间接描写的。贾母调侃王熙凤是“我们这里有名的一个泼皮破落户儿”，是“辣子”，并让黛玉“你只叫他‘凤辣子’就是了”。试想一下，作为贾府中最有权势的贾母，何曾与别的孙辈们开过这样的玩笑？这种超越祖孙辈分、超越年龄式的调侃，充分说明了王熙凤在老祖宗心中不一般的地位，显示出她与老祖宗不一般的关系，难怪她在贾母面前也敢“放诞无礼”。

王熙凤何以会得到贾母的别样疼爱，何以会处得与老祖宗关系那么“铁”？小说中所写的王熙凤的高超的拍马屁本领，一下子会使读者豁然开朗，这是小说写到的王熙凤的第五个不一般。原来这位让老祖宗开心逗乐的主竟还是一位拍马高手。小说借助熙凤的言行，使用直接叙述方法，让我们看了一出拍马的戏。“这熙凤携着黛玉的手，上下细细打谅了一回，仍送至贾母身边坐下”，这些动作可别小视，细细想来，她正把黛玉用作道具，想拍老祖宗马屁的台词呢。她的话语“天下真有这样标致的人物，我今儿才算见了！况且这通身的气派，竟不象老祖宗的外孙女儿，竟是个嫡亲的孙女”。其言辞的核心是“老祖宗”，把黛玉一直往老祖宗的“嫡亲”上拉扯，是想让贾母知道，老祖宗当年正是“这样标致的人物”。可见，她夸黛玉为虚，拍贾母马屁才是实。

只可惜，她的马屁拍得太响，一句“只可怜我这妹妹这样命苦，怎么姑妈偏就去世了”又引得贾母伤心落泪，这熙凤听到贾母说“快再休提前话”，又趁机来了段表演，这是作者写王熙凤的第六个不一般：逢场作戏手段非同小可。且看她那表情的“忙转悲为喜”，这是只有受过专业训练演员才可能做出的表情转换，哪里是普通人可有的！再听她：“正是呢！我一见了妹妹，一心都在他身上了，又是喜欢，又是伤心，竟忘记了老祖宗。该打，该打！”张口即是戏院的台词,轻松几句,难堪场面,一带而过。虚情假意,表演得逼真无比。

作家描写的王熙凤的第七处不一般是她钻营弄权的本事。借助熙凤的言行,使用直接叙述与间接叙述方法。她在众人面前,颐指气使,要尽威风,彰显她的管理才干。她告诉黛玉:“在这里不要想家,想要什么吃的,什么玩的,只管告诉我,丫头老婆们不好了,也只管告诉我。”这是让众人听的,她的地位有多高。她问婆子们:“林姑娘的行李东西可搬进来了?带了几个人来?你们赶早打扫两间下房,让他们去歇歇。”这是让众人看的,她的权势有多大。她回答王夫人:“这倒是我先料着了,知道妹妹不过这两日到的,我已预备下了,等太太回去过了目好送来。”这又是让众人想的,她考虑问题多么的周全。

教学中引导学生把小说所写的这七个不一般分离出来,逐一解剖,层层领会,从表层的描写中引导学生深入挖掘人物的性格,不仅能加深对王熙凤这一人物形象的把握,而且能领略作品刻画人物的高超艺术。

二、贾宝玉出场

文似看山不喜平,小说让王熙凤的出场有如神兵天降,铁骑突出,让读者在不虞的惊诧中接二连三地观看了她的几出精彩表演。而在推出另一位主要人物贾宝玉时,则是故设悬念,让他千呼万唤始出来,在赚足了读者的期盼与好奇后才让宝玉登台亮相,在设疑和释疑这一收一放的过程让读者尽情地欣赏他的表演。教师在引导学生鉴赏贾宝玉的出场时,应提示学生,让他们思考两人出场设计的不同。接着从以下四个问题入手进行品读与鉴赏:一是宝玉出场前,小说给我们故设了几层悬念?二是小说着意打造了他哪几个不一般的特点?三是在宝玉出场后的表现与出场前所给的悬念是否一致?四是这样处理的效果是什么?

宝玉是《红楼梦》中的男一号,作家在他的出场前,故设了三重悬念。

第一重悬念是由其生母王夫人设的。她告诫黛玉:“只是有一句话嘱咐你……但我不放心的最是一件:我有一个孽根祸胎,是家里的‘混世魔王’,今日因庙里还愿去了,尚未回来,晚间你看见便知了。你只以后不要睬他,你这些姊妹都不敢沾惹他的。”知子莫若母,对宝玉的评价由其母亲说出,一来增加了评价的真实性,二来加强了读者的悬念感。

第二重悬念来自黛玉的听闻。“黛玉亦常听得母亲说过,二舅母生的有个表兄,乃衔玉而诞,顽劣异常,极恶读书,最喜在内帏厮混,外祖母又极溺爱,无人敢管。”好事不出名,坏事传千里。黛玉远在扬州就曾从母亲那里多次听到宝玉的坏名声,这样的悬念设计,突显出传闻的历时长、传播面广。

第三重悬念仍是由王夫人设的。王夫人再次告诫黛玉的话,既解释了宝玉性格顽劣的成因是:“他与别人不同,自幼因老太太疼爱,原系同姊妹们一处娇养惯了的。”同时还把他的顽劣行径进行了具体交代:“纵然他没趣,不过出了二门,背地里拿着他两个小幺儿出气,咕叽一会子就完了。若这一日姊妹们和他多说一句话,他心里一乐,便生出多少事来。所以嘱咐你别睬他。他嘴里一时甜言蜜语,一时有天无日,一时又疯疯傻傻,只休信他。”王夫人这种有理有据的告诫,更增强了读者对宝玉的神秘感。

宝玉的形象设计也有四处不一般:品行顽劣的问题少年,容貌非凡的阳光少年,似曾相识的谜团少年,枉言狂行的怪异少年。

宝玉形象的第一个不一般是在小说所设的悬念中完成的。通过王夫人的两次警告与提醒,黛玉从母亲处来的消息,宝玉给人的印象早已被定格为“孽根祸胎”“混世魔王”,是个品行顽劣的问题少年。

小说在连设三重悬念完成对即将登场的主角宝玉的聚焦后,紧接着就安排了宝玉的出场,开始了对宝玉形象的层层释疑。首先通过黛玉的眼睛,直接描写了宝玉形象的第二个不一般。原来黛玉心中印象极坏,甚至于连看都不想一看的“惫懒人物”“懵懂顽童”“蠢物”,却是一个可爱的“小鲜肉”,是一个人见人爱容貌非凡的阳光少年:“面若中秋之月,色如春晓之花,鬓若刀裁,眉如墨画,面如桃瓣,目若秋波。虽怒时而若笑,即视而有情。”这种目睹与听闻之间巨大反差,强烈地震撼着黛玉的心,使她对宝玉的既成印象开始动摇。

小说又借黛玉的眼与心以及宝玉的语言对宝玉形象的第三个不一般进行了简要的交代。“黛玉一见,便吃一大惊,心下想道:‘好生奇怪,倒象在那里见过一般,何等眼熟到如此!’”奇怪的是宝玉与林姑娘一见,也有同感:“这个妹妹我曾见过的。”两人彼此似曾相识,宝玉由此又成为黛玉心中的一个谜团少年。这种彼此间如遇故人的感觉,是两人心生疑问而导致互相吸引的催化剂,为其后的两人相爱埋下了伏笔。

宝玉的第四个不一般是他出格的见识与举止。先看他的狂言:“除《四书》外,杜撰的太多,偏只我是杜撰不成?”他竟然把当时被视作至高无上的儒学经典视若粪土,把别人急切追求的科举入仕的所谓正途弃之如敝履。原来他“潦倒不通世务”是不通读书做官的世务,“愚顽怕读文章”是不愿读那些为了科学而作的八股文章。难怪他要被人看成“孽根祸胎”“混世魔王”了。再看他的狂妄行为,当他得知连黛玉这样一个神仙似的妹妹也没有那“通灵宝玉”时,“登时发作起痴狂病来,摘下那玉,就狠命摔去,骂道:‘什么罕物,连人之高低不择,还说通灵不通灵呢!我也不要这劳什子了’”!在贾母的哄骗下方才作罢。在贾府这样显赫的家族,在当时那个封建礼教盛行的社会,在众人皆走科举正途的环境下,宝玉这样的见识举止,实在怪异得出奇,真可以说是一个言行见识极为奇特的怪异少年。但是在黛玉那里,宝玉的言行也许只能算是暗合听闻,与别人评价的“混世魔王”只是貌合,仍有疑问。因为从《红楼梦》整个故事的发展中可知,黛玉也是一个封建礼教的叛逆者,宝玉的叛逆性格只不过是比她更加外显罢了,所以宝玉的率真表演也许正好暗合了她的口味。更何况,宝玉的痴狂症是为她而发的,说不定在这位多愁善感的林妹妹心中,这宝玉的痴狂还有几分可爱之处呢。

三、人物介绍与场景描述的处理

在重点鉴赏王熙凤和贾宝玉两个主要人物的基础上,教师可以采用提问引导法让学生从总体领略《林黛玉进贾府》的人物介绍与场景描述的处理艺术。

第一是人物介绍时重点与非重点的处理。本回为了突出介绍贯穿《红楼梦》全书的两个重点人物王熙凤和贾宝玉,对其他人物的介绍采用了群体介绍与简略一提的处理,如邢夫人、王夫人和李纨只由贾母的一句话轻松带出:

“这是你大舅母,这是你二舅母,这是你先珠大哥的媳妇珠大嫂子。”迎春、探春、惜春三人分别只用一两句简单的形貌描写作群体介绍。黛玉要拜见的贾赦、贾政,作者故意连他俩的出场都没有安排。这样的简略处理,把人物描写的着重点完全置于熙凤和宝玉两个主要人物身上,起到了烘云托月的效果。

在人物介绍的处理上,还有一点应启发学生关注,那就是作为引领读者走进贾府的林黛玉,贾府中的人物是通过她来介绍的,但是小说也没有放过对她进行介绍的任何机会。未到贾府前,就对她有一段心理描写,暗示出她小心谨慎的性格:“因此步步留心,时时在意,不肯轻易多说一句话,多行一步路,唯恐被人耻笑了他去。”还通过她回答贾母与宝玉读书问题时前后矛盾的说法,又一次暗示她天生的心细敏感,因为她从贾母的话语中听出了这位老祖宗“女子无才便是德”的言外之意。请比较两段材料:

[材料 1]

贾母因问黛玉念何书。黛玉道:“只刚念了《四书》。”黛玉又问姊妹们读何书。贾母道:“读的是什么书,不过是认得两个字,不是睁眼的瞎子罢了!”

[材料 2]

宝玉便走近黛玉身边坐下,又细细打量一番,因问:“妹妹可曾读书?”黛玉道:“不曾读,只上了一年学,些须认得几个字。”

小说还通过鹦哥与袭人的话,明确指出林黛玉多心伤感的性格:

[材料 1]

鹦哥笑道:“林姑娘正在这里伤心,自己淌眼抹泪的说:‘今儿才来,就惹出你家哥儿的狂病,倘或摔坏了那玉,岂不是因我之过!’因此便伤心,我好容易劝好了。”

[材料 2]

袭人道:“姑娘快休如此,将来只怕比这个更奇怪的笑话儿还有呢!若为他这种行止,你多心伤感,只怕你伤感不了呢。快别多心!”

小说有两处描写了黛玉的相貌，初步交代了她阴柔病态的美，并再次暗示出她多愁善感的性格：

［材料1］

众人见黛玉年貌虽小，其举止言谈不俗，身体面庞虽怯弱不胜，却有一段自然的风流态度，便知他有不足之症。

［材料2］

宝玉早已看见多了一个姊妹，便料定是林姑妈之女，忙来作揖。厮见毕归坐，细看形容，与众各别：两弯似蹙非蹙罥烟眉，一双似喜非喜含情目。态生两靥之愁，娇袭一身之病。泪光点点，娇喘微微。闲静时如姣花照水，行动处似弱柳扶风。心较比干多一窍，病如西子胜三分。

第二是在场景上有三处详细的描述。第一处出现于开头部分，借黛玉的眼睛，详细描绘了荣宁二府，尤其是荣国府的豪华气派。第二和第三处场景描述也是在黛玉拜访两位母舅时通过她的眼睛描绘的，小说对贾赦与贾政的居所做详细的实景介绍。小说之所以不惜重墨，极尽铺张之能事对贾府做这样的细描，一来是要表现金陵四大家族之首的贾府这样的“钟鸣鼎食之家，翰墨诗书之族”的奢华，二来是为了与其后贾府败落后那“忽喇喇似大厦倾”的荒败之象形成强烈的对比，进一步体会《红楼梦》鸿篇巨制的精妙布局。

第四节　《教我如何不想她》歌词语言赏析

教我如何不想她

刘半农

天上飘着些微云,地上吹着些微风。
啊！微风吹动了我头发,教我如何不想她?

月光恋爱着海洋,海洋恋爱着月光。
啊！般蜜也似的银夜,教我如何不想她?

水面落花慢慢流,水底鱼儿慢慢游。
啊！燕子你说些什么话？教我如何不想她?

枯树在冷风里摇,野火在暮色中烧。
啊！西天还有些儿残霞,教我如何不想她?

《教我如何不想她》是刘半农先生于1920年在伦敦时写的一首白话诗,1926年赵元任先生将此诗谱曲,在20世纪30年代中国青年知识分子中广泛流行。这首诗歌还首创了“她”字。

笔者一学生,曾就本诗问了我一个问题:诗中四次出现了“教我如何不想她”,其意思有何不同？她是高中语文教师,我以为理解与欣赏这首诗,对于她应该不成问题,于是就先让她试做解答。她的理解基本可以,不过离我的想法还是有一定距离。为了回答她的问题,写下了如下的文字,并求方家指正。

赵元任先生的配曲将刘诗的内容与意境充分地展示出来,特别是曲中通过四个“啊”的变调,把诗的描写与抒情区分开来,恰当地彰显了诗作的意境,堪称诗曲搭配的艺术杰作。

此曲从20世纪20年代创作发表迄今,以其演唱难度高而著名,对歌唱者表情达意细致情感的表现力要求极高。因而成为很多艺术院校声乐类考试时的必考曲目。

四句“教我如何不想她”,是歌词中每一节的尾句,在每一节里所表达的情感差别很大。随着眼前景致的不同和情感的变化,其内涵也随之变化。

第一层,诗人为排遣对家乡与亲人的思念,漫步郊外。天上飘来的微云,地上吹来的微风,让他的心若有所思。突然微风吹动着的头发将他的思绪唤醒,有如母亲的抚摸,似情人的爱抚,让他油然生发起对祖国与亲人的思念。“教我如何不想她”,是思念之始,因思念袭来是由外在的微云微风不经意间引发的,故而乡思还不是很浓烈!

第二层,诗人的思乡情被触发,情绪激动,想要抒发排遣。四下观察,远处高低,但由此而引发的是更强烈的思念!月光笼罩下的大海,大海拥抱着的月光,诗人也好似被这宽广博大的柔情包围,思念反而更加深沉而不可解脱!这思念甜蜜而浓烈,“教我如何不想他”,情感比思念初起时更强烈,感受得也最彻底,更加动情!

第三层,情绪经过这高潮,诗人想让自己的情感平缓一下,由此低头漫步,陷入深思。水面慢慢流动的落花,水底慢慢游动的鱼儿,景象归于宁静,这是诗人陷入深深的思念之写照!但多情燕子的突然说话又打破了这种深思与宁静。燕自故乡来,应知故乡事,它似乎在向诗人诉说家乡与亲人的消息。“教我如何不想她”不仅表达了沉思被打断后的醒悟与疑惑,而且凸显出诗人想得到家乡亲人消息的急切与渴望。思乡之情再次达到高潮。

第四层,在急切的思乡催促下,诗人四处寻望,以寻找情感之寄托。可周遭只有远处冷风里摇动的枯树,暮色中燃烧的野火,西天留存的残霞,这凄凉肃杀的景象更让他备感孤独伤感!联想到自己人在他乡,祖国亲人不得相见,思乡之情变得更为急切!最后一次喊出“教我如何不想她”,呼天抢地,撕心裂肺,把思念之情推向极致!

总之,四句“教我如何不想她”,思念之情由朦胧而清晰,想排遣而更深重,直至无法自拔!情感经历了几个起落,一次次地将思乡之情抒发出来,感人至深!

第五节　李清照《声声慢》的语言鉴赏

李清照的《声声慢》，脍炙人口数百年。就其内容而言，虽以悲秋为主调，但它并非单纯的悲秋之作，而是将个人运际之感慨缀入国难民忧之大背景之下，这就使其思想深度大大超越了以往悲秋咏怀性的作品，从而极大地增强了作品的表现力与感染力，故而历来为世人所重，加上本词在语言使用上一系列的鲜明特色，《声声慢》自然成了李清照南渡后词作的代表作，也成为后世语文教材必选之精品。有关这首词的赏析文章，真可谓无法计数。但笔者认为，《声声慢》最值得一提的艺术创造在于其语言上的特色。因此，与之前的鉴赏稍许不同，本节专门从其用词用语方面入手进行语言鉴赏。这种鉴赏角度与鉴赏方式既有助于读者领略词作独特的艺术魅力，展示词坛巨匠李清照在本词创作上的创造性，更能最大限度地原作品的创作意图。《声声慢》的语言特色集中体现在五个方面：①叠字的连用；②入声的韵脚；③口语化的语体；④反诘句的使用；⑤炼字的艺术。

词作的语言特色首先表现为开篇处一连串叠字的使用。这一显著的用词特点当然早已被人所关注，但评论者的关注点往往只在叠字之本身，缺乏对叠字内涵与作用的深入剖析，故而赏鉴难免失之皮相，未能揭示叠字使用之要义。其实，三处叠字分别是从动作、环境与心情来描摹主人公之感受与心情的，极其细致而准确地交代了愁苦来袭时作者由外而内之情感历程，其层次安排可谓匠心独运。

词中的愁苦不似李清照南渡之前见流水落花叹相思的“闲愁”，而是国破家亡后无法排遣的“国恨家难”，写法上也不再有愁绪袭来时“才下眉头，却上心头”那样影迹清晰的具体描绘，而是愁绪笼罩却茫然不知的状态。故而词的开篇从“寻寻觅觅”的动作落笔，暗示了主人公整天都被愁苦浸泡的复杂心情。这貌似闲散重复的小小动作，细细体会则大有深意。试想，“寻寻觅觅”既表现了她的百无聊赖，若有所失而又若有所待，到底“失去”什么？“期待”

什么？看来连她自己也不得而知。人的痛苦之大莫过于有希望的等待,正是这种无名的期待而导致的反复“寻觅”,再由“寻觅”而又无果的动作,极其形象地暗示了词人内心空虚寂寞、希望寻找寄托的愁苦心境。

紧接着的“冷冷清清”,是“寻寻觅觅”无果后词人所感知的环境。无来由地反复“寻觅”,说不清的惆怅反倒袭上心来,于孤苦伶仃中更觉孤寂清冷无助。所以,“冷冷清清”既交代了清秋时节气候之“冷清”,又写出了词人孑然独处环境之“冷清”,更写出了词人内心之“冷清”。寂寞无绪的“寻觅”后是备感“冷清”的环境气氛,一次次排忧解愁的失败,词人最终被一种彻彻底底的凄惨忧戚情绪所包围。于是一句“凄凄惨惨戚戚”随之从内心喷涌而出,这是词人纠结一天后最明晰的内心感知,是其心境最真切的表白。词人告诉人们,让她整日无法释怀心意冷清的情绪绝非一般的愁苦,因为愁情尚可解脱,让她凄惨忧戚的是无计消解的国破家亡,“凄凄惨惨戚戚”让我们听到了词人来自心底的凄厉无望的呐喊。

词的开头仅此三句,只用了由“寻、觅、冷、清、凄、惨、戚”七字构成的叠字句,内容丰富而有致,分别从动作到环境,再从环境到心情,经过这层层的烘托,无奈、冷清和愁惨的氛围已笼罩全篇,为全词奠定了一种愁苦凄厉的基调,使读者不禁为之屏息凝神。叠字的语言形式中装载了丰富的内容,叠字的舒缓节奏暗含了情感的律动,三句叠字的连用,有如高空的流云于飘动之间顷刻要出现电闪雷鸣,词人久蓄的情感在叠转之下形成了骤然迸发之势,为其后的叙述与描写做了很好的情感铺垫与气氛的烘托。

词作的语言特色还表现为仄声韵脚的使用。这首词每句末字“觅、凄、戚、息、急、识、积、摘、黑、滴、得”均为入声字,押的是仄声韵,这是李清照对词作用韵的改变,也是她对《声声慢》的曲调创造性的变革。原来的《声声慢》的曲调,韵脚押平声字,调子相应地也比较徐缓。而这首词却改押仄声韵,原韵的徐缓节奏由此变为急促。因为入声字具有短而促的特点,字调压抑沉降。这种大胆的韵脚上的创造性变革独具匠心,其妙处有二:一是使原来曲调由舒缓平直变为连续急促陡落的坡度;二是曲调变急变促后适宜于表现哀婉凄厉之情调。需要是创新之母,仄声韵适合了词人表达压抑悲凉心情的需要,与本词的悲怆的基调形成了完美的匹配。

口语词的大量使用是本词语言上的第三个特点。口语入词虽非肇始于李清照这首《声声慢》，但在文人词中口语词如此高密度地使用，并形成通贯全词的口语化特色，《声声慢》无疑是夺了头标的。这种口语化的特色其实在开篇一连串叠字的使用时就已定了基调。叠字本身就是大众口语中常用的用词方式，极富口语化的语体色彩。通篇词作，将这种口语化的用词用语特色贯彻到底。先看用词，后面的各词句中几乎都有口语词做点缀，如“时候”“将息”“怎”“晚来”“点点滴滴”“次第”“了得”，都是口语词。再看用语，词句中因这些口语词的点缀自然地都带上了口语体风格，如“乍暖还寒时候”“如今有谁堪摘”“守著窗儿”“独自怎生得黑”“怎一个愁字了得”等。关于本词用词用语口语化的特点，因为非常显著，多数评价或鉴赏的文字都有提到，但是，这样口语化的用词、用语有什么独特的表达效果，似乎没有人专门就此做更进一步的分析，这对于作品的深度鉴赏来说显然是不够的。

笔者认为，本词作中用词、用语的口语化具有双重的意义与价值。一是切合了词作独白式表达方式的需要。词这一文学样式本来就是介于诗与赋之间的一种过渡形式，所以很多人都将其看成赋体的压缩形式。铺陈是赋体基本的表现手法，李清照在创作中纯熟地运用了赋体的这一表达特点，在词中连缀了“寻觅无着”“天寒难息”“酒难浇愁”“雁过伤心”“黄花堆积”“香消人老”“守窗感慨”“雨打梧桐”和“愁肠寸断”等九个片段，以独白的方式将其一一道来，给读者生动地讲述了一则“解愁不成反被愁困”的故事。读者在聆听这一故事时，仿佛是面对一个孤苦伶仃的老妇人，听她在絮絮叨叨轻声哀叹自己的悲凉与痛苦。所以，口语化的用词用语，正契合了作直抒胸臆的表达诉求，读来自有身临其境之感，顿生情真意切之效。口语化的第二重价值是词人对词牌曲调严格声律的“松绑”。李清照大胆地以朴素清新接近口语的语言为词谱入新声，体现了倚声家不假雕饰的本色，极大地挣脱了词牌曲调声律与用语上的束缚，提高了词作的表现力与亲和力。

多个反诘句的使用是本词作语言上的第四个显著特点。为适合作品口语化的需要，词人有意地穿插使用了四个无疑而问的反诘句：“三杯两盏淡酒，怎敌他、晚来风急?”“憔悴损,如今有谁堪摘?”“守著窗儿,独自怎生得黑?”“这次第,怎一个、愁字了得!”这种边讲边问的叙述方式,其作用有三重。一是直抒胸臆之需要。反诘句加重了对所表达意思的强调力度,其下是不用反诘句的语句,语气之轻重对比一看便知:“三杯两盏淡酒,不敌他、晚来风急。”“憔悴损,如今无人堪摘。”“守著窗儿,独自难以到黑。”“这次第,非一个、愁字了得!”二是强化感染力之需要。反诘句的使用无异于词人伸出的一双手,一下子把读者拉了进来,使读者直接变成了词人倾诉的对象与情感的共同体验者,从而产生更为强烈的情感共鸣。三是借四个反诘句的推力,把愁苦凄凉的情感渐次推向高潮,形成一浪高过一浪的情感冲击波,产生了直逼人心的审美力度。

另外,炼字功夫之深也是词作语言的一个特色。古人有“吟安一个字,捻断数茎须”之语,说的就是“炼字”。李清照为提高词作的表现力,在“炼字”上花费了巨大的心力,简直达到了炉火纯青的程度。“梧桐”两句借用了温庭筠《更漏子》下片“梧桐树,三更雨,不道离情正苦;一叶叶,一声声,空阶滴到明”之词意,同样的意思,但李词写雨只用“细”与“点点滴滴”,却写尽了“离情、愁绪”,真可谓“不着一字,尽得风流”。仅此一点即见李词比温词在用词与表现上更见功力,笔更直而情更切。最后“怎一个愁字了得”一句,更是蹊径独辟之笔,“了得”二字更为神奇。自古文人骚客,言愁或有千斛万斛,或是如江如海,总之离不开一个“多”字。李词却是别出心裁地化多为少,只说自己思绪纷乱而复杂,仅用一个“愁”字如何包括得尽。其奇妙处在于不说明于一个“愁”字之外更有什么心情,只用一个口语化的“了得”点化便戛然而止。表面上假造了一个“欲说还休”之势,实际上早已把无限的心绪倾泻无遗,淋漓尽致地表达了出来。“四两拨千斤”,是李清照“炼字”达到的传神效果。

总之,用字用词的语言艺术是李清照《声声慢》一词中最值得关注与鉴赏的。一部千古不朽的文学作品固然有多重的艺术魅力,但“言之无文,行而不远”,因为文学毕竟是语言的艺术。传世之作无疑都富含了极高的语言价值。重视作品语言的使用,应该是文学鉴赏之重心。

附：

声声慢

[宋]李清照

寻寻觅觅，冷冷清清，凄凄惨惨戚戚。
乍暖还寒时候，最难将息。
三杯两盏淡酒，怎敌他、晚来风急？
雁过也，正伤心，却是旧时相识。

满地黄花堆积。憔悴损，如今有谁堪摘？
守著窗儿，独自怎生得黑？
梧桐更兼细雨，到黄昏、点点滴滴。
这次第，怎一个、愁字了得！

第六章　既往初中语文教材中的语言问题

语文教材是语文教师对学生进行语言和文学教育的依据与范本，其标准与规范的地位是由语文这门课程的性质决定的。在学生心目中，语文教材中的语言就是标准与规范的代名词，毫无疑问，他们在中小学时代学到语文知识会影响其一生，由此可见语文教材在培养学生的语言能力、规范学生的语言使用、树立语言文字使用标准等方面的重要性与巨大影响力。按理说，该教材选的基本上是名家名篇，又经编选者、审查者的层层把关，不应该有任何语言文字的问题，否则将难以起到语文教科书作为语言范本的作用。那么，以往一些初中语文教材中的语言使用情况怎么样呢？它能达到人们对它的期望值吗？令人非常失望的是，答案是否定的。笔者针对以往的“义务教育课程标准实验教科书”（五四学制）《语文》（人民教育出版社课程教材研究所、中学语文课程教材研究开发中心共同编著，经全国中小学教材审定委员会 2005 年初审通过，人民教育出版社 2007 年 3 月出版发行）中所存在的语言问题进行了全面整理。因语言问题较多，本章的内容安排以册为单位，每一册的问题作为一节来描写和评价。每一节中再按词汇、语法、逻辑、语义和表达等方面分类评说，在分析这些问题的同时，笔者将对语文教师如何在教学中正确处理和有效使用这些语言资源发表个人之见。

第一节　既往初中语文教材七年级上册中的语言问题

一、用词不当

①如今，儿子居然缩小了一圈，岁月居然回溯几年。他倚在我的怀里睡得那么香甜、恬静。（肖复兴《拥你入睡》，第 114 页）

“回溯”为“回忆”（见《现代汉语词典》，下文的词语释义均来自本词典，不再注明），作者要表达的意思是时光倒流，如今已上初中的儿子倚在自己的怀里入睡，“我”产生了时光倒流的错觉，以为儿子缩小了一圈，岁月也好似倒退了几年。所以文中用“回溯”来表达时光倒流是不合适的，这是作者误将“回溯”理解为“倒退”造成的。再者，从语法上说，“岁月”也无法做“回溯几年”的主语。考虑到词义和语法两方面的因素，“岁月居然回溯了几年”应该改为“岁月居然倒流了几年”。

②你在梦中呼唤我呼唤我/孩子你是要我和你一起到公园去/我守候你从滑梯上一次次摔下/一次次摔下你一次次长高/如果有一天你梦中不再呼唤妈妈/而呼唤一个陌生的年轻的名字/那是妈妈的期待妈妈的期待/妈妈的期待是惊喜和忧伤（篇目同上，第 115 页）

这是作者援引诗人傅天琳的一首诗。诗中两度使用“摔下”一词是不恰当的，让人觉得这位母亲不是陪孩子玩滑梯，而是玩命，这母亲不也太心狠了？“摔下”在诗中用得不妥，是因为传达不出诗作想要表达的意思，诗人想表达的是要让儿子在摔跌滚爬中锻炼成长，“摔下”前的动词“守候”暗示出了诗人对儿子的这份关切与期待，可是，从滑梯上“摔下”只能让人理解为从滑梯的顶端掉下来，这就造成了“摔下”与“守候”两个动词表义上的冲突。据此，诗中的两处“摔下”都应换成“摔倒”,而且句中的介词“从”也宜改为“在”,“我守候你在滑梯上一次次摔倒”,才能恰当地表达出作者的意思。

③以后我常常想起那段艰辛却温馨的写作日子,想起儿子倚在我怀中小鸟一样静谧睡着的情景。(篇目同上,第 114 页)

“静谧”虽是“安静”的同义词,但二者存在两方面的区别:词汇意义上,“静谧”表示环境与气氛的无声寂静,一般不用于表示人或动物的无声与安静,而“安静”一词则无此限制,既可表示环境的安静(安静的山谷),也能表示人与动物的状态(这孩子特别安静)。语法功能上,“静谧”只能做定语和谓语(静谧的夜晚/四周一片静谧),不能做状语,“安静”也没有这些限制,能做状语(安静地坐在家里)。上例中的“静谧睡着”,语义上不搭配,且又误用为状语,词义、语法都犯了忌,应该改成“静静睡着”。

④第一颗星球上住着一位国王,穿白鼬皮紫缎长袍,端坐在十分简朴肃然而威严的宝座上。(圣·埃克苏佩里著《小王子》,马振骋译,第 129 页)

“肃然”一般不做定语,常做谓语和状语(如“肃然起敬、全场肃然”);再者,文中让“简朴肃然而威严”三个形容词并列使用使得它们在语义上处于等立的地位,也不合情理,其实“简朴”与后两项在语义上应为转折关系。宜改为“端坐在虽然十分简朴但肃穆而威严的宝座上。”

⑤国王说:“权威首先要建立在理性上。要是你命令你的百姓去跳海,他们就会掀起革命。我的命令合情合理,才有权利要人家服从。”(篇目同上,第 131 页)

“权利”与“义务”相对,指“公民和法人依法行使的权力和享受的权益”;而“权力”指的是“政治上的强制力量”。国王对下边发号施令是行使“权力”而非“权利”,故而只有“才有权力要人家服从”方为国王的口吻。

⑥我扔入一片梨,一只蝈蝈立即占住它。谁要是来咬这块美味的食物,出于妒忌,它便踢腿把对方赶走。自私心到处都是存在的。(法布尔《绿色的蝈蝈》,黄亚治译,第 84 页)

“妒忌”指“对才能、名誉、地位或境遇等比自己好的人心怀怨恨”,占住了食物的蝈蝈似无必要妒忌欲来争抢食物的同类,后面“自私心到处都是存在的”又明确指出蝈蝈“踢腿把对方赶走”的行为是出于“自私心”。因此,考虑到行文的一致性,文中的“出于妒忌”应改为“出于自私(贪婪)”方能说得通。

⑦绿色的蝈蝈啊,如果你拉的琴再响亮一点儿,那你就是比蝉更胜一筹的歌手了。在我国北方,人们却让蝉篡夺了你的名声。(篇目同上,第81页)

汉语有“窃取名声”,而无“篡夺名声”,因为“篡夺”是“用不正当的手段夺取(地位或权力)”,与其后的宾语“名声”不搭配,很明显也属用词不当,应改成“窃取”。

⑧诗人把“行人”“下岭”时的心理写得生动有趣,虽未明言劝诫,而读者自知其中蕴含着人生的普遍道理。这就是诗歌用形象的比喻讲述深刻道理的好例子。(杨万里《过松源晨炊漆公店》导语,第167页)

导语是编者加在文前引导读者阅读的说明性文字,这段导语的句号前用的是说明性语言,语气平和,可最后一句变成了论辩性文字,读起来有辩解论理的意味,而导语中并未给出论辩性的前言后语。究其原因,是“这就是”在作怪,改成“用形象的比喻讲述深刻道理,本诗堪称范例”方能用语一致,简洁顺畅。

⑨小小的方塘为什么总是这样明净,就像镜子一样,把飘动的天光云影都清清楚楚地倒映出来?乃是因为它有活水不断地从源头流来。(朱熹《观书有感》导语,第169页)

这段导语的最后一句中“乃是”用得欠妥。原因有二:语义上,它常与“不是”成对使用形成“不是……,乃是……”格式表示辩解,可文中并无这样辩解的语义环境;语体上,它又是个文言词,它的出现造成了这段话的文白混杂,很不规范得体。改起来很简单,去掉“乃”则可文从字顺。

二、语法错误

⑩在海边捡起这一枚贝壳的时候,里面曾经居住过的小小柔软的肉体早已死去,在阳光、沙粒和海浪的淘洗之下,贝壳中生命所留下来的痕迹已完全消失了。(席慕蓉《贝壳》,第13页)

这是一个典型的偷换主语的病句。“在海边捡起这一枚贝壳的时候”是个名词性偏正短语,定语部分省略了主语“我”,后续小句的主语本应是“我”,可是主语又变成了“里面曾经居住过的小小柔软的肉体”。统观全段,这段文字是围绕“贝壳”展开的,所以只要把开头的偏正短语调整一下就通顺了:“当这枚贝壳在海边被捡起的时候,里面曾经居住过的小小的柔软的肉体早已死去,……”

⑪他不知道在国王的眼里,世界最简单不过了。所有的人莫不是他的臣民。(圣·埃克苏佩里《小王子》,马振骋译,第129页)

“世界最简单不过了”是不成话的,错误的原因是它把“世界再简单不过了”和“世界最简单了”两种句式杂糅在了一起。根据文意,正确的说法应该是“世界再简单不过了”。

⑫但是小王子奇怪。这颗星球又窄又小。国王能够统治什么?(篇目同上,第130页)

“但是小王子奇怪”这句话读起来也让人觉得怪怪的,究其原因,是谓语“奇怪”造成的。因为形容词“奇怪”不能单独做谓语,做谓语得变成复杂形式,后加一个程度补语(“小王子奇怪得很”),或者让“奇怪”做心理动词的宾语(“小王子觉得很奇怪”)。另外,原译文的标点使用也不合汉语习惯,后接的两小句都是“奇怪”的具体内容,在语义上受到“奇怪”的制约,为了使表意通畅,句法自然,两小句前应用冒号加以提示,而不宜用句号。考虑到如上因素,这段话应改成:“但是小王子觉得很奇怪:这颗星球又窄又小,国王能够统治什么?”

⑬人,最宝贵的是生命。生命对每个人只有一次。(奥斯特洛夫斯基《钢铁是怎样炼成的》,柯识律译,第16页)

“生命对每个人只有一次”是个语法病句。“生命”为无生命的名词,既然没有生命,它无能力主动地“对人”或“对物”怎么样,除非将其拟人化,方可说成“生命对每个人都很公平”或“生命对人一视同仁”。这句话可有五种正确说法:“①对每个人来说,生命只有一次。②生命对每个人来说,只有一次。③每个人的生命只有一次。④生命,每个人只有一次。⑤每个人,生命只有一次。”唯独不能说的是课文中的译法。

⑭我笼里的囚犯的食物找到了，我用蝉来喂养它们。它们对这道菜吃得津津有味，以至于两三个星期间，……（法布尔《绿色的蝈蝈》，黄亚治译，第82页）

“它们对这道菜吃得津津有味”也是一个病句，“它们对这道菜”后面跟的成分应是心理动词为中心的动词短语（如“很感兴趣”“很喜欢”等），而非“吃”这样的动作动词为中心的动词短语。这句话正确的说法有两种：“这道菜它们吃得津津有味”或“它们对这道菜很感兴趣，吃得津津有味”。

⑮《钢铁是怎样炼成的》以主人公保尔·柯察金的生活经历为线索，展现了从1915到1930年前后苏俄广阔的历史画面和人民的艰苦卓绝的斗争生活。在此期间，新生的无产阶级政权同国内外及各种困难进行艰苦卓绝的斗争。（名著导读“《钢铁是怎样炼成的》：理想主义的旗帜与人生的教科书”，第183页）

这段最后一句“进行”后少了动态助词“了”，与前文“展现了”在时态上不一致。

三、语义重复

⑯你要是叫道：“孩子，你在哪里呀？”我暗暗地在那里匿笑，却一声儿不响。（泰戈尔《金色花》，郑振铎译，第117页）

“我暗暗地在那里匿笑，却一声儿不响”一句话中“暗暗”“匿”“一声儿不响”表达的意思再三重复，而且“一声儿不响”与前两个词语语意相近，不宜用转折关系表达。不知道泰戈尔先生的原文是否为此，但汉语中这样的表述是有问题的。比较能接受的说法是：“我躲在那里偷笑，一声儿不响。”

⑰陡坡外高耸着挺拔的青松。谷地里满铺着如茵的嫩草。（奥斯特洛夫斯基《钢铁是怎样炼成的》，柯识律译，第15页）

这两个小句表意重复，拖泥带水。前句中“挺拔”一词是“直立而高耸”，可见词义已涵盖了“高耸”。后句中前有“满铺”，后用“如茵”，也造成了表意的叠床架屋,“茵:垫子或褥子”,很明显,“如茵的嫩草”就是“像垫子一样铺着的嫩草”,前边的“满铺”也无使用的必要。还有,这两个小句之间也不应用句号,而应用逗号或分号,因两个小句是并列的描写句,语意连贯对称。应改为“陡坡外青松挺拔,谷地里嫩草如茵。”这样的表达更为干净利落,表意也显得连贯通畅。

四、逻辑不通

⑱我却知道会有这么一天,拥他入睡的不再是我,而在他梦中更会“呼唤一个陌生的年轻的名字”。亲爱的儿子,那将如诗人所写的,是爸爸的期待,爸爸的期待是惊喜又是忧伤。(肖复兴《拥你入睡》,第115页)

诗人傅天琳的原诗写的是“妈妈的期待”,怎么一下子又变成了“爸爸的期待”?这不是偷梁换柱吗?作家这样说很明显缺少了一句过渡,应改成:“亲爱的儿子,那将如诗人所写的,是妈妈的期待,爸爸想告诉你,那同样也是爸爸的期待,爸爸的期待是惊喜又是忧伤。”

⑲夜已晚了,夜晚9点的天气比较凉爽,蝉已不再鸣叫了。它白天唱了一天,夜晚来临,也该休息了。(法布尔《绿色的蝈蝈》,黄亚治译,第80页)

这段话一开头说“夜已晚了”蝈蝈才不叫的,可后边又说“夜晚来临”蝈蝈就不叫了,蝈蝈到底是什么时候不叫的?两名所给的时间有矛盾。根据蝉的习性,夜晚来临时它是会鸣叫的。考虑到文章的逻辑性与蝉的生活习性两个因素,最后一句话得改成“它白天唱了一天,到了夜晚,也该休息了。”

五、表意不清

⑳耳朵灵敏的人,能听到弱肉强食处四周的绿叶丛中,蝈蝈在窃窃自语。(法布尔《绿色的蝈蝈》,黄亚治译,第81页)

根据文意,“弱肉强食”指的是蝈蝈正在吃蝉,也即后面所说的“蝈蝈在窃窃自语”,蝈蝈吃蝉发生在“四周的绿叶丛中”,但是书上的这句话说得让人一头雾水。似应改为:“四周的绿叶丛中正进行着一场弱肉强食的战争,耳朵灵敏的人能听到蝈蝈在窃窃自语。”

㉑“我命令你打哈欠。我已经几年没有见人打哈欠了。我看打哈欠倒是桩新鲜事儿。行! 再打。这是一道命令。”(篇目同上,第 114 页)

“我看打哈欠倒是桩新鲜事儿”有歧义。因为“我看”既可理解为“我觉得”,此时应读为“我看,打哈欠倒是桩新鲜事儿”;也可理解为“我看什么”,此时应读为“我看打哈欠,倒是桩新鲜事儿”。文中要表达的显然是后者。两者,“行! 再打”是两个祈使句,标点也有问题,因为祈使句后应该用感叹号。考虑到这些因素,应改为:“看人打哈欠倒是桩新鲜事儿。行! 再打! 这是命令。”

㉒这儿是小镇的尽头,阴郁而冷清。只有松林轻声地沙沙作响。四野里复苏的大地散发出新春的气息。(奥斯特洛夫斯基《钢铁是怎样炼成的》,柯识律译,第 16 页)

最后一句中“四野里”放在句首,不加逗号则易看成“复苏”的状语,语义上就显得不相适合。“四野里”语义上应该是修饰“散发出新春的气息”的。故而,要么改为“复苏的大地四处散发着新春的气息”,让其紧邻其修饰成分;要么改为“四野里,复苏的大地散发出新春的气息”,停顿后,既使得“四野里”所携带的信息得以强化,又解除了其语义对紧邻成分的干扰。两种改法都比原译更为妥帖。

㉓清晨,太阳出来了,在高大林木的遮蔽下,古寺依然沉睡在幽暗中。花木掩映着的小路,来到禅房,更觉幽静。(常建《题破山寺后禅院》导语,第 162 页)

这段文字中,“花木掩映着的小路”是个名词短语,与其后的两个动词短语“来到禅房,更觉幽静”语意连贯不起来,应改为:“小路花木掩映,来到禅房,更觉幽静”或“花木掩映着小路,来到禅房,更觉幽静。”

还有,肖复兴文章的题目《拥你入睡》也存在表意含糊。这篇文章是从一个父亲的角度写已上初中的儿子躺在他怀里入睡时的所思与所忆。光看题目,不明就里。入睡的仅仅是儿子还是父子俩? 再者,这个题目会让这些情窦初开的初一的孩子产生一些其他的联想。教材的编选者也觉察到了这点,所以在课文后的"研讨与练习"中让学生思考:"你觉得这个题目好吗?请你换一个角度为本节拟一个标题,并说说你的理由。"笔者觉得,与其这样,倒不如干脆把题目换一换,如"爸爸的期待""父爱"等。

六、生硬翻译

教材中的语言问题多出自译文,问题虽出自译者,但责任应在编者。把这种翻译生硬、质量不过关的东西直接放入教材中,实有不察之过。

㉔这是一个专制的君王。但是,他善良,下达一些合情合理的命令。(圣埃克苏佩里《小王子》,马振骋译,第130页)

"他善良,下达一些合情合理的命令",怎么看都不是地道的汉语。"他善良"中的表意焦点是"善良",而"下达一些合情合理的命令"中的表意焦点则为"命令",一为形容词,一为名词,故后一小句的表意焦点应换成"合情合理"才能与"善良"形成语义上的对应。"但是,他善良,下达的一些命令也合情合理"才是通畅的说法。

㉕"过来,让我仔细瞧瞧,"国王对他说,他终于做了某一个人的国王,神气十足。(篇目同上,第129页)

引号中的话是两个祈使句,但不用感叹号;"他终于做了某一个人的国王"一句中的"他"所指不明确,是指"国王"还是"小王子",让人颇费神思。应翻译为:"过来,让我仔细瞧瞧!,他终于做了某一个人的国王,神气十足地对小王子说。"

㉖"陛下……"他说,"原谅我向您提个问题……"(篇目同上,第130页)

臣民对皇帝提出建议或请求,应该加"请允许""冒昧地"等字眼,以示臣下对皇帝说话时那种诚惶诚恐的语气,而译者用了"原谅"一词,变成了普通的下级对上级或陌生者之间的会话的语气,很明显是不妥的。应翻译为:"陛下……我冒昧地向您提个问题……"

㉗"嗯!嗯!"国王说,"我相信在我星球的某个地方有一只耗子。我在夜

里听到的。你可以审判这只耗子。你隔一段时间判它死刑。这样它的生命取决于你的裁决。但是,你每次都赦免它,把他省下来。因为只此一个。"(篇目同上,第 132 页)

根据下文的"你每次都赦免它",此前的"你隔一段时间判它死刑"不如"你隔一段时间就判它一次死刑"来得顺畅。而"你每次都赦免它",是由于这个星球只有一只耗子,所以"把他省下来"也译得不妥,因为"省"是节省的意思,节省的只能是钱或物,而不是生命,说成"留它一条活命"更为合理,也更合原意。

㉘我给它们莴苣叶,它们吃了一点儿,但不喜欢。我必须另找食物,它们大概是要鲜肉吧,但究竟是什么呢?(法布尔《绿色的蝈蝈》,第 82 页)

这段译文的最后一句"但究竟是什么呢",翻译得也很牵强,应为:"但它们究竟喜欢什么呢?"

这些问题的存在有三个原因,一是由于其隐蔽性较强,所以读起来意思基本上能够明白,不易被人发现;二是在编入教材时,没有经过多位专家的语言把关,导致把原作中的问题保留到了教材中;三是认识方面的原因,教材所选的课文,大多出自文豪大家,加之一般的中学语文教师出于对教材的信任,即使发现了课文某处的语言有些别扭,也不至于会怀疑教材中的语言出了问题。这样陈陈相因,使得这些本该修正的语言问题一直没有得到及时解决。

我们对教材有近乎完美的期望值,那是因为它不是普通的读物,它不仅承载了对学生进行文学素养的熏陶、科学与人文精神的培养的重任,也承载了规范学生语言文字行为,树立用语用字标准的义不容辞的使命。考虑到语文教材所承担的这些重任与使命,目前的教材的确存在着严重的不足。发现和纠正这些问题尚需时日,那么,我们语文教师该如何在教学中正确处理和有效使用这些语言资源呢?笔者认为语文教师应该处理好这两种关系。

一是处理好教材的权威性与尚存的不足的关系,这是语文教师首先要解决的问题。目前的初中语文教材在篇目的选择、课文后思考练习的设计、单元综合性学习的编排、课外阅读资源的开发利用等方面,成功地贯彻和实践了语文新课标的要求,在同类教材中堪称典范,体现了教材的编写者的智慧与眼光,具有不可替代的权威性。教材中尽管尚有一些语言问题,只是美中不足,并不意味着其权威性的降低。教材中既然有语言问题,我们也不必迷信权威,更不必为尊者讳。古人有言,尽信书则不如无书,说的是我们接受知识时应该具有敢于怀疑的精神。质疑是发现和创新之母。要培养学生的科学精神,教师必须首先具有科学精神和怀疑精神。在既往教材短时间内不可能把这些语言问题修正的情况下,语文教师应该本着客观科学的精神,在充分尊重教材权威性的前提下,将这些问题以探究性的讨论或思考的问题的方式向学生提出来,而不是简单地进行批评,横挑鼻子竖挑眼,扰乱学生视听,那样的话,其结果会适得其反。

二是正确处理语言误用与语言规范的关系。错误往往是正确的先导,教师可将这些疑似的错误提出来,作为探究性学习的题目供学生思考与讨论,引导学生找出语言问题产生的根源,从这些根源中再引发他们对语言规范的认识,借以强化他们的语言规范意识。比如,我们可以设计这样的问题:为什么很多语言错误出自翻译作品?由此引发他们对时下普遍存在的重外语而忽视母语的思考,加深他们对母语学习重要性的认识。为什么时下各种媒体中语言错误比比皆是,问题的根源在哪里?如何保证母语的纯洁与健康?这些问题不难从语文教材中的种种错误的分析中找到答案。语文教师常说,文章是改出来的,话虽这样说,可总是引不起学生的注意。如果把课文中郑振铎、席慕蓉、肖复兴等著名作家作品中的语言误用问题,特别是编者写的导语中的语言误用作为案例来分析解剖,事实胜于雄辩,其错误根源可能就出在没有认真修改上。名作家不注重文章修改都免不了要出现语言错误,何况是中学生呢?从这些名作家的语言错误的分析中,学生不仅能学到语言知识,也强化了他们对语言规范的意识。如果语文教师能因势利导,正确处理好语言误用与语言规范的关系,有意识地化“废”为“宝”,不失为一种虽权宜但又明智的策略。

第二节　既往初中语文教材七年级下册中的语言问题

一、用词不当

①假如我是个画家，我就要用各种彩色，点染出她们的清扬的眉宇和绚丽的服装。（冰心《观舞记—献给印度舞蹈家卡拉玛姐妹》，第111页）

"各种彩色"是不能说的，应将"彩色"换为"色彩"。因为"彩色"为"多种颜色"，"色彩"为"颜色"（见《现代汉语词典》，下文的释义均引自本词典），"各种彩色"等于说"各种多种颜色"，所以是不通的。

②最精彩的是"蛇舞"，颈的轻摇，肩的微颤：一阵一阵的柔韧的蠕动，从右手的指尖，一直传到左手的指尖！我实在描写不出，只能借用白居易的两句诗"珠缨炫转星宿摇，花鬘斗薮龙蛇动"来包括了。（篇目同上，第114页）

这段文字中最后一句话里的"包括"义为"包含"，在此使用不妥当，换成"概括"方能说通。作者想表达的意思是：她实在无法描写出印度舞蹈家卡拉玛姐妹跳"蛇舞"时的精彩，只好用白居易的诗句来"概括"。

③现在我对于自己的处境已稍稍有了好感，不再整天把眼睛望着海面，等待有什么船来……（笛福《荒岛余生》，徐霞村译，第149页）

"把眼睛望着海面"中的"把"不太规范，介词"把"是受事的标记，"眼睛"是"望着海面"的工具，而不是受事，应该换成"用"。

④不过只要你不跟我们族里任何人结婚，这对我们倒也没有什么大关系。（安徒生《丑小鸭》，叶君健译，第14页）

"这对我们倒也没有什么大关系"中的"对"用得不妥，应该换成"和"或"跟"。

⑤相反地，它的头部比例整齐，却给它一种轻捷的神情，而这种神情又恰

好与颈部的美相得益彰。(布封《马》,范希衡译,第194页)

“它的头部比例整齐”其中的“整齐”用得蹊跷,换作“协调”才觉合适。

⑥我们能够得到承受痛苦的力量并坚定追求理想的信念。(里根《真正的英雄》,张天伟译,第159页)

“得到”义为“事物为自己所有”,多用于具体事物;而“获得”语义上也是“取得、得到”,但多用于抽象事物,“力量”为抽象事物,故改“得到”为“获得”比较适当。

⑦这是千千万万人努力的结果,是许许多多可歌可泣的英雄人物创造出来的伟大胜利。(杨振宁《邓稼先》,第72页)

“创造”与“胜利”不能搭配,应改为“是许许多多可歌可泣的英雄人物用血汗所换来的伟大胜利”。

二、语法错误

⑧我听着、望着大雨,心里愁得不得了。我上学不但要晚了,而且要被妈妈逼着穿上肥大的夹袄,(是在夏天!)踢拖着不合脚的油鞋,举着一把大油纸伞,走向学校去。(林海音《爸爸的花儿落了》,第4页)

“我上学不但要晚了,而且要被妈妈逼着穿上肥大的夹袄,……”这是一个表示递进关系的复句,关联连词“不但”用错了地方。这个复句是围绕“我”而不是围绕“上学”展开的,所以“不但”应该放在“我”之后,“不但上学要晚了”与“而且要被妈妈逼着穿上肥大的夹袄,……”共同说明“我”面临的两种尴尬状况。

⑨同学们的眼光,会一个个向你投来,我虽然很懒惰,却也知道害羞呀!(篇目同上,第4页)

“同学们的眼光,会一个个向你投来”一句有毛病,状语“一个个”用得不妥。因为“一个个”表示“每一个、全部”的意思,且语义上只能与“同学们”搭配,不能与“眼光”搭配,可是,句子主语的中心词“眼光”放在了“同学们”与“一个个”之间,使得二者间失去了语义联系,只能理解为“一个个”是修饰“眼光”的。语义的误配造成了语法上的不搭配。改成“同学们会一个个把眼光向你投来”方合文意。

⑩啊！这样的早晨，一年年都过去了，今天是我最后一天在这学校里啦！（篇目同上，第6页）

根据文意，“过去了”的是“这样的早晨”，而文中让“一年年”直接放在“都过去了”前，给人的感觉是“一年年”做主语，“都过去了”是陈述“一年年”的，很显然，这并不是文章要表达的意思。说成：“一年年地，这样的早晨都过去了”才会符合文意。

⑪我哭了，我们毕业生都哭了。我们是多么喜欢长高了变成大人，我们又是多么怕呢！当我们回到小学来的时候，无论长得多么高，多么大，老师！你们要永远拿我当个小孩子呀！（篇目同上，第6页）

“我们又是多么怕呢！”读起来不通，是由两个因素导致的：一是“怕”的对象没有交代清楚，给人突兀之感；二是语气词“呢”使用不当，句子表达的是感叹语气，应该用语气词“啊、呀”，用“呢”则表达不出感叹语气。综合两个因素，应改成：“我们又是多么地怕长高长大啊！”

⑫等我进入中年回想这种种，却有一件小事，像一只小铃，轻轻然而分外清晰地在记忆中摇响。（舒婷《在那颗星子下》，第25页）

⑬电影还没散场，我身边的三个座位一个接一个空了。我的三个“同谋犯”或者由于考试的威胁，或者由于良心的谴责，把决心坚持到底的我撂在一片惴惴然的黑暗之中。（篇目同上，第25-26页）

“然”为副词和形容词后缀，在单音节形容词后加“然”一般构成副词，如“贸然、忽然、怅然、欣然、断然”等，“然”功能上类似于助词“地”。单音节形容词或动词重叠后加“然”构成的词均为形容词，如“飘飘然、昏昏然、轻轻然”等，“然”意为“……的样子”（“轻轻然”：轻轻的样子）。但这类形容词一般只做谓语，不做状语和定语。例12中的“轻轻然”与“分外清晰”处于并列关系又做了状语，不妥。把“然”换成助词“地”即通。例13中的“惴惴然”用得也不妥，去掉“然”即通。

⑭对那些失去亲人的父亲、母亲、丈夫和妻子们，对那些兄弟、姐妹、尤其

是孩子们，在你们悲痛哀悼的日子里，所有的美国人都和你们紧紧地站在一起。（里根《真正的英雄》，张天伟译，第160页）

这是一个语法病句，原因是前边两个“对”的使用多余造成了后面两个小句中的“你们”指称上没有着落。应该去掉两个“对”，这样，其后的成分变成了称呼语，后面两个“你们”在指称上才有着落，句子才能合法。

⑮1967年以后邓稼先继续他的工作，至死不懈，对国防武器做出了许多新的巨大贡献。（杨振宁《邓稼先》，第73页）

“对国防武器做出了许多新的巨大贡献”语法有毛病。介词“对”所带的宾语应该是人或机关团体才能做“做出了许多新的巨大贡献”的状语，而“国防武器”是“做出了许多新的巨大贡献”的领域，根据文意，通顺的说法是：“在国防武器的研究与设计上做出了许多新的巨大贡献”。

三、逻辑矛盾

⑯我整天为这凄凉的环境而悲哀着，没有食物，没有房屋，没有衣服，没有武器，没有被救的希望，眼前只有死，不是被野兽所吞，野人所嚼，就是冻饿而死。（名著导读“《鲁滨孙漂流记》：孤独而顽强的冒险者”，第219页）

⑰从中午12点到下午2点，我照例要躺下睡一觉，因为岛上天气非常热……（篇目同上，第222页）

这是课文后附加的名著导读中的两段话。同一小说，前有“冻饿而死”的字样，后面又写道“岛上天气非常热”，这不自相矛盾吗？这还不算，如联系前面课文中所选的《荒岛余生》中有关气候环境的描写，就觉得更加不可思议了。

⑱但我是在一个热带气候里，即使有衣服，也穿不住。（笛福《荒岛余生》，徐霞村译，第148页）

课文中还有“我是在北纬9度22分”（《荒岛余生》，144页）的交代，一个在热带生活的人担心热死可以理解，怎么可能担心“冻饿而死”呢？这是作者虚构鲁滨孙在荒岛生活的故事时考虑不周而造成的。这种失误虽在作者，但是当我们把作品编进教材时，应该对这样的问题有所提示，这反映了编写者审慎态度和对学生负责的精神，这样做也可以对学生的阅读与写作起到一种警示的作用。类似的逻辑矛盾还有：

⑲镰刀头羊本来站在年轻斑羚那拨里，眼光在两拨斑羚间转了几个来回，悲怆地轻咩了一声，迈着沉重的步伐走到老年斑羚那一拨去了。（沈石溪《斑羚飞渡》，第 179 页）

如果独立地读这段话，倒也没有什么毛病。但把文中镰刀头羊成功指挥斑羚群体飞渡山涧，最后又迈着坚定的步伐从容赴死的表现联系起来看，就能感觉出本段对它的描写与它的精神不相吻合。它是斑羚群体的精神领袖，从年轻斑羚那拨里走到老年斑羚那拨，甘愿像其他老年斑羚那样给年轻斑羚做“死亡的桥墩”，是它主动的选择。由此推知，“悲怆地”咩叫和“沉重的步伐”不足以显示它从容赴难的决心，难以体现这个斑羚“领袖”的情怀与品质。或许有人会说，贪生怕死是人与动物的本能，为何能单单要求斑羚这么高尚呢？这种质问或许有道理，但联系那些老年斑羚都自觉自愿、义无反顾地做“死亡的桥墩”的整体表现，作为领袖的镰刀头羊在飞渡前如果如此贪生而怕死，它与其他的老年斑羚相比，不是太渺小了吗？再联系镰刀头羊自始至终的表现，特别是他最后面对死亡那种大义凛然的态度，我们就能推知，这种质问是脱离本节主题的一种想当然的说法。基于上述考虑，建议这段话改为：“镰刀头羊本来站在年轻斑羚那拨里，眼光在两拨斑羚间转了几个来回，轻咩了一声，迈着坚定的步伐走到老年斑羚那一拨去了。”

四、语义重复

⑳伤心崖是戛洛山上的一座山峰，像被一把利斧从中间剖开，从山底下的流沙河抬头往上看，宛如一线天。隔河对峙的两座山峰相距约六米左右，两座山峰都是笔直的绝壁。（篇目同上，第 177 页）

“相距约六米左右”中，“约”和“左右”都表示约数，表义重复，应该去掉其中一个。

㉑“管夫人是谁?”“她是一位善于画竹的女画家。她的丈夫叫赵子昂，是一位善于画马的男画家。他们是元朝人，是中国很有名的两大夫妻画家。”(丰子恺《竹影》，第107—108页)

“她是一位善于画竹的女画家”中，虽然“她”与“女”似乎重复，但“女”为有标志形式(marked)，有特定的语用意义，因为画家中女性少见，故在此特意注明，并不显得多余，就如同“他是一位男保姆”中的“男”作为有标志形式出现一样。而“她的丈夫叫赵子昂，是一位善于画马的男画家”，情况就不同了，其中的“男”作为“画家”的有标志形式出现就与前面的“丈夫”语义重复，画蛇添足，应该去掉。

㉒尽管精疲力竭，这天晚上他们还是夜不成眠。(茨威格《伟大的悲剧》，舒昌善译，第132页)

“这天晚上”和“夜不成眠”处于同一小句，“晚上”和“夜”语义重复，应该说成“这天晚上他们还是难以成眠”。

㉓如果它们受到其他动物的攻击，它们并不屑于和对方搏斗，仅只把它们赶开或者把它们踏死。(布封《马》，范希衡译，第193页)

“仅”与“只”都是范围副词，表义相同而出现重复，应去掉一个。

五、表达不清

㉔虽然昔日逝去的光阴数以几百万个月计，但现在迟到的这一个月，却显得太晚太晚了。(茨威格《伟大的悲剧》，舒昌善译，第131—132页)

“数以……计”是文言格式，用现代汉语来说就是“用……计数”，“计”前应是整位数，而不是基数、个数或约数。如：数以百计——以百来计数，等于说好几百；数以万计——以万来计数，等于说好几万。而文中用的“数以几百万个月计”是约数加个数，表意不清，不合汉语表达习惯。应该改成“虽然昔日逝去的光阴数以百万月计，……”

㉕在这人类从未到达过的珠穆朗玛峰北坡最后二三百米的路途中，他们将要遇到什么困难，要走多长时间，事先确实很难精确估计。(郭超人《登上

地球之巅》，第 152 页）

“在这人类从未到达过的珠穆朗玛峰北坡最后二三百米的路途中”是个“在”打头的介词结构，这个结构中的成分太多，容易引发歧义。“人类从未到达过的”是“珠穆朗玛峰”呢，还是“珠穆朗玛峰北坡最后二三百米的路途”？根据文意，应该是后者。为表达精确、避免歧义，宜改为：“珠穆朗玛峰北坡最后二三百米的路途，人类从未到达过，在这段路途中，他们将要遇到什么困难，要走多长时间，事先确实很难精确估计。”

㉖而闻一多先生大无畏地在群众大会上，大骂特务，慷慨淋漓，并指着这群败类说：“你们站出来！你们站出来！”（臧克家《闻一多先生的说和做》，第 85 页）

句中“这群败类”指的是特务，而不是在场的群众，用“这群败类”好像连在场的群众都包括了，不妥，改成“那些败类”则可免去这种嫌疑。

㉗此诗作于天宝八年（749）作者赴安西途中，表达了诗人远在边塞的思乡怀亲之情。（岑参《逢入京使》导语，第 207 页）

这段导语中“天宝八年”的说法有知识性错误，因为我国封建时代称多少年都以皇帝的年号纪年，如北宋庆历四年，唐开元十一年等，而唯独说到唐朝“天宝”年间，则不能说多少年，“我们说别的年号可以说多少年，而说到天宝就一定要说多少载”①。

以上的问题，虽然我们是从五个方面进行分析的，这样的分类只是为了说明的方便，实际上这些问题往往你中有我，我中有你，如词汇问题与语法问题实难一刀切，语义问题与逻辑问题也存在纠葛。限于本人的水平，有些问题可能找到了，但病原可能说得不对路；或者有小题大作，吹毛求疵的嫌疑。希望本节提出的问题能够引起编教材专家的重视，在教材修订时扫除语言错误，使语文教材真正起到语言范本的作用。

---

① 叶嘉莹《好诗共欣赏》，中华书局 2007 年版。

第三节　既往初中语文教材八年级上册中的语言问题

一、用词不当

①关于这位死者,我们在连部的花名册上知道他叫契柯耶夫,19日早上战死于贝尔格莱德的萨伐河岸。(西蒙诺夫《蜡烛》,茅盾译,第21页)

②老妇人想了半天,然后,伸手在她那惟一的衣袋里摸出件什么东西来,揣在怀里,慢慢地爬出了地窖。(西蒙诺夫《蜡烛》,茅盾译,第22页)

这两例中,"我们在连部的花名册上知道他叫契柯耶夫"和"伸手在她那惟一的衣袋里摸出件什么东西来"两个小句中的"在"用得都有毛病,应换成"从"。表示处所的介词"在"组成介宾短语做状语时用以指明主语所在的处所,如"我在教室学习",或指明宾语代表的人或事物最终所在的处所,如"我在灯泡上看到一只蚊子",而且句中的谓语动词必须是动作动词。第一例中的谓语动词"知道"并非动作动词,所以不能用"在"。如果还想保留"在",须将"知道"换成"看到"才可说。第二例中的主语"老妇人"不在"衣袋里",宾语"东西"的最终处所也不在"衣袋里",所以也不能用"在"。

③太平天国是中国民主主义革命的序幕,它提出政治、经济、民族、男女四大平等的口号,严重地动摇了清朝封建统治的基础。(周定舫《人民英雄永垂不朽》,第117页)

"严重"指"程度深、影响大(多指消极的)"(见《现代汉语词典》,下文的释义均引自本词典),如"严重的后果、问题很严重、严重地影响了部队的团结",从表意的倾向上看,"严重"都指向消极的方面。而文中"动摇了清朝封建统治的基础"是说话人希望发生的,因而是积极的,不宜用"严重"来修饰,换成"深深"即可。

④辛亥革命,结束了二千多年来的封建帝制。(周定舫《人民英雄永垂不朽》,第 118 页)

这句话里“二”应换成“两”。

⑤1961 年,一位名叫 S. M. 斯季绍夫的苏联科学家发现,……(《阿西莫夫短文两篇》,孟庆任译,第 148 页)

⑥世界上许多伟大人物小时候都曾经历磨难,苏联作家高尔基就是其中的一位。(附录:名著导读《〈童年〉:在苦难中长大》,第 240 页)

我们现在用“苏联”而不是用“原苏联”来指 1990 年前曾经存在过的“苏维埃社会主义共和国联盟”。同样,说克林顿是“美国前总统”,而不说“原美国总统”。“原××”并不是不可说,但有个表述习惯,即当我们说某某人是“原××”时,习惯上总是要交代某某人“现为××”。

⑦就是培养克隆鲫鱼成功的那个研究所,设法把鲤鱼胚胎细胞的核取代了鲫鱼卵细胞的核。(谈家桢《奇妙的克隆》,第 139 页)

“把鲤鱼胚胎细胞的核”中的“把”不太规范,介词“把”是受事的标记,“取代”的受事是“鲫鱼卵细胞的核”,而“鲤鱼胚胎细胞的核”是“取代”的材料,而不是受事,应该换成“用”。

⑧一些板块被拉开,而另一些则挤压在一起,一个板块也许会缓慢地向另一板块下面俯冲。(《阿西莫夫短文两篇》,孟庆任译,第 145 页)

“俯冲”的意思是“(飞机等)以高速度和大角度向下飞”,由此造成与前面状语“缓慢地”的语义冲突,很明显是译者不懂“俯冲”意思所致,应将其换成“挤压”方妥。

⑨尤其是“之”字,全篇有二十多个,个个别具情态,即开篇六行而论,其中三个“之”字写出了三种体式、三种风格。(附录:欣赏王羲之书法,第 246 页)

“即开篇六行而论”中的“即”用得莫明其妙,根据话语的意思,应把“即”改为“即以”“仅以”才能通畅。

⑩这天早上,她明明白白看见五个红军爬到了方场上,方场和她之间只隔着一道扭曲了的铁栏杆。(西蒙诺夫《蜡烛》,茅盾译,22 页)

“明白”与“清楚”虽为同义词,但词义的内涵有细微的区别,前者指“内容、意思等使人容易了解”,重在内在因素的了解;后者指“事物容易让人了解、辨认”,重在表象的感知与辨认。两个词重叠后既承袭了基式的意思,又使得基式的表意侧重得到加强。上例中“明明白白”做状语用在“看见”之前,很别扭,因为“看见”的应是事物的表象,换成“清清楚楚”才更为妥当些。

⑪但他的家,破烂灰黯,值钱的东西一无所有。(余秋雨《信客》,第80页)

“一无所有”为“什么都没有,多形容非常贫穷”,用“一无所有”来说明“值钱的东西”属于用词不当,说成“没有一件值钱的东西”即通。

⑫当山间的清泉如一道银箭奔向溪流,当哗啦啦的大雨打向屋脊,……(桂文亚《你一定会听见的》,第159页)

“一道银箭”中的量词应为“支”,用“道”不妥。

二、语法错误

⑬所有的作家都看到和感染到克拉库耶伐次山谷中重现的半个世纪前的一段历史。(聂华苓《亲爱的爸爸妈妈》,第38页)

这句话读来别扭,原因是作者误将“感受”用成了“感染”。“感受”是“受到(影响)、接受”的意思,在句中与“看到”组成联合短语做谓语中心成分,才能共同支配其后的宾语。而“感染”语义为“通过言语或行为引起别人相同的思想感情”,它既不能与“看到”组成联合短语,支配的宾语只能是人,而不能是“历史”。

⑭直到他流了几身汗,赔了许多罪,才满脸晦气地走出死者的家。他能不干这档子事吗?不能。说什么我也是同乡,能不尽一点乡情乡谊?(余秋雨《信客》,第83页)

“说什么我也是同乡”是语法病句。名词“同乡”在句中做“是”的宾语时,主语必须是复数形式,如“我们、他们、我俩”等,才能符合“同乡”的语义要求,这句话得说成“说什么我们也是同乡”;如果主语是单数形式,必须在“是”

前使用“和某某、跟某某、同某某”等介词短语做状语，句子才能正确，这句话得改成“说什么我和他也是同乡”。

⑮那根很老的毛竹扁担受到了震动，便“嗄叽”地惨叫了一声，父亲身子晃一晃，水便泼了一些在台阶上。（李森祥《台阶》，第 77 页）

“动词重叠表示事件主体在事件持续一段时间后主动地让它结束”①。如“晃晃”“晃了晃”“晃一晃”都是动词“晃”重叠时的几种形式。动词重叠表示的事件持续的时间是一种主观的量，而上例中用“晃一晃”来描述父亲身体被动的动作，形成了描述动作时呈现的主动性与动作实际上的被动性的冲突。所以“晃一晃”给人的感觉是主动的，改为“晃了一下”则可避免出现这种语义冲突。

⑯台基上的香炉和铜龟、铜鹤里点起的檀香或松柏枝，烟雾缭绕。（黄传惕《故宫博物院》，第 112 页）

这句话里，“台基上的香炉和铜龟、铜鹤里点起的檀香或松柏枝”这一并列结构的中心词“香炉”“檀香”和“松柏枝”并列，造成搭配不妥。应改为“台基上的香炉焚了香，铜龟、铜鹤里点起了檀香或松柏枝，烟雾缭绕”或“台基上的香炉和点起了檀香或松柏枝的铜龟、铜鹤里，烟雾缭绕”。

三、语义重复

⑰我武装力量，除补上野战军和地方军一年多激烈战争的消耗以外，还增加了大约二十万人左右，今后将有更大的发展。（毛泽东《新闻两则·中原我军解放南阳》，第 6 页）

⑱那石板多年前由父亲从山上背下来，每块大约三百来斤重。（李森祥《台阶》，第 71 页）

这两例中的问题性质相同，都是由于表约数的量词前后使用而形成了语义重复。前一例中“大约”和“左右”重复，后一例中是“大约”和“来”重复，必

① 陈立民，论动词重叠的语法意义[J]. 中国语文，2005(2)：110-122.

须去掉其中之一。另外,前例中"激烈战争"语义也不搭配,"战争"的修饰语应是"残酷、持久"等,"战斗"的修饰才能用"激烈",所以应将"激烈战争"改为"激烈战斗"。

⑲在我强大的野战军和地方军配合打击之下,困守各个独立据点内的敌人,如像开封、南阳等处,不得不被迫弃城逃窜。(毛泽东《新闻两则·中原我军解放南阳》,第7页)

这段话中有三个问题,一是"如""像"连用造成了语义重复;二是"困守各个独立据点内的敌人"这一短语中,既有"困守",又有"独立",语义上已经暗含了敌人在"据点内",所以"内"就显得多余,况且还造成了语义上与"开封、南阳等处"的不和谐;三是由于注解语"如像开封、南阳等处"的插入,隔断了主语"困守各个独立据点内的敌人"和谓语"不得不被迫弃城逃窜"之间的语义联系,给人扞格不通之感。改成"困守各个独立据点(如开封、南阳等处)的敌人,不得不被迫弃城逃窜"方通。

⑳方场的一边,离其他的房屋几步的地方,高高地耸立着一堆瓦砾,它的本来面目简直一点也看不出来了。(西蒙诺夫《蜡烛》,茅盾译,第21页)

此例中的"高高地耸立着一堆瓦砾"存在两方面的问题:一是"高高地"和"耸立"语义重复,因为"耸立"义为"高高地直立",状语"高高地"就显得多余。二是表达上不太合理,"瓦砾"既然"一堆",用"耸立"来描述"瓦砾"就不太适宜,不如改为"高高地堆着一堆瓦砾"。下一例中"耸立"的使用也不妥。

㉑在已经被破坏的铁栏杆附近,耸立着一个小小的坟堆。(西蒙诺夫《蜡烛》,茅盾译,第26页)

从语义上看,既是"坟堆",又有"小小的"限制,那么"高耸"又从何说起?这句话拟改为:有一个小小的坟堆。

㉒我终于不知道她的姓名,她的经历;仅知道有一个过继的儿子,她大约是青年守寡的孤孀。(鲁迅《阿长与〈山海经〉》,第58页)

"她大约是从青年守寡的孤孀"中,"守寡""孤孀"也属同义反复。可改为"她大约是青年时就守了寡"或"她大约是青年时就成了孤孀"。

㉓但汩汩有声的淙淙细流,在晓月映照下,也呈现出波光粼粼的景色。

（课文后提供的阅读文字，陈寿儒《夜宿卢沟》，第 96 页）

“汩汩”和“淙淙”都是模拟水流的象声词，《现汉》给出的释义分别是“形容水流动的声音”和“流水的声音”，故而表义出现了重复，“汩汩有声的”与“淙淙”两个象声词必须去掉其中的一个才通。

㉔广西、云南、贵州等省山区往往碰到风雨桥，桥面上盖成遮雨的廊和亭，那是古代山水画中点缀人物的理想位置。（吴冠中《桥之美》，第 99 页）

“广西”是自治区，应该说成“广西、云南、贵州等省区”。

四、逻辑矛盾

㉕敌人监视着苇塘。他们提防有人给苇塘里的人送来柴米，也提防里面的队伍会跑出去。我们的队伍还没有退却的意思。（孙犁《芦花荡》，第 10 页）

这段话叙述的视点有矛盾，这段话交代的是敌人（他们）在苇塘外来监视苇塘里“我们的队伍”的，可是由于文中把“来”和“去”用反了，反倒变成了“敌人”在苇塘里而“我们的队伍”在苇塘外。

㉖在您看来，打着维多利亚女王和拿破仑皇帝双重旗号对中国的远征，是由法国和英国共同分享的光荣，而您想知道，我对英法的这个胜利会给予多少赞誉。（雨果《就英法联军远征中国给巴特勒上尉的信》，程曾厚译，第 29 页）

这段话的意思前后不相照应。懂点历史常识的人都知道，“维多利亚女王”是英国的，“拿破仑皇帝”是法国的。按理，同一段落中再进行叙述，应该按照先“英国”后“法国”的顺序，可是，紧接着的后一个小句中又是以“法国和英国”的顺序出现的，这不仅与之前两个国家出现的顺序不一致，也与最后小句中“英法”的顺序不一致。建议把中间的“法国和英国”的次序调换过来，以保持叙述顺序的一致性。

㉗有一天，两个强盗闯进了圆明园。一个强盗洗劫，另一个强盗放火。似乎得胜之后，便可以动手行窃了。对圆明园进行了大规模的劫掠，赃物由两个胜利者均分。（雨果《就英法联军远征中国给巴特勒上尉的信》，程曾厚译，第

31 页)

英法联军侵略中国,洗劫并烧毁了圆明园,对中国人民犯下了滔天罪行,雨果本着一腔正义愤怒地称英法为“强盗”,指责了这两个“强盗”的罪恶行径为“洗劫”“劫掠”。文中他多次用了“强盗”一词,如:“这就是这两个强盗的故事”(第 31 页),“将受到历史制裁的这两个强盗,一个叫法兰西,另一个叫英吉利”(第 31—32 页)。奇怪的是,例 29 中翻译者又用了“行窃”一词,让人感到是小偷在悄悄作案,出现了行文的矛盾。最让人不可思议的是,文章的结尾部分的一句话,本来是作者义正词严、铁证如山的证言,却让人感到是给英法侵略者的罪行进行开脱的言论。不信请看:

㉘现在,我证实,发生了一次偷窃,有两名窃贼。(雨果《就英法联军远征中国给巴特勒上尉的信》,程曾厚译,第 32 页)

众所周知,明火执仗地又是军舰又是大炮地侵入别国首都,又杀人又放火又抢又夺的侵略者,称其“天下最无耻的强盗”都不足谓其恶,怎么反倒能美其名曰“窃贼”,善其行为“偷窃”? 建议改为:“现在,我证实,发生了一次劫掠,有两名强盗”。

五、表意不清

㉙可以这么说,关于克隆的思想,我国明代的大作家吴承恩已有精彩的描述——孙悟空经常在紧要关头拔一把猴毛变出一大群猴子,猴毛变猴就是克隆猴。(谈家桢《奇妙的克隆》,137 页)

“猴毛变猴就是克隆猴”存在歧义,一种意思是“猴毛变成的猴就是克隆猴”,这时,“克隆猴”是名词;另一种意思是“猴毛变猴就是在克隆猴”,此时,“克隆猴”是动宾短语。根据文意,作者要表达的意思可能是前者,为了避免歧解,宜改成第一种说法。

㉚“生物入侵者”是什么? 你对此可能会感到陌生。要知道,这正是人类自己挑起的一场没有硝烟的战争,不能不引起我们高度警觉。这篇文章把我们领到“战场”,对这场“战争”做一番考察。(《生物入侵者》导读,第 152 页)

读这段导读如入迷宫，再三读之才从这迷宫里走出，让人难懂的原因有二：一是指代词“这”用得不妥，之前只提到“生物入侵者”，并未有相关的交代，可突然用“这”引出“战争”，显得突兀。二是最后一句“这篇文章把我们领到‘战场’，对这场‘战争’做一番考察”，“我们”是将要到“战场”呢，还是已经到了战场呢？对战争“做一番考察”的是作者，还是读者？让人百思不得其解。因为是导读，学生尚未进行阅读，所以句子在时态上应该是未来时，介词“把”前再加一个“将”，上述问题迎刃而解。纵上考虑，这段导语宜改为：“生物入侵者”是什么？“生物入侵”又指什么？你对此可能会感到陌生。要知道，“生物入侵”正是人类自己挑起的一场没有硝烟的战争，不能不引起我们高度警觉。这篇文章将把我们领到“战场”，对这场“战争”做一番考察。

㉜我觉得他的话又在针对我，无理倒也并非无理的。但我主张这一篇悲壮的文章必须深知烈士生平的人做，因为他比别人关系更密切，心里更悲愤，做出来就一定更动人。（精彩选篇：鲁迅《范爱农》，第 223 页）

“因为他比别人关系更密切”说得不明不白，原因是没有说清楚是谁与谁之间的“关系”。改为“因为他与徐伯荪的关系比别人更密切，……”才语通意明。

语文教材中所选的大都是名家名篇，但考虑到教材对学生语言规范意识的培养无可替代的重要性，编者应该也必须对所选课文进行必要的语言把关，如有必要，还得进行一定的修订、注释等完善性的工作。在这些方面，编者曾做了不少有价值的工作，但不足之处尚多，考虑到教材对亿万学生的巨大影响力，目前的语文教材在语言的规范化方面还任重而道远。

第四节　既往初中语文教材八年级下册中的语言问题

一、用词不当

①后来，随着我对外界的了解逐渐增加，词汇也多了，问题也就多了起来。（海伦·凯勒《再塑生命》，李汉昭译，第 45 页）

“词汇”是一个集合名词而非个体名词，集合名词均为不可数名词，所以不能说成“一个词汇、五个词汇”等；集合名词表示的是概括的量，不能体现为数量的变化，因而说成“词汇多了”“词汇少了”都不正确。一种语言中的词汇只有一个，说一种语言、一个人或一部书的“词汇丰富、词汇贫乏”，是就某个确定的范围“词汇”总量而言的。所以，此例中的“词汇”应该改为可数名词“词语”或“单词”。

②能这样体察入微，已经高人一筹。谁能想到，诗人又说那烟柳满城的盛夏时节又怎能比得了这早春的景色。（韩愈《早春呈水部张十八员外》导读，第 219 页）

汉语里表示“比他人高明”的意思有两个固定结构：“高人一等”和“胜人一筹”。例子中的“高人一筹”是把两个成语糅合在一起构成的生造词。此外，导语中“诗人又说那烟柳满城的盛夏时节又怎能比得了这早春的景色”是一个比较句，但不符合比较句的使用规则，句中把“盛夏时节”和“早春的景色”两项进行对比，前者是季节而后者是景色，不在同一个可比的范畴之内，所以让人觉得对比得牵强附会。考虑到这两方面的因素，这段导语应该改为：能这样体察入微，已经胜人一筹。谁能想到，诗人又说那盛夏时节烟柳满城的景致又怎能比得了这早春的景色。

③这个剧本取材于战国时代楚国爱国诗人屈原一生的故事，以楚怀王对秦的外交斗争作为全剧的情节线索，构成了主张爱国的屈原和代表卖国的南后等人之间的戏剧冲突，在尖锐的戏剧冲突中塑造了屈原这个悲剧典型。(《雷电颂》附录，第 67 页)

"主张"作为名词与"见解"义近，有"爱国主张"和"卖国主张"之分，用于表示对"主张"的不同评价。作为动词用时表示"对于如何行动持有某种意见"，而"爱国、卖国"是对行为及结果的评价，不是具体的行动，不能在事先就受到"主张"的操控，因为行为及结果到底是"爱国"的还是"卖国"的，自有别人评价，不是谁主张不主张能够决定的问题，所以，"主张爱国、主张卖国"听起来都别扭。原文中的"主张"应该换成"代表"。

④屈原的形象是一个时代的形象，作者说："全中国进步的人们都感受着愤怒，因而我便把这时代的愤怒复活在屈原的时代里去了。"(《雷电颂》附录，第 67 页)

"复活"一词使用不当，它的意思是"死了又活过来"，"这时代的愤怒"是现存的"活着"东西，战国时代屈原的愤怒是以前的"死去"的东西，根据"复活"的语义可知，"复活"的应该是屈原的愤怒，而不是现在这个时代的愤怒。现在活着的东西无所谓"复活"，可将"复活"改为"移植"，或调整语序，说成"全中国进步的人们都感受着愤怒，因而我便让屈原的愤怒在这时代的愤怒里复活了"方通。

二、语法错误

⑤恩师是让人永远怀念的。特别是当你独处异国他乡，在失望中苦苦追求，在追求中常遭侮辱的时候，却有一位老师给你无私的关爱和真诚的鼓励。那是永不坠落的寒夜星辰，永远在人生的征途中温暖地闪亮。(《藤野先生》导读，第 2 页)

这段导读有三种问题。一是语法毛病，"特别是当你独处异国他乡，在失望中苦苦追求，在追求中常遭侮辱的时候，却有一位老师给你无私的关爱和真诚的鼓励”一句,没有主语,造成主语残缺;二是“却”转折得很莫名其妙,“特别是……”话语说的是“你”怎么样,一转又变成了“一位老师”。三是“那”指代突兀,不知所云。使用指代词时,前面一定得出现先行词,如“我有位叔叔,他在北京工作”中的“叔叔”就是人称代词“他”的先行词。“那”前面倒是有“一位老师”“无私的关爱和真诚的鼓励”这样的先行成分,“那”如果回指的是这样的内容,语句是不通的。据文章内容和导语的表达意图可知,编者用“那”要指代的是在异国他乡有幸得到恩师的关爱的那些“往事”,由于违反了代词的使用规则,造成了指代不明的错误。综合上述分析,这段导语宜改为:恩师是让人永远怀念的。特别是当你独处异国他乡,在失望中苦苦追求,在追求中常遭侮辱的时候,你有幸得到了一位老师无私的关爱和真诚的鼓励。往事是永不坠落的寒夜星辰,永远在人生的征途中温暖地闪亮。

⑥下午的阳光穿透过阳台的金银花,照射到我仰着的脸上。(海伦·凯勒《再塑生命》,李汉昭译,第 39 页)

“穿透”就是“穿过”,“穿透”后面的补语“过”多余。

⑦我是大海的叹息,是天空的泪水,是田野的微笑。这同爱情何其酷肖……(纪伯伦《组歌》,仲跻昆等译,第 77 页)

“何其”义为“多么”,用于感叹句中表示强调和程度的加深,这个词之后必须带形容词,而且形容词前不能再加程度副词,如“何其壮观、何其英明”等。“酷”用在形容词前是一个程度副词,相当于“特别、极其”,“酷肖”就是“特别相像、极其类似”。可见,把“何其”和“酷”都并置于“肖”前,等于说“多么特别相像”,显然不妥。何况“酷肖”为文言表达,与本诗的语体也不太相配,应该把“酷肖”改为“相像”。

⑧(8)在近百年的时间中,人体细胞尽管更替许多次,但这种秩序并不会改变。(严春友《敬畏自然》,第 85 页)

副词“不会”表示主观的否定,如“今天不会下雨、他不会同意”等都表示说话人主观上的认识,所以即使乌云密布,或者他也许最终会同意,都不影响说话人在事态到来前发表这样的否定看法。而另一个否定副词“没有”是对客观事理做出的否定,是一种客观的否定。上例中说的“但这种秩序改变”与否,依据的是百年时间中人体细胞更替多次的客观事实,并非作者的主观意愿,所以最后一个小句应该改为:但这种秩序并没有改变。

⑨对着这灿烂的美景,康塞尔跟我一样惊奇的欣赏着。(名著导读“《海底两万里》:科学与幻想之旅”,第 237 页)

“惊奇”是“欣赏”的状语,应该用“地”而不能用“的”。

三、表意不清

⑩有一天,我独自一人在巴罗附近的爱斯基摩人村落遗址上徘徊,希望能找到一块值得保存的文物作纪念,但转了半天一无所获,却突然从草丛里跑出一只老鼠来。(位梦华《旅鼠之谜》,第 96 页)

这段话中作者连用两次转折把读者转得晕头转向。转折突兀的因素有二:一是叙述的角度的不一致,前几个小句是以“我”的角度叙述的,最后一句又一下子转到“老鼠”那里去了;二是前面说的“我”的“一无所获”与草丛中跑出来的“老鼠”不仅没有逻辑上的逆转关系,而且是一种非常正常的“期待”(心中期待有所获)与“实现”(突然看到老鼠,总算有所获)的顺承关系。最后这两句话应该说成:但转了半天一无所获,突然看到一只老鼠从草丛里跑出来。

⑪开始时似乎没有什么明确的方向和目标,到处乱窜,就像出发之前的乱忙,正在做着各种准备似的。(位梦华《旅鼠之谜》,第 100 页)

这段话的最后两个小句表述不清,原因有二:一是“就像出发之前的乱忙”到底是指人还是指旅鼠,没有说清;二是“正在做着各种准备似的”也缺少主语,谁做准备?没有说明。作者是想用人们出发之前要做各种各样的准备而十分忙乱与旅鼠此时的忙乱进行类比,但由于作者并没有明确指出类比的对象,所以造成了表达上的混乱。应该改为:……到处乱窜,就像人们出发之前要做各种准备似的乱忙。

⑫它所塑造的孙悟空、猪八戒等几个人物形象,都能使人过目不忘,都已经成为这一类人物的代名词。(名著导读《〈西游记〉:一个奇幻的神话世界》,

225 页)

这段话中的“这一类”所指不明,原因是作者在使用这种指示成分时只交代了“孙悟空、猪八戒”等人物形象,并未给出“孙悟空、猪八戒”等人物形象的所指内涵,所以让人读了仍然不知所云。文章随后的两段才分别对“孙悟空、猪八戒”两个人物形象做介绍,对其形象的内涵给予展示。据此,这段话宜改换一下表述:它所塑造的孙悟空、猪八戒等几个人物形象,都能使人过目不忘,都已经成为古典文学人物形象中的典型。

⑬海底的花、石、植物、贝壳、珊瑚类动物,一接触被分解的光线,在边缘上显现出太阳的七种不同颜色。(名著导读《〈海底两万里〉:科学与幻想之旅》,236 页)

这段话中有两个问题:一是“海底”之后的中心语“花、石、植物、贝壳、珊瑚类动物”排列杂乱无序且分类不当:“花”属“植物”类的下位概念不应与“植物”并列;“贝壳”和“珊瑚类动物”同属“动物”类;“石”既非植物,也非动物。二是“在边缘上显现出太阳的七种不同颜色”交代不明:到底是每种物体的边缘同时呈现出了太阳的七种不同颜色呢?还是不同的物体的边缘呈现出的分别是太阳的七种不同颜色呢?文中缺少交代,根据实际情况,应该指的是后者。这段话应改为:海底的花和其他植物、贝壳和珊瑚类动物、石头等,一接触被分解的光线,在边缘上分别显现出太阳的七种不同颜色。

⑭在我们头上是成群结队的管状水母,它们伸出它们的天蓝色触须,一连串的飘在水中。(篇目同上,第 237 页)

这段文字的毛病有两个。一是“它们伸出它们的天蓝色触须”中第二个代词“它们”用得多余,读起来也不通畅。二是“一连串的飘在水中”颇让人费解,状语“一连串”的语义所指不明,是“天蓝色触须”是“一连串”的呢?还是“管状水母”是“一连串”的呢?按照导语的表述,人们可能以为“一连串”指的是文字上紧靠其前的“天蓝色触须”,可是鉴别再三,才知“一连串”应该指的是“管状水母”。另外,由于作者在“一连串的飘在水中”的状语与动词之间没用状语的标记“地”,而误用了定语的标记“的”,很容易形成误导,让人以为“的”字短语“一连串的”充当了句子的主语,由此而导致另一种误解:即长有

“一连串”天蓝色触须的水母飘在水中,没有长着“一连串”天蓝色触须的水母可能在别处。为了不至于引起这么多的误解,这段文字宜改为:在我们头上是成群结队的管状水母,它们排成一长串,伸出天蓝色触须,飘在水中。

⑮一位胆小怕事的老年人颤颤巍巍地摆着双手,想要劝阻年轻人别这么干。(星新一《喂——出来》,第112页)

“想要劝阻年轻人别这么干”中“劝阻”与“别这么干”语义上形成了矛盾。“劝阻”义为“劝人不要做某事或进行某种活动”,而“别”义为“表示禁止或劝阻,跟‘不要’的意思相同”,根据数学中负负得正的原理,句子的意思变成了“想要年轻人这么干”,刚好把意思说反了。应该把“别”去掉。

四、注释及其他问题

⑯藏族雪顿节——西藏传统节日之一,在每年的六月三十日举行。(“综合性学习·写作·口语交际”,参考资料,第163页)

农历是汉族及汉族生活的一些民族通用的历法,藏族一般采用的是藏历。“藏族雪顿节”“在每年的六月三十日举行”并未交代清楚是农历、公历还是藏历,编者给的解释缺乏严谨性。同一篇《参考资料》里,还介绍了其他少数民族的一些节日,文字上就比较严谨,因而杜绝了任何歧解的可能。如:“瑶族耍歌堂”在每年农历十月十六日举行;“苗族四月八”在每年农历四月初八举行;“彝族庆年节”在每年农历十月。

⑰寒树:使人看了有寒意的树,形容树密而绿。(吴均《与朱元思书》注释,第167页)

“寒树”出自“夹岸高山,皆生寒树,负势竞上,互相轩邈,争高直指,千百成峰”这样的语境。书中对“寒树”的注释有误,这里的“寒树”并非“使人看了有寒意的树”,而是指“松柏”等耐寒的树。

⑱千百成峰:意思是形成无数的山峰。(吴均《与朱元思书》注释,第167页)

这样的解释几乎等于什么也没说,因为注释中没有告诉我们到底是什么形成无数的山峰。文中的这几句集中写“树”之奇。富春江的两岸，都长满了松柏等耐寒的树木，这些树凭借山势，争着向上生长，互相争着往高处和远处伸展，笔直向上直插云天，长在一起的千百棵高大的树木就好像形成了一个个的山峰似的。

⑲春蚕到死丝方尽，蜡炬成灰泪始干：比喻对意中人至死不渝的爱情和无尽的思念。丝，这里以“丝”喻“思”，含相思之意。蜡炬，蜡烛。泪，指蜡泪，隐喻相思的泪水。（李商隐《无题》注释，第220页）

注释用语要做到言简意赅，用词准确妥帖，科学释义，特别是释义用语中的“形容”“比喻”或“指”等，不能想当然地乱用。这个释义的毛病有两处：一是误用“比喻”。本例中的两句诗，前句叙述“春蚕”和“丝”之间存在的“到死”和“方尽”的关系，后句叙述“蜡炬”和“泪”之间存在的“成灰”和“始干”的关系，通过两组意象的塑造和两种关系的揭示，诗人要暗示出的是对意中人至死不渝的爱情和无尽的思念。释义中的“比喻”是对词语的比喻用法逐渐固定下来的意义（即比喻义）进行解释时的用词，如“打头阵，比喻冲在前面带头干；手足，比喻弟兄”。两句诗表达的意思与“比喻”无关。二是“喻”的误用。编者认为，“丝”喻“思”，这是指鹿为马。“丝”与“思”是谐音双关，以“丝”指“思”，暗含相思之意。

第五节 既往初中语文教材九年级上册中的语言问题

一、用词不当

优秀的文学作品最讲究遣词造句，因为准确精当的用词用语最能反映一个作家的语言水平。语文教材在编写时尤其应该关注用词用语的规范问题，若疏忽大意，就会把不规范的用词带入课本，造成某种误导。用词不当有两

类,一类是词语的误用,另一类是生造词语。这两类问题在教材中都有,现分别讨论。先看词语误用:

①我是快乐而沉静的雨。……我和着自然清新的空气,将温柔的胸脯轻轻地贴近土地,在泥土中消融。(第一单元《写作·口语交际·综合性学习》,18 页)

“消融”义为“(冰、雪)融化”[《现代汉语词典》,下文中的词语释义全来自本词典),很明显,将雨渗入泥土说成“消融”是不妥当的。应该改成“将温柔的胸脯轻轻地贴近土地,钻入泥土的怀中”。

②果然昨天早上收到你来信,而且是多少可喜的消息。(傅雷《傅雷家书两则》,第 39 页)

“多少”有两种意义和用法,一是疑问代词,一是程度副词。做副词时,语义上表示“稍微、稍稍”,这种用法有两个变体:“多多少少”和“或多或少”。两个变体与“多少”意义和功能基本一致,用在动词性成分前做状语表义相同而且可以互换(如:你的话中多少/多多少少/或多或少流露出一点批评的意味)。傅雷可能受方言的影响,把程度副词的“多少”当作表示感叹语气的副词“多么”来使用了,这是不规范的。此外,句子中的第二个小句中主语不明确,让人感觉其主语是承前省略了的“来信”,可是这样一来又说不通。据此应该改为:果然昨天早上收到你来信,而且信中告诉我们的是多么可喜的消息啊。

③第二日清早晨我到了我家的门口了。(鲁迅《故乡》,第 55 页)

“清早晨”用词不规范,应为“清早”。

再看生造词语造成的用词不当问题。

④“不行,”程老师干干脆脆地回答,“不行。你的嗓子沙哑得厉害,念不好。”(黄蓓佳《心声》,第 90 页)

“干干脆脆”为生造词,是作者对形容词的重叠式进行了错误的类推而导致的。汉语双音节形容词的重叠式为 AABB(漂漂亮亮、大大方方等),重叠后表示性状在程度上的加深,但是并非任何双音节的形容词都能重叠,“干脆”就没有这样的重叠形式。所以,要表示性状在程度上的加深义,宜采用在“干脆”前加程度副词的方式。这句话应改为:“不行,”程老师很干脆地回答……

下两例中也存在类似问题。

⑤程老师是个二十多岁的姑娘,头发剪得短短的,眉毛也是粗粗黑黑的,嘴巴棱角分明,模样有点像男孩子。(黄蓓佳《心声》,第 88 页)

⑥声音是不太好听,有点沙哑,有点毛毛刺刺的。(黄蓓佳《心声》,第 93 页)

“粗黑”为状态形容词,“雪白、碧绿、笔直、笔挺”等即为这类形容词,它们也可以用重叠的方式表示性状程度的加深,但重叠方式不是双音节性质形容词的 AABB 式,而是采用 ABAB 式,如:雪白雪白、碧绿碧绿、笔直笔直、笔挺笔挺、粗黑粗黑。故“眉毛也是粗粗黑黑的”应该改为“眉毛也是粗黑粗黑的”才能说得通。

例 6 中的“毛毛刺刺”也为生造词,疑为“毛毛刺刺”的误用,名词“毛刺”义为“很小的刺儿”,以 AABB 方式重叠后其功能形容词化,指物体表面不光滑,文中形容声音沙哑、不圆润、不清脆,应该改为“有点毛毛刺刺的”。

二、语法错误

⑦区教育局第一次在我们班组织公开教学课,这关系到全校的荣誉问题,昨天发下去的讲义,你们都看了吗?(黄蓓佳《心声》,第 89 页)

“这关系到全校的荣誉问题”是一个病句,是由“这关系到全校的荣誉”和“这是关系到全校的荣誉问题”两种表达杂糅起来形成的。修改时取两种说法中的一种即可。

⑧这首诗对于你未见得很熟悉,因为你可能还没有练就一对善于聆听的耳朵,还没有习惯用心灵去读自然的诗。(第一单元《写作·口语交际·综合性学习》,第 18 页)

“诗”为无生命的事物,它也就不可能“对于你”怎么样,只有有生命的个体才能用于“对(于)什么怎么样”这种表述格式。人们在使用“对于”一词时很容易犯这类语法错误,如“生命对每个人只有一次”(七年级上册《生命的意义》,第 16 页)中所犯的毛病正是如此。正确的说法是:“这首诗你未见得很熟悉”或者是“这首诗对于你来说未见得很熟悉”。

⑨他觉得自己将这么小小年纪的一个孩子,拉进他这样一个计划里,未免有点残酷了。(曹文轩《孤独之旅》,第 73 页)

第一小句中的“这么小小年纪的一个孩子”语法有问题:一是“这么”与“小小年纪”不搭配,因为代词“这么”用于形容词前表示强调,而形容词的重叠式“小小”也表示量的增加,量的增加在语义上也暗含了强调之意,例如,“这么大的苹果”“这么重的东西”能说,其意思与“很大的苹果”“很重的东西”相近,而“这么大大的苹果”“这么重重的东西”都不通,就是语义上同性相斥的最好证明。二是定语的语序不妥。“一个”为数量成分,回答“多少”的问题;“小小年纪”为名词性成分,回答“什么样”的问题,二者排列顺序是数量成分在前,名词性成分居后,因为在重要性上,代表事物性质(“什么样”)的成分要比代表数量的成分(“多少”)重要,在语序上,越是重要的成分越靠近修饰语。而本例句中的语序正好相反,所以读起来别扭。修改的方法很简单,请看:他觉得自己将一个年纪这么小的孩子,拉进他这样一个计划里,未免有点残酷了。

⑩我父亲突然好像不安起来,他向旁边走了几步,瞪着眼看了看挤在卖木牡蛎的身边的女儿女婿,就赶紧向我们走来。(莫泊桑《我的叔叔于勒》,第 82 页)

“我父亲突然好像不安起来”中的“突然”和“好像”的位置应该调换,因为从语义上来说,“突然”是说明“不安起来”这个行为的情状的,而“好像”是一个表示推测语气的情态副词,情态副词的作用是表明说话人对所叙述或描述事件的一种情感或态度。而译文里把“好像”这样的作用于整个句子的成分包孕在“突然”之后,不妥。改成“我父亲好像突然不安起来”才通畅。下例中的语法问题也类似。

⑪我相信你逐渐会学会这一点的,越来越坚强的。(傅雷《傅雷家书两则》,第 38 页)

“逐渐”和“会”的顺序也颠倒了,因为从语义上看,“逐渐”只管到本小句的“学会这一点”,不能管到下一小句,否则会造成与表义相近的“越来越”意义间的同性相斥。而能愿动词“会”语义上不仅管了本句中的“学会这一点”,还管了下一小句的“越来越坚强”“会……的”是由能愿动词与语气词前后呼应表示肯定语气的固定组合,第二小句前的“会”是承前省略。可见,让“逐渐”放在“会”前,只能造成语义和语法的不和谐,把“逐渐”和“会”的次序调换方能使语法更合理,表意更通畅。

(12)虽然,这些作品的情调不同,但作家们都一致地把我看作是烘托气氛、抒发情感的得力助手。(第一单元《写作·口语交际·综合性学习》,第20页)

“看作是”成分多余,“看作”中的“作”就是“成、成为”之意,语义中已包含了“是”。一些人在写作时常常使用“成为了”“当成是”之类的说法,就是不了解其中的“了”和“是”都已在前一词语中暗含了,属于成分多余,所以“十年前她已经成为了一名家庭妇女”“学生们把他当成是新来的老师”,都是有问题的句子。

三、逻辑矛盾

语言用于传递信息,表情达意,不仅讲究文从字顺,还得特别关注表达中的逻辑事理,否则,就会自相矛盾或逻辑不通。逻辑不通的问题大多是由于写作中或写成后不注重修改造成的,课本中就时不时地有这样的问题出现。

⑫他小时候曾被认为是笨小孩,后来在很长时间里也没有人发现他身上有什么天才的影子,他是在经历了数不清的挫折和失败后才成为大科学家的。(第二单元《写作·口语交际·综合性学习》,第49-50页)

“他身上有什么天才的影子”的逻辑不通,有毛病,“身上”怎么会有“影子”呢?身上只能有“迹象”“征兆”或“潜质”,如果真的有了“影子”,那也是别人的而不是自己的。可见,书中这样的说法在逻辑上是不通的。这句话中的“影子”应该改为“潜质”或“迹象”。

⑬它们羽毛开始变得鲜亮,并且变得稠密,一滴水也不能泼进了。(曹文

轩《孤独之旅》,第77页)

作者要强调鸭子羽毛的稠密,使用了“一滴水也不能泼进了”这样的说法。但这样的说法是有悖事理与逻辑的:其一,“泼”为动作动词,义为“用力把液体向外倒或向外洒,使散开”,没有人会拿“一滴水”作为“泼”来向外倒或向外洒,因此“一滴水”和“泼”从逻辑上讲是不沾边的;其二,“一滴水也不能泼进了”这种说法还有一个暗示,就是可能原来小鸭子在羽毛长得还不太稠密时,尚能泼进“一滴水”去,基于第一点中说的“一滴水”和“泼”逻辑上的不合事理,这样的暗示在逻辑上也是站不住脚的。考虑到这两点,本句正确的表达应该是:它们羽毛开始变得鲜亮,并且变得稠密,一滴水也渗不进了。

⑭“还有闰土,他每到我家来时,总问起你,很想见你一回面。……”(鲁迅《故乡》,第56页)

《故乡》是以第一人称“我”的角度进行整篇故事的叙述的,上文引的是“我”的母亲对“我”说的一段话。很显然,此时母亲应该说“咱家”才合适,用“我家”无疑是把叙述者“我”当成了外人,因人称视点的错位而造成了逻辑上的矛盾,是不妥的。

四、语义问题

⑮上帝久久地伫立凝视着。(苏霍姆林斯基《致女儿的信》,张金长等译,第47页)

“伫立”义为“长时间地站着”,前面的状语“久久”实属多余。这是译者不懂“伫立”的意思所致。

⑯微笑,标志着自信、雅量和大度,这是一种胸怀,一种境界。(第二单元《写作·口语交际·综合性学习》,第49页)

“雅量”义为“宽宏的气度”,它就是“大度”之意,因为“宽宏”即为“大”,“气度”即为“大度”中之“度”,“雅量”和“大度”的区别在于语体风格上的雅俗色彩不同,前者为书面词,语体风格典雅而古朴,后者为口语词,语体风格通俗而现代。编者把两个语义上等值的词并列使用造成了语义的重叠和多余,很显然是不妥的。

⑰足足有二三十个老师和同学们挤在一间教室里。(黄蓓佳《心声》,第94页)

《现代汉语规范词典》(李行健主编,外语教学与研究出版社/语文出版社2004年版)对“足足”的释义为:副词,表示丝毫不少或完全够数。其后的数量词语要求在某个整位数(如:足足有三十人、足足有两千块)或某个整位数再加表约数的助词(如足足有三十来人、足足有两千多块),“足足”与数量词组合,表示在数量上大于某个整位数。文中的“二三十个老师”表示老师的数量在二三十人之间,用了“足足”致使句子语义上表达不清,不知所云。正确的说法有两种,要表示约数,去掉“足足”;要突出人多,去掉“二”。

⑱我们步入青春,可以说开始用“两条腿”走路了,请以此为话题,写一篇作文。(第三单元《综合性学习·写作·口语交际》,第100页)

这是课文的编写者讲了希腊神话中斯芬克斯给俄狄浦斯出的谜语后写的一段话,要求学生“以此为话题,写一篇作文”。但是学生读了这段话,写作时可犯了难:编者是要让学生以谜语(即人早晨四条腿走路,中午两条腿走路,晚上三条腿走路)的意思自己概括一个话题呢?或者以“我们步入青春”为话题呢?还是以“我们开始用两条腿走路”为话题呢?天知道。文中“以此为话题”的“此”编者并未给出明确的所指。我们只能根据这段话猜想,编者是想让学生以“我要自己走路”为话题来写作。所以应该把“请以此为话题,写一篇作文”明确化为“请以‘我要自己走路’为话题,写一篇作文。”

五、注释问题

语文教材中都免不了要加上一些注释,注释的作用在于给学生提供一些为理解文章所必要的背景知识,难字、难句的解释等。注释要本着简明、准确、完备、管用的原则。总的来说,本教材中的注释工作做得相当规范,很好地体现了这些原则。但有的地方仍觉得做得不太好。如:

⑲《礼记》:成书于西汉,大半采自先秦儒家著作。(梁启超《敬业与乐业》

注释，第 22 页）

这个释义也不太准确，是《礼记》一书的内容或篇目大半采自先秦儒家著作呢？还是先秦儒家的著作中大半都有“礼记”一类的内容或篇目呢？此外，“大半”有副词（意同“大概”）和“名词”（意同“大部分”）两种用法与意义，此处到底用的是哪一种，不好确定。这是注解中最应该忌讳的地方。为避免这些理解问题，宜改为：成书于西汉，其内容或篇目大部分采自先秦儒家著作。

⑳不二法门：佛教用语，指直接入道，不可言传的法门。常用来比喻最好的或独一无二的方法。（梁启超《敬业与乐业》注释，第 23 页）

人们在给词语释义时常常弄不清楚何时用“形容”“比喻”或“指”。“形容”是叙述性或描写性词语的解释用词，如“丧魂落魄，形容非常恐惧的样子；丧心病狂，形容言行混乱而荒谬或残忍到了极点”。“指”是对通过词义的引申或通过借代、双关等修辞手段发展而来的意义进行注释时的解释用词，如“三一三十一，珠算口诀之一，常用来指按三份平均分配；人手，指做事的人”。“比喻”是对词语的比喻用法逐渐固定下来的意义（即比喻义）进行解释时的用词，如“打头阵，比喻冲在前面带头干；手足，比喻弟兄”。

由此，我们可以清楚地看出，编者把“不二法门”解释为“用来比喻最好的或独一无二的方法”欠妥。因为“不二法门”既非叙述性的词语，也非描写性的词语，更不是比喻用法的固定化形成的意义，它是通过词语的借用而引申出来的意义，释义的语言中只能用“指”，不能随便用别的词语，故这个解释应该修改为：常用来指最好的或独一无二的方法。

㉑《老子》：春秋时期道家的代表著作。（梁启超《敬业与乐业》注释，第 22 页）

㉒《庄子》，战国时道家的著作之一。（梁启超《敬业与乐业》注释，第 25 页）

这两例释义都犯了“苟简”的毛病，“苟简”即太简略而形成的表达不清或不准确的毛病。作者是谁，缺乏说明。应该把作者补上方能给学生简明而又准确完备的知识。

㉓瑟索：即瑟缩。（鲁迅《故乡》注释，第 62 页）

查阅工具书,只有“瑟缩”而均无“瑟索”词条,况且“索”读上声,而“缩”读平声,由此可知,“瑟索”是鲁迅先生误用“瑟缩”所致。如果不加说明,直接把“瑟索”解释成“瑟缩”的异形词,就会给学生一种误导,否则,学生在写作中把“瑟缩”写成“瑟索”,该算是正确还是错误呢?再者,这个注释还缺少了对“瑟缩(索)”词义的解释,该解释清楚的反而不说了。

类似的问题还有本课58页对“检”的注释,编者给出的释义是:同“捡”。这个解释告诉学生二者为异体字,这个解释没错,只是缺少了一个重要的内容,即对用字规范的说明,标准的释义为:“同‘捡’。但‘拾捡’义的‘检’今一律写作‘捡’。”因为作者是在“我们日里到海边捡贝壳去”时用的,如不加这样的规范说明,学生还以为“把地上的东西捡起来”中的“捡”也可以写成“检”呢。故应该增加这样的规范说明,方不失为教材的榜样作用

第六节 既往初中语文教材九年级下册中的语言问题

一、用词不当

①有一天,他醒过来,神智清楚地仰卧在一块岩石上。(杰克·伦敦《热爱生命》,万紫等译,第55页)

②现在,他脑子里又开始胡思乱想,又给幻象弄得迷迷糊糊,而神智清楚的时候也愈来愈少,愈来愈短。(篇目同上,第60页)

两例中的“神智”均为“神志”的误用,“神智”为“精神智慧”(本节的词语释义全部来自《现代汉语词典》,2005年版)(如:神智超人),而“神志”为“知觉和理智”(如:神志不清,神志模糊)。二者意思不同,不能互换。

③这是一个晴天,他想道。(篇目同上,第55页)

④太奇怪了,他想道,这是幻象吧,也许是海市蜃楼吧——(篇目同上,第55页)

两例中的“想道”均为生造词语。汉语中只有“说道、喊道、叫道、嚷道”等言说动词,这几个词的前后两个构成成分均为言说动词词根,其中后一词根“道”(义同“说”)。“想”为非言说动词,无法与“道”复合构词。作者使用的“想道”可能就是错误地类推“说道”等词而形成的。两例“想道”中的“道”都应该去掉。

⑤到了第五天末尾,他发现那条船离开他仍然有七英里,而他每天连一英里也爬不到了。(篇目同上,第60页)

这段话有两个问题,一是“末尾”使用不当,应该用“结束”,因为要表示一天的始末,习惯上用的是“开始”与“结束”,而不是用“开头”与“末尾”。二是“他发现那条船离开他仍然有七英里”中的“离开”使用也不妥。此时,船和他的距离应该是静态的距离,因为船是不动的,可是“离开”却表明这船又是移动的,改用“离”即可。

⑥小说离不开虚构和想象。……其实,这种想像的快乐不是小说家的专利,也可以通过你自己的尝试来获得。当然,想像不要太离谱,要尽可能遵循原作的思路。(第二单元《写作·口语交际·综合性学习》,第65页)

这是编者在《走进小说天地》第三节“有趣的文学想象”的一段话,小标题和首句中用的是“想象”,其后的文字用了两次“想像”。尽管“想象”和“想像”属于异形词,可以换用,但同一文章中,随意使用异形词,也属于用词不当。这篇文章中的同一页,还有一处使用“想象力”(借助超凡的想象力),是“想像力”的异形词,究竟要用哪一个,要始终如一。作为教材,用词如此不讲究,是不严谨的。

⑦大海庄严地伸出臂儿来接引他,他一声不响地流入她的怀里。他消融了,归化了,说不上快乐,也没有悲哀!也许有一天,他再从海上蓬蓬的雨点中升起,飞向西来,再形成一道江流,再冲倒两岸的石壁,再来寻夹岸的桃花。(冰心《谈生命》,第69页)

这段话中有几个问题:一是“消融”用得不对,因为作者这里谈的是“江水”,江水不是冰块,它归入大海,没有“消融”(指冰雪融化)的过程。二是“他”的使用混乱,前三次指“江水”,最后一次只能指“水汽”,因为雨是由江河湖海中的水汽蒸发成云才形成的,故文中没有交代,会让人觉得“他”指的还是“江水”,不妥。三是知识性错误,不仅“江水”不会从“海上蓬蓬的雨点中升起”,“水汽”也不会从雨点中升起。考虑到以上几点,这段话拟改为:大海庄严地伸出臂儿来接引他,他一声不响地流入她的怀里。他消失了,他归化了,说不上快乐,也没有悲哀!也许有一天,水汽再从海上蒸腾为云朵,飞向西来,……

⑧即使铁石一样的心肠,从来不知道人类同情的野蛮人,也不能不对他的境遇发生怜悯。(莎士比亚《威尼斯商人》,朱生豪译,第99页)

“发生”用得不当,应为“产生”。

⑨请你想一想,你现在跟这个犹太人讲理,就像站在海滩上,叫那大海的怒涛减低它的奔腾的威力,责问豺狼为什么害得母羊为了失去它的羔羊而哀啼,……(篇目同上,第100页)

这段话中的“为了”属用词错误,应换成“因为”或“因”。“为了”或“为”是表示目的的介词,“因为”或“因”是表示原因的介词。母羊只是“因为”而绝对不会“为了”失去它的羔羊而哀啼。下一句中的“为了”也属于同样的用词错误

⑩这犹太人可以把我的肉、我的血、我的骨头、我的一切拿去,可是我决不让你为了我的缘故流一滴血。(篇目同上,第102页)

“为了”和“缘故”是不能搭配的,修改的方法有两种,或保留“为了”而去掉“的缘故”,或把“为了”换成“因/因为”。

⑪你现在刚巧陷入这个法网,因为根据事实的发展,已经足以证明你确有运用直接间接手段,危害被告生命的企图,……(篇目同上,第113页)

“事实”在此运用不当,应该改为“事态”。因为“事实”就是“事实”,已成定论,具有静态性,故无所谓发展不发展,而“事态”才具有动态性,才能与“发展”联系。

⑫可是你的财产现在充了公,一要绳子也买不起啦,所以还是要让公家破费把你吊死。(篇目同上,第113页)

“要”表示的是行为者主动的意愿,在此用得不准确,因为文中“把你吊

死”是情势所迫不得不如此，是被动的，并非你的主观意愿，故得改成“得(děi)”才能把说话者的意思准确表达出来。

⑬我的心想要像鸟儿从湖上飞回森林，它的翅膀不停地扑腾……（勒曼《音乐之声》，第138页）

“扑腾”用得不妥，原因有二：一是语义上不合适，《现汉》“扑腾”列了四个义项，其中与文中最接近的意思是“跳动”（如“鱼儿在冰窟窿里直扑腾”）和“游泳时用脚打水”，其他的两个义项分别是“活动”（这个人挺能扑腾）、“挥霍、浪费”（钱全扑腾完了）。可见，描写鸟儿翅膀的扇动用“扑腾”不是很得体。二是语体不合。即便我们认为“扑腾”可以借指鸟儿翅膀的扇动，也存在语体上的不和谐。因为这是女主人公玛丽亚的一段唱词，唱词一般要求是韵文体，书面语色彩较重，只有口语色彩较重的流行歌曲才不排斥口语词。这段唱词之前有“我的心想要像鸟儿从湖上飞回森林”，后有“我的心想要像小天使随风飘出教堂”等，书面语色彩虽不浓重，但绝非纯粹的口语，故而用“扑腾”这样浓重口语风格的词是不妥当的，还是换为“扇动”为妥。

⑭人们也许彼此言语不通，但音乐在哪里响起，那里的人们就可以共同起舞。（第四单元《写作·口语交际·综合性学习》，第147页）

本例中的“那里”使用不当。“哪里……哪里就……”是成对使用表示假设复句的关联词语，如“哪里有压迫，哪里就有反抗”，“哪里”在此是疑问代词的任指用法，表示“任何地方”。而用了远指代词“那里”，表示实在的指称，破坏了关联词语的固定组配，“那里”应换成“哪里”。

二、语法错误

⑮你把这条狗带到将军家里去，问问清楚。就说这狗是我找着，派人送上的。（契诃夫《变色龙》，第50页）

⑯你自己可以去查查明白。（莎士比亚《威尼斯商人》，朱生豪译，第111页）

这两例中的“问问清楚”和“查查明白”都是上海、江浙一带的吴语语法，即动词重叠后带一个形容词结果补语,这种方言语法并未被现代汉语普通话接受,同样的意思在普通话中的规范用法是把动词重叠形成“VV”(查查)或“V一V”(查一查)两种格式,其后不能带补语。“问问清楚”和“查查明白”分别应改为“问问/问一问”或“查查/查一查”。

⑰那些狼,时常三三两两地从他前面走过。但是都避着他。一则因为它们为数不多,此外,它们要找的是不会搏斗的驯鹿,……(杰克·伦敦《热爱生命》,万紫等译,第52—53页)

这段话里的“一则”与“此外”是语篇中用于列举的连接成分,但二者并不形成组配。与“一则”组配的是“二则”或“再则”,“此外”或单用,或用于“除了……此外……”这样的格式中。译者将二者成对使用,明显地存在照应不周,“此外”得换成“二则”或“再则”。

⑱由于身体极端虚弱和僵硬,他极慢极慢地翻一个身。(篇目同上,第55页)

这两句话的翻译没有把话语表达的重心对应起来,属于生硬的翻译。“由于”所构成的介词结构说的是原因,而后接的小句的表意重心应该是动作的状态“极慢极慢”,而不是动作的结果“翻一个身”,译者恰好把后一小句的表意重心搞反了。这种表意重心失衡的句子读起来特别扭。修改的方法是让“极慢极慢”处于句尾的位置上,使其成为信息的重心。或者在“极慢极慢地”之后加一个副词“才”,并在“翻”后加个“了”,以突出“翻一个身”的不易,也能与前面的原因相呼应。请看两种修改后的结果:由于身体极端虚弱和僵硬,他翻身时极慢极慢。/由于身体极端虚弱和僵硬,他极慢极慢地才翻了一个身。

⑲他打算先喝点热水,然后再开始向船走去,他已经料到这是一段可怕的路程。(篇目同上,第57页)

“他打算先喝点热水,然后再开始向船走去”是时态矛盾的表达,前一小句中的心理动词“打算”在语义上管辖了两个小句,也就是说,两句都应该用将来时,因为心理动词要求所管辖的小句时态上必须是未然时或将来时,可是后一小句“然后再开始向船走去”用的是过去时,时态上出现了矛盾,究其原因,都是“去”字惹的祸,去掉它时态就一致了。

⑳所以我不能举什么理由,也不愿举什么理由,除了因为我对于安东尼奥抱着欠积的仇恨和深刻的反感,所以才会向他进行这一场对于我自己并没有好处的诉讼。(莎士比亚《威尼斯商人》,朱生豪译,第 100 页)

这段文字有四个问题:一是动词“举”和“理由”搭配不当,尽管“举”在此表示“提出”义,但汉语中与“理由”搭配的动词是“说出/提出”,而不用“举”;二是介词“除了”使用不当,没有与它呼应的词语“还/再加上”等;三是逻辑问题,前文说“我不能举什么理由,也不愿举什么理由”,照此说来,就不必说什么理由了,可是后边说的恰恰是理由,这是怎么回事?其实根据文意,这个理由正是夏洛克要特别强调的,只不过是译者没有把原作的意思恰当地翻译出来;四是两个介词“对于”使用不当,“对于”和“对”尽管都是介词,又都是“引进对象或事物的关系者”,但二者的用法仍有差别,一般说来,“对”引进的对象是人或较具体的事物,而“对于”引进的对象一般是较为抽象的事物或事理,译文中的这两个“对于”都应该换成“对”。基于这几点考虑,我们给出的译文是:因为我对安东尼奥抱着欠积的仇恨和深刻的反感,所以才会向他进行这一场对我自己并没有好处的诉讼,除此之外,我不能说出什么理由,也不愿说出什么理由。

三、表达问题

语言表达问题有语义重复、语义多余、顾此失彼、表达不清、逻辑矛盾等。先看语义重复的问题,这类表达问题的出现主要是由同义、近义词的连续使用导致的。

㉑“他总仍旧输。这一回,是自己发昏,竟偷到了举人家里去了。他家的东西,偷得的么?”(鲁迅《孔乙己》,第 24 页)

“总”的意思中已经有了“仍旧”的意思,因为“总”义为“一直,一向”,从来如此,“仍旧”义为“仍然”,只表示现在还如此,时间上并没有“总”强调得那么长,故为词语的同义复用,二者去掉一个即可。

㉒他就在这儿附近等着您的答复,不知道殿下准不准许他进来?(莎士比亚《威尼斯商人》,朱生豪译,第 104 页)

“这儿”和“附近”为近义反复,二者连续使用,造成的是指称的模糊。考虑到语境,应去掉“这儿”,原因是,“这儿”既是近指又是确指,而“附近”并非确指,所指的范围可大可小。联系这段对话的语境可知,讲话的人在法庭,所指的人“他”并不在法庭,而是在法庭外等候,故用“附近”更为准确。

语义多余是指话语中出现与表意无关的信息而导致的扰乱视听的现象,如下例中说地球“绕着太阳自转”就属于这种情况:

㉓但人类的生命是永不止息的。地球不停地绕着太阳自转。东方不亮西方亮,我窗前的晚霞,正向美国东岸的慰冰湖上走去。(冰心《谈生命》,附录《霞》,第 72 页)

单独地看,“地球不停地绕着太阳自转”并没有什么毛病,可是,作者表达的意思只是时光流转,不是讲地球运转的知识,与地球的自转没有什么瓜葛,与地球的公转更没有什么关系,“绕着太阳自转”的出现除了徒增读者的阅读负担外别无益处,所以应该改为“地球不停地转动”。

语义上的顾此失彼是由于行文缺乏照应导致的,如:

㉔可以从以下三种方式中选择一项进行。(第二单元《写作 · 口语交际 · 综合性学习》,第 65 页)

编者明明说的是“三种方式”,可接着又要学生“选择一项”,“种”即是“种”,“项”即是“项”,编者却随意地“指种为项”,这是典型的词语失去照应的顾此失彼,应该把“项”改成“种”。下例中最后的偏正短语,在行文中缺少了指代成分,也属顾此失彼。

㉕我很为你不快乐;你是来跟一个心如铁石的对手当庭质对,一个不懂得怜悯、没有一丝慈悲心的不近人情的恶汉。(莎士比亚《威尼斯商人》,朱生豪译,第 98 页)

最后用的“一个……恶汉”是一个偏正短语,读来也不顺畅,说话人是要指责“你”呢?还是指前一小句中的“对手”呢?要弄明白还得费些心思。应该说成“这是一个不懂得怜悯、没有一丝慈悲心的不近人情的恶汉”,不仅指称明确,语气上也更为连贯有力。另外,“我很为你不快乐”虽不好说有什么语病,但不是地道的汉语,同样的意思说成“我为了你的事一点儿也高兴不起来”或“我很为你担忧”,都比原译文要通畅得多。

表达不清是读起来劳神费力仍然不得文字要领的现象,这种现象的出现往往与指代不明脱不了干系。

㉖洁净的山泉日日与它相伴,也终于明白了它。它从石洞里流出来,又一滴一滴渗进石缝里去,把石块碾成的粉末变成了泥土。(张抗抗《地下森林断想》,第 83 页)

文中的三个“它”,所指混乱,前两个“它”指的是“峡谷”,紧接出现的第三个“它”指的却是“山泉”,但文章中之前的几十个“它”一直指的是“峡谷”,从阅读心理上讲,当读到“它”时,人们的心理期待首先还是之前所指的“峡谷”,可如此理解又感不顺,当发觉心理期待受骗后,又不得不回还再读,这种误导读者的指代现象也属于指代不明,其后果是造成阅读成本的增加。第三个“它”宜换成“山泉”,则可避免这类阅读的不便。

㉗终于有一天,冬天的朔风,把他的黄叶干枝,卷落吹抖,他无力地在空中旋舞,在根下呻吟,大地庄严地伸出臂儿来接引他,他一声不响地落在她的怀里。他消融了,归化了,他说不上快乐,也没有悲哀!也许有一天,他再从地下的果仁中,破裂了出来。又长成一棵小树,再穿过丛莽的严遮,再来听黄莺的歌唱。(冰心《谈生命》,第 70 页)

这段话的问题很多,最突出的问题是“他”的指称的混乱。作者在这段话之前,一直用“他”来指“树”,这段话中“他”再度出现时,仍然指“树”。接下来的三次“他”又指向了“黄叶干枝”,可是这样一来,又让人犯糊涂了,“黄叶干枝”并非一枝一叶,哪怕只是一枝一叶,也不能用单数的“他”来指称啊。再下来的三次“他”所指为何,就说不清了,如果说指的是“树”,可这“树”并没有死掉,怎么能“消融、归化”呢?如果说指的不是“树”而是“黄叶干枝”,这就说明“树”并没死,可是没死的树怎么能“再从地下的果仁中破裂了出来”“又长成一棵小树”呢?这里的表达不清,不仅有“他”的指称混用问题,还有缺少语言的过渡问题。这段话中还有两处问题,“消融”用词不当,不论是指

“树”还是指“黄叶干枝”都不合适,应该用“腐烂”或“化成泥土”。另外说树是从地下的果仁中破裂出来的,犯的是知识性错误,果仁是果核中的芽的胚胎,小树是果仁从果核中破裂了出来的,而不是从果仁中破裂出来的。下面是我们对本段的修改结果:终于有一天,冬天的朔风,把他的黄叶干枝,卷落吹抖,他们无力地在空中旋舞,在根下呻吟,大地庄严地伸出臂儿来接引他们,他们一声不响地落在她的怀里。最后,树老死了,腐烂了,归化了,他说不上快乐,也没有悲哀!也许有一天,他再从地下的果核中,破裂了出来。……

㉘对人间自由幸福的渴念和对更高精神境界的追求是女主人公的两个基本动机。(名著导读:《〈简·爱〉:人生追求的二重奏》,第212页)

“女主人公的两个基本动机”表述不清,因为缺少对基本动机的性质界定。前半句中的“对人间自由幸福的渴念和对更高精神境界的追求”说的是动机的内容。根据导语的题目“《简·爱》:人生追求的二重奏”可知,“人生追求”是简·爱的两个基本动机的实质。这句话必须说成:“对人间自由幸福的渴念和对更高精神境界的渴求是女主人公人生追求的两个基本动机。”

逻辑矛盾是语言中违反事理、违反情理而出现的表意矛盾,下面的话语即是。

㉙提到小说,你一定不陌生。那生动的故事,鲜活的人物,一定给你留下过深刻的印象。它们就像一部部生活的教科书,引领我们了解丰富多彩的大千世界,陶冶情操,净化灵魂。

既然这样,我们何不携起手来,再度走进那一片天地?(第二单元《写作·口语交际·综合性学习》,第64页)

“既然这样”是一个语篇连接成分,表示事实已经如此你无法改变而只能顺应事态的变化,暗含了你不做也没办法的意思,这样的意思与前文表达的意思是矛盾的,因为前文描述了小说的种种优美特点与积极作用,照此,“我们何不携起手来,再度走进那一片天地”应该是顺应学生心理、水到渠成的号召,何必要用被动而让人无可奈何的口吻来说呢?应该把“既然这样”改成“小说的世界是如此美妙”,则文理通畅,导引自然。

第七节　既往初中语文教材中的注释问题

既往初中语文教材中存在不少注释的问题,本节针对这些注释问题进行专门的研究。语文教材中的注释是教材中的重要内容,它是教师教学的依据,是学生学习的帮手。教材中的注释尚有一些问题与不足:一是词语注释随意性大,缺乏严谨性;二是解释不足或解释过度;三是释义用语不规范。本节对这些问题做了详细的分析说明,指出了这些疏漏产生的由来并提出了自己修改意见。

语文教材中的注释是教材中的重要内容,它是教师教学的依据,是学生学习的帮手。包括生字生词的音义注释、难句解释、生疏知识点或写作背景的说明。正因为它是教师教学中讲授相关知识的基本依据,是学生学习过程中最为重要的知识来源与示范,所以具有极高的权威性和广泛的影响力,备受师生的关注。既往的义务教育课程标准教科书《语文》(七至九年级),是教育部组织编写(温儒敏为总主编)并由人民教育出版发行的权威教材。教材中的注释凝聚了几代编写者辛勤劳动与智慧,在释疑解难、语言知识的学习与运用等方面,做得都非常出色。符淮青(1985:246)特别强调:“词义的解释要正确,明白,简练。”从释义的这三个要求来考虑,我们发现这套权威的语文教材的注释部分存在一些问题与不足。一是词语注释随意性大,缺乏严谨性;二是解释不足或解释过度;三是释义用语不规范。下面是我们专就教材中这三方面的问题提出的一些商榷意见与修改建议。

一、词语注释随意性大,缺乏严谨性

教材中词语的释义应该科学而严谨,这是释义正确的前提与保障,是教材释义时应该坚守的原则底线,否则就会让师生无所适从,失去了释义的意义。教材中有些词语的注释随意性大,缺乏严谨性。下面我们从“同一词语而注释不同”和“望文生义,有失严谨”两个方面分别以详。

1. 同一词语,注释不同

教材中释义的随意性最明显的地方表现在对同一词语的重复注释上。比如,“萋萋、悠悠、云鬓”等词,在教材中都重复注释过,但是,每次给出的解释都不一样。请看①:

①a. **萋萋**:形容草长得茂盛的样子。(7-2-115)

b. **萋萋**:草木茂盛的样子。(8-1-59)

c. **萋萋**:茂盛的样子。(8-2-64)

②a. **悠悠**:形容时间的久远和空间广大。(7-2-117)

b. **悠悠**:飘飘荡荡的样子。(8-1-59)

c. **悠悠**:深思的样子。(8-2-75)

③a. **征蓬**:飘飞的蓬草,古诗中常用来比喻远行之人。(8-1-59)

b. **蓬**:蓬草,枯后根断,常随风飞旋。这里比喻即将孤身远行的友人。(8-2-138)

④a. **云鬓**:像云那样的鬓发,形容好看的头发。(7-2-42)

b. **云鬓改**:意思是青春年华消逝。云鬓,指年轻女子的秀发。(9-1-142)

“萋萋”并非多义词,只有“形容草长得茂盛的样子”[《现代汉语词典》(第七版)(下文简称《现汉》),第 1021 页]一个意思。可是,例(1)是教材给出的三个释义,让人感觉汉语中的“萋萋”是个多义词,造成了施教者与学习者理解的困惑。其实,这三个释义,只有 a 的释义“形容草长得茂盛的样子”是准确的(使用语境为“它荒草萋萋,十分幽寂”)。b 中把词义描述的主体由“草”改为“草木”(使用语境为“晴川历历汉阳树,芳草萋萋鹦鹉洲”),将“萋萋”的描述主体随意扩大,使释义失去了科学性。c 对“蒹葭萋萋,白露未晞”

---

① 例子后括号内的数字,第一个表示年级,第二个表示册数(其中“1”表示上册,“2”表示下册),最后的数字表示页码。如(7-2-115)表示七年级下册第 115 页。

中“萋萋”的释义则干脆隐去了词义描述的主体，离科学的释义要求越来越远。可见，教材将同一个“萋萋”割裂开来随意解释，容易造成教与学的困惑。教材对“悠悠”的三个释义犯的也是同样的毛病。“悠悠”有四个义项：①形容长久，遥远（悠悠岁月、悠悠山川）；②形容众多（悠悠万事）；③形容从容不迫，自在（乐悠悠、悠悠自得）；④形容荒谬（悠悠之谈、悠悠之论）（《现汉》第1582页）。例（2）是教材里“悠悠”的三个释义，只有a是正确的（使用语境为“念天地之悠悠，独怆然而涕下”）。b例“白云千载空悠悠”中的“悠悠”，是在“形容从容不迫，自在”这一义项的基础上对描述主体“白云”的“人格化”处理，所以准确的释义应该是“原义是形容从容不迫，自在。这里形容白云自在飘荡的样子”。c例“青青子衿，悠悠我心”中“悠悠”并非形容“深思的样子”，而是形容诗人对天下英杰渴望的时间之“长久”，用的还是该词的第一个义项。“蓬，指飞蓬”（《现汉》第988页），古人常用“征蓬”“孤蓬”来分别比喻“远行之人”和“孤身远行的友人”。所以，例（3）a中“征蓬”的释义是正确的（使用语境为“征蓬出汉塞，归雁入胡天”），b中“比喻孤身远行的友人”的解释的应是“孤蓬”，而不是“蓬”（使用语境为“此地一为别，孤蓬万里征”），将“孤蓬”的词义强加到“蓬”的身上，是很不严谨的。“云鬟”是个单义词，指的是“妇女多而美的头发”（《现汉》第1621页），这个释义很好地理清了“云鬟”中“云”（多而美）“鬟”（头发）的所指，还明确了该词的适用对象是“妇女”。但是，反观例（4）教材里的两个释义，确有自相矛盾之嫌：a中把“云鬟”认定为描述性的（用了“形容”），而b中则认定为指称性的（用了“指”）。两个释义还有解释不完善之嫌：a的释义缺少了“云鬟”的所指对象是妇女（使用语境为“当户理云鬟，对镜贴花黄”），在b的释义（使用语境为“晓镜但愁云鬟改，夜吟应觉月光寒”）倒是可以找到（“指年轻女子”）。两个释义虽然都解释出了“云”有“美”（“好看”“秀”）的意思，但都忽略了“云”还有“多”的意义。总之，两个释义由于没有互相参照，对“云鬟”的注释草率而随意，让人莫衷一是，无所适从。

2. 望文生义，有失严谨

不要以为只有普通人会存在望文生义的毛病，教材中也有这样的问题，尽管为数极少，但这样的注释出自权威教材当中，其负面影响可想而知。比如：

(5)a. **龙钟**：泪流纵横的样子。(7-2-80)

b. **寒树**：这里形容树密而绿，让人心生寒意。(8-1-56)

c. **封**：这里指韩愈的谏书《论佛骨表》。(9-1-60)

"龙钟"在古代诗文中有两个意思，一是形容"身体衰老、行动不灵便的样子"，成语老态龙钟里的"龙钟"即为此义；二是表示"涕泪淋漓的样子"。岑参名作《逢入京使》诗句"双袖龙钟泪不干"意思是说思乡之泪怎么也擦不干，以至于把两支袖子都擦湿了，可眼泪就是止不住。可见，诗句中的"龙钟"应该解释成"原表示涕泪淋漓的样子，这里是沾湿的意思"。但是教材却解释为"泪流纵横的样子"，就让人觉得不可思议。"双袖"怎么能够"泪流纵横"呢？要知道，"双袖龙钟泪不干"由"双袖龙钟"与"泪不干"两个主谓短语并列而成，教材的编写者显然没有完全理解诗句的意思，直接把"龙钟"与"泪不干"看成了互文，才把"泪流纵横的样子"强加到了"龙钟"的头上。

教材对《与朱元思书》"夹岸高山，皆生寒树"中"寒树"的释义是"这里形容树密而绿，让人心生寒意"。这样的释义同样是望文生义所致。《汉语大词典》对"寒树"的释义是："寒天的树木；冷清凋残的树林。诗文中常以衬托冷落与萧条的环境气氛。"该释义并无"形容树密而绿，让人心生寒意"的意思。那么，能否直接采用《汉语大词典》的注释作为《与朱元思书》中的"寒树"的注解？我们认为不妥。根据《与朱元思书》里"寒树"的使用语境，作者描写的是夏秋之交"自富阳至桐庐"百里画廊奇山异水："蝉则千转不穷，猿则百叫无绝。""横柯上蔽，在昼犹昏；疏条交映，有时见日。"可见，文中所写的"寒树"既非"寒天的树木；冷清凋残的树林"，也非"形容树密而绿，让人心生寒意"。根据作品中描述的季节与"夹岸高山，皆生寒树"所描写的"高山"环境，这里的"寒树"只能是"生长于高海拔区域的耐寒树木"。(关于《与朱元思书》中"寒树"的注释问题，请看本书第四章第四节——来自历史与文本两个研判现场

的结论》)

“一封朝奏九重天,夕贬潮阳路八千”是韩愈《左迁至蓝关示侄孙湘》中广为人知的诗句,交代了自己因一封早朝时给皇帝的奏书,而招致了被贬到遥远之地的结果。以事情之小(“一封朝奏”)与后果之重(“夕贬潮阳路八千”)的对比,突出了自己遭遇之惨。教材对“封”的释义是“这里指韩愈的谏书《论佛骨表》”。看来,编者是把“封”当成名词“信”了。其实,诗句中的“封”是一个量词,其词性和词义与“一封信”中的“封”一样,这样看来,“封”本来就无须做注,可是教材的注释反倒把人弄晕了。“一封”是个数量组合,修饰中心语“朝奏”(即“早朝时上的奏书”),这里的“朝奏”指的才是“韩愈的谏书《论佛骨表》”。由此可见,教材编写者想当然地将“朝奏”的意思强硬地塞给了“封”。由此又暴露了编者的另一处误解,编者把“朝奏”解释为“早晨上奏”(9-1-60),很明显是按动词性词组来理解的,其实“朝奏”是名词性的,正确释义应该是:“早朝时上的奏书,这里指的是韩愈的谏书《论佛骨表》。”

二、解释不足与解释过度

教材中注解所服务的对象是初中学生,因此评价其注释除了注释的精确度外,还有一层重要的考量,那就是注释是否适度,即教材里的注释语,既不能把该有的解释要素丢失,又不能出现词义中不该有的部分。具体说来,在注释是否适度上,教材中注释用语存在着“解释不足”与“解释过度”两方面的问题。

1. 解释不足

所谓解释不足,就是释义中该有的语义要素的缺失而造成的释义不精。造成的后果是注释有效性的缺失。如:

⑥a. **忍俊不禁**:忍不住笑。(7-2-106)

b. **拥肿**:这里形容何首乌块根的粗大。现在写作“臃肿”。(7-1-39)

c. **心有灵犀**:指彼此心意相通。(7-2-143)

d. **模胡**:这里指马虎、不讲究。现在写作“模糊”。(8-1-22)

e. **矫揉造作**:把弯的弄直,把直的弄弯,来制造器物。形容过分做作,极不自然。(9-1-31)

f. **九重天**:这里指皇帝。(9-1-60)

上面的词语释义都存在解释不足的问题。要知道,初中是语文知识的学习和积累最为关键的时期。如果将小学阶段的认字识字的教学看成是“知其然”,即语言文字学习的初始阶段,那么,三年的初中阶段就是在“知其然”的基础上,对语言文字知识的细化教育与积累的“知其所以然”的关键时期。这种对语言文字的细化与积累体现在语文课本上与教师有意识的讲解中,语文教材的编写导向在其中起了关键性的作用。比如例⑥a 中“忍俊不禁”的释义,只是解释了该词的意思“忍不住笑”,学生仅能达到“知其然”的表层,根本达不到“知其所以然”的深度,因为这样的笼统解释,还缺乏一点必要的解释与提示,即其中的“忍俊”做何解释?“忍俊不禁”的合适释义是:“忍俊:含笑。不禁,不能自制。本谓热衷于某事而不能克制自己。后用以指忍不住发笑。”(《中国成语大辞典》第 1026 页)例⑥b 中“拥肿”一词的释义应该包括词义注释、语境义与规范说明三部分,但教材只是给出了具体的语境义(“这里形容何首乌块根的粗大”)和规范说明(“现在写作‘臃肿’”),缺少了对词的本义的注释(“过度肥胖或衣服穿得过多过厚而显得肥胖,转动不灵”)。要给学生系统而有用的词语意义的知识,不能仅仅漂在解释语境义的表层上,而应当顺便把词的本义或原义注释清楚。须知,词的本义或原义应是释义中最重要的部分。以“臃肿”(“拥肿”)为例,如果不加上对该词本义的注释,学生再遇到它,还是不明了该词的意义。例⑥c 中“心有灵犀”的释义也缺少了对“灵犀”的解释,学生可能看到释义后仍然不明就里,为何“心有灵犀”是“指彼此心意相通”?只有在教材给的释义前加上“古代传说,犀牛角有白纹,感应灵敏,所以称犀牛角为‘灵犀’”,这样的释义才算完整,才能增进学生对词语的理解与记忆。例⑥d 例“模胡”(即“模糊”)原义是“不分明、不清楚”,文中的“模胡”出现在“穿衣服太模胡了”这样的语境中,所以,“模胡”的释义应该是“原义是不分明、不清楚,这里指穿衣服不讲究,马虎从事”。例⑥e 中“矫揉造作”一词教材认的解释是："把弯的弄直，把直的弄弯，来制造器物。形容过分做作，极不自然。"这样的释义对初中学生来说肯定还是囫囵吞枣无法理解的，因为释义中缺少了对"矫""揉""造作"的对应解释。合理的释义稍做补充即可："形容过分做作，极不自然。把弯的弄直为'矫'，把直的弄弯为'揉'，'造作'是制造器物。"这样把整个词语意义的由来作了通透的注释，对于初中学生来说才是释义应该呈现的模样。例⑥f 例将"九重天"注释为"这里指皇帝"也来得太突然，缺少的是对其词义的一般解释，应该改为："指天空的最高处，传说天有九重。这里借指皇帝。"

词义解释不足还表现在对一些貌似作了注解，其实对于教材的使用者初中学生来说，这种解释不足的注释与没有注释一样，看了注释还是根本不知道词义说的到底是什么。这样的情况在教材的释义中有多处，这里仅举最典型的两例。请看：

⑦a. **一丈青**：《水浒传》中扈三娘的绰号。(9-2-31)

b. **驴打滚儿**：高利贷的一种。如果到期不还，计算复利，越滚越多，如驴打滚儿，故名。(9-2-35)

这两个注释就是典型的假注释，因为释义犯的是隔靴搔痒的毛病。"一丈青"是何满子的奶奶的绰号，可她为什么被人送了这么一个绰号？还有，《水浒传》中扈三娘为何被人冠以"一丈青"的绰号？看了这个注释保准你仍然弄不明白，因为释义中缺乏对"一丈青"与梁山女将扈三娘的必要介绍。"一丈青"指的是一种有剧毒的蛇，据说一旦被其咬伤皮肉立马变青，走不出一丈远就会毒性发作而死。因扈三娘武艺高超，有如这一丈青毒蛇般凶悍无比，故得此绰号。在释义中加上这样的介绍，才能给人拨云见日之效。同理，为什么"驴打滚儿"的利就越滚越多呢？编者只给出"如驴打滚儿，故名"来应对，等于就地打转，根本没有解释什么。原来，驴(还有骡马牛等家畜)在被强力使唤后出汗，就得在地上打滚使毛皮沾上一层尘土以防蚊蝇叮咬，身上沾的土自然越滚越多，所以才把变本加厉、利上加利的高利贷称为"驴打滚儿"。

2. 解释过度

所谓解释过度,就是指在释义时画蛇添足,加入了一些不必要的词语,因为多了干扰项,造成的后果同样是释义精度的下降。例如:

⑧a. **惟妙惟肖**:这里形容雕刻得十分精妙逼真。肖,相似。(8-1-97)

b. **滔滔**:这里指黄河波涛滚滚的样子。(9-1-3)

c. **多乎哉? 不多也**:语出《论语·子罕》。这里的意思是:多吗? 不多了!(9-2-18)

d. **有所广益**:这里指有启发和帮助。(9-2-128)

e. **花枝招展**:形容女子打扮得十分艳丽。这里比喻姿态优美。(7-1-4)

"惟妙惟肖"就是"形容雕刻得十分精妙逼真","滔滔"就是"形容波涛滚滚","多乎哉? 不多也"就是"多吗? 不多"。"有所广益"就是"指有启发和帮助"。而在这些词语的释义里,编者硬是加上了"这里""这里的意思是"等字眼,让人的感觉是教材中解释的只是这些词语的临时意义(或称语境义),它们在别的语境里还有另外的意思。然而教材中给出的释义都是词语的本义而非临时意义。可见,释义部分那些"这里"等字眼都是过度的解释,是蛇身上多出来的足,除了徒增干扰没有别的作用。"花枝招展"就是"形容女子打扮得十分艳丽",后面的"这里比喻姿态优美"属于同义反复,也是多余的。

当然,教材中精当严谨的释义是主体,像下面的注释就非常合理地处理了词语的本义与引申义、语境义的关系,释义既做到了言简意赅,也做到了准确明晰、实用有效:

⑨a. **麻木不仁**:本义是肢体麻木,没有感觉。这里指缺乏热情,对集体和人民的利益不关心。(7-1-71)

b. **旧部**:过去的部下。这里指为革命牺牲的同志。(9-2-5)

c. **旌旗**:旗帜的总称。这里借指军士。(9-2-5)

d. **婵娟**:本意指妇女姿态美好的样子,这里指月亮。(9-1-55)

e. **落第**:原指科举时代应试不中。这里指考试不及格。(8-1-22)

三、释义用语不规范

有不少释义的问题集中地出现在释义用语的不规范上。众所周知,语言文字的规范化是教材的起码要求,这种要求当然也包括教材的释义用语上。而教材释义用语的不规范现象大量存在,特别是集中体现在释义用语中“形容”“指”“比喻”三个词语的使用上,可谓乱象横生,造成了释义的随意性与不科学性,是一种严重的失范。

1. 释义语中“形容”的误用

“形容”顾名思义是对事体的形象描述,它是描述性词语的解释用词,也就是说,只有在描述性词语的释义中才可使用。符淮青(1985:241 页)明确指出:“描述说明性质状态,即把词所反映的内容当作一种景象加以描绘,或当作一种情况加以说明。……在描述说明性质状态时,加‘形容……’‘……的样子’等词语。”释义时“形容”一词的误用,往往是由不了解什么样的词语才是描述性词语导致的。描述性词语主要语包括三个小类:状态形容词;描述性的成语;摹状词。这些词语的语义上都有共同点:一是其表义上具有描述性,二是在句法功能上只能作修饰语或作谓语,作谓语时它们既没有动词的时间性,也没有性质形容词的程度性。这是描述性词语本身的语义特点决定的。所以,只有这类描述性词语的释义用语中才“可以”出现“形容”的字样。这里的“可以”表示可用,也可以不用。非描述性词语是忌用“形容”一词的。

(1)状态形容词。形容词有性质形容词和状态形容词之分,“从语法意义上看,性质形容词单纯表示属性,状态形容词带有明显的描写性。”(朱德熙,1982:73)下列中被注释的词语都是状态形容词,教材的释义用语中,有的用“形容”(下例⑩),有的用“(形容)……的样子”(下例⑪的 a、b、c),有的是直接解释的方式(下例⑪的 d、e)。下面的注释用的都是状态形容词标准的释义用语,最具示范性,代表了教材释义的主流。请看:

⑩a. **混茫**:形容天地分离前蒙昧混沌的状态。(7-1-65)

b. **锃亮**：形容闪亮耀眼。（8-1-37）

c. **空明**：形容水的澄澈。（8-1-55）

d. **蹑手蹑脚**：形容走路时脚步放得很轻。（9-2-111）

⑪a. **澹澹**：水波荡漾的样子。（7-1-14）

b. **汗涔涔**：不断流汗的样子。（7-1-50）

c. **盎然**：形容气氛、趣味等洋溢的样子。（8-1-38）

d. **怅然**：因不如意而感到不痛快。（7-1-98）

e. **滞笨**：呆滞笨拙。（7-2-59）

（2）描述性的成语。成语从表义功能上看有描述性和指称性的区别。如“扑朔迷离、林林总总、浑浑噩噩、火中取栗、趁火打劫、贼喊捉贼、添油加醋”就是描述性的，功能上往往与形容词相当。因此，只有描述性的成语才适宜用“形容”做释义语。而成语当中的“露水夫妻、一丘之貉、纨绔子弟”等，就是指称性的。这些指称性成语的功能是用于指称，所以释义时可用“指、表示、引申为”等。教材中对描述性成语的解释，大部分都做得严谨而到位。

⑫a. **咄咄逼人**：形容气势汹汹、盛气凌人。（7-1-12）

b. **人声鼎沸**：形容人声喧闹，像水在鼎中沸腾一样。（7-1-42）

c. **花团锦簇**：形容五彩缤纷、十分华丽的景象。簇，丛集、聚集。（7-1-48）

d. **饥肠辘辘**：形容非常饥饿。辘辘，形容肚子饿时发出的声音。（7-1-51）

e. **间不容发**：两物中间容不下一根头发，形容事物之间距离极小。（9-1-34）

（3）摹状词。专门用来描摹或比况事体情状的词语，包括拟声词、联绵词、各种形容词的生动形式（AA 式、AABB 式、ABB 式、A 里 AB 式、A 不 BB 式，等）。下例是教材中对这些摹状词的解释，是规范而精到的。请看：

⑬a. **淅淅沥沥**：形容轻微的风声、雨声、落叶声等。（7-1-11）

b. **踉踉跄跄**：走路不稳的样子。（7-1-52）

c. **缥缈**：形容隐隐约约，若有若无。（7-1-126）

d. **切切察察**：细碎的说话声。(7-2-50)

e. **泠泠**：拟声词，形容水声清越。(8-1-56)

f. **汩汩**：形容水流动的声音。(8-2-97)

g. **镗镗鞳鞳**：拟声词。原指钟鼓等的声音。这里形容波涛声。(9-2-98)

但是，可能教材编写者并无"形容"一词做哪类词语的注释用语的自觉意识，因而出现了不少注释用语滥用"形容"的失误。下面被解释的词语，并非描述性词语，但是却在释义用语中用了"形容"一词，是既不规范又不严谨的。"形容"的误用分为两种情况(下面释义语里括号中的字为笔者的更正语)：

第一种是将指称语(名词性成分)当成了描述语。

⑭a. **海楼**：海市蜃楼。这里形容(指)江上云霞多变形成的美丽景象。(8-1-60)

b. **塞上燕脂凝夜紫**：边塞上将士的血迹在寒夜中凝为紫色。燕脂，胭脂，色深红。此句中"燕脂""夜紫"皆形容(指)战场血迹。(8-1-113)

c. **冠玉**：原指装饰帽子的美玉，这里形容(指)男子貌美。(9-1-128)

d. **四六体**：指骈体文的四字句和六字句的连用。这里形容(指)骂人时用语丰富，语气连贯。(9-2-32)

e. **千骑**：形容(指)骑马的随从很多。骑，一人一马的合称。(9-2-56)

第二种是把叙述语(动词性成分)当成了描述语。叙述性词语与描述性成语有共同之处，在表义上有一个语义引申的过程，但是，不同之处在于，叙述性词语的特点是"叙述"一个动作或事件，其根本特点是其叙述性，词义的引申是通过叙述的事件来转指与该事件相关的性质、程度、结果等。而描述性词语的特点是"描述"一个事物或事件的情状，其根本特点是其"描述性""情状性"。所以下面释义语中的"形容"用得都不妥，都应该换成"指""表示"等。

⑮a. **断肠**：形容(指)悲伤到极点。(7-1-16)

b. **低眉**：低着头，形容(指)谦卑恭顺。(8-1-37)

c. **展转**：原指身体翻来覆去，这里形容(指)生活不安定，到处奔波。现在写作"辗转"。(9-1-69)

d. **意匠惨淡经营中**：意思是下笔之前竭力构思。形容（这里用来指）艺术创作的艰苦。（9-2-78）

e. **语不惊人死不休**：意思是作诗或写文章不搜寻到惊人的妙语不肯罢休。形容（这里用来指）写作时在语言上下苦功夫。（9-2-78）

f. **山河表里**：外有黄河，内有华山，是为表里。形容（指）潼关一带地势险要。（9-2-134）

2. 释义语中"比喻"的误用

"比喻"是对词语的比喻用法逐渐固定下来的意义（即比喻义）进行解释时的用词。这里必须明确的是：（1）词语的意思必定是通过打比方的形式来表达的；（2）比喻义必须是词语的固定义，不需要语境也能表达。"指明比喻对象，用于解释词的比喻义。"（符淮青，1985：242）下列的词条的词义都是比喻义，释义中用的是"比喻"（词条与释义都来自《现汉》）：

⑯a. **手足**：比喻弟兄。

b. **狗急跳墙**：比喻走投无路时不顾一切的行动。

c. **心头肉**：比喻心中最喜爱、最看重的人或东西。

d. **上轨道**：比喻事情开始正常而有序地进行。

检验一个词的词义是不是比喻义，可以通过还原法来进行。就是把释义语作为本体 A，把被释义的词作为喻体 B，在 A 和 B 之间用"好比、就像"作喻词，如果语感上能成立，说明词义用的是比喻义，释义用语中用"比喻"是合适的，否则，就是乱用。经检测，上边四句均能经得起考验：弟兄就像手足，走投无路时不顾一切的行动就像狗急跳墙，心中最喜爱、最看重的人或东西好比人的心头肉，事情开始正常而有序地进行好比火车上轨道。当然，这种可转换成比喻表达仅仅是检验的一种手段，更为重要的一点是词语的比喻义是经过长期使用而固定在词义中的，是语言使用者无须提醒就能知晓的。教材中共有二十七条词语释义中使用了"比喻""喻"，但只有九处的使用是正确的，仅占三分之一。请看：

⑰a. **摧枯拉朽**：这里（这两个字应该去掉，或换成"本"）指枯草朽木受到

摧折,比喻腐朽势力被迅速摧毁。(8-1-3)

b. **白手起家**:比喻原来没有基础或条件很差而创立起一番事业。(8-1-11)

c. **鹤立鸡群**:比喻一个人的才能或仪表在一群人里显得很突出。(8-1-36)

d. **征蓬**:飘飞的蓬草,古诗中常用来比喻远行之人。(8-1-59)

e. **黑云压城**:比喻敌军攻城的气势。(8-1-136)

f. **狗皮膏药**:药膏涂在小块狗皮上的一种膏药,疗效比一般膏药好。旧时走江湖的人常假造这种膏药来骗取钱财,因而用来比喻骗人的货色。这里是作者自谦、幽默的说法。(8-2-87)

g. **浮光掠影**:比喻印象不深刻,好像水面的光和掠过的影子一样,一晃就消逝。(9-2-76)

h. **驽钝**:比喻才能平庸,这是诸葛亮自谦的话。驽,劣马,跑不快的马。钝,刀刃不锋利。(9-2-129)

i. **鸠占鹊巢**:比喻强占他人的居处。(9-1-35)

符淮青(1985)指出:"'比喻'二字,是指明现在解释的这种意义同原义的一种联系。"所以,却不可随意使用。我们看到,不论是在教师的课堂上,还是在人们的日常交际中,"比喻"的乱用现象最为常见。造成这种情况的原因固然很多,但是,教材的编写者负有不可推卸的责任。"比喻"的乱用表现为如下的几种情况。

第一种:把词语的临时的语境义误解为固定的比喻义。为节省篇幅,释义部分括号中的文字为笔者所加,更动的原因随后分别说明:

⑱a. **髻**:原指在头顶或脑后盘成的各种形状的头发,这里比喻(指)树尖上的积雪如发髻一般。(7-1-7)

b. **鸢飞戾天**:语出《诗经:大雅:旱麓》:"鸢飞戾天,鱼跃于渊。"意为鸢鸟飞到天上,(指万物各得其所)。这里比喻(指的是、意思是)极力追求名利。(8-1—57)

c. **欲济无舟楫**:想渡湖却没有船只,比喻(这里指的是)想从政而无人

引荐。济，渡。（8-2-76）

d. **徒有羡鱼情**：只能白白地产生羡鱼之情了。这句隐喻（指的是、意思是）想出来做官而没有途径。（8-2-76）

e. **长风破浪会有时**：比喻（意思是）终将实现远大理想。《宋书·宗悫（què）传》载，南朝时宗悫用“乘长风破万里浪”来形容自己的抱负。会，终将。（9-1-53）

f. **四面歌残终破楚**：《史记·项羽本纪》载：公元前202年楚汉交兵时，楚军被围在垓下（今安徽灵璧东南），项羽夜闻四面汉军都唱楚歌，以为楚地尽失，丧失信心，引兵突围至乌江（今安徽和县东北），自刎而死。后用“四面楚歌”比喻（指）四面受敌、孤立无援的困境。（9-2-58）

g. **水尽鹅飞罢**：水干了，鹅也飞光了。比喻（这里指的是）民穷财尽。（9-2-142）

例⑱a 中“髻”释义中的“原指……，这里比喻……”本身就是前后矛盾的，其实文中的“髻”并无比喻义，而是其临时性的借代用法，所以应改为“这里指……”。例⑱b 中“鸢飞戾天”并没有解释该成语的原义是“指万物各知得其所”，而成语的原义是释义中最为重要的部分，故应作补充。再者，该成语在《与朱元思书》中表达的是“极力追求名利”，是临时性的语境义，是在原义基础上引申出来的，不是比喻用法，所以应改为“指的是、意思是”。c 中“欲济无舟楫”的语义就是其组成部分的语义之和“想渡湖却没有船只”，诗中表达的“想从政而无人引荐”也是语境义，并非其固定的比喻义，故应在释义中增加“这里指的是”。d 中“徒有羡鱼情”与 c 句出自同一首诗，字面上表达的是“空有羡慕水中鱼儿的想法”，在诗中实际暗示出的是“想出来做官而没有途径”，但这样的意义也非固定的比喻义，故做了“指的是、意思是”这样的补充。e 中“长风破浪会有时”中，“长风破浪”是一个成语，指的是冲破阻难、奋勇前进的宏伟志向，而教材并没有对这一成语的语义进行解释，而是把“长风破浪会有时”整体误会为比喻性的说法。f 中对“四面歌残终破楚”也有误，即误把“四面楚歌”看成比喻性的，所以将释义中的“比喻”应改为“指”。g 中

“水尽鹅飞罢”来表示“民穷财尽”，也是临时性的语义，并非比喻义，故而须有“这里指的是”的释义补充才算完整而正确的解释。

第二种：将象征性的表达误解为比喻义。如：

⑲a. **浮云游子意**：浮云漂浮不定，比喻游子行踪不定。（8-2-138）

b. **落日故人情**：落日缓缓而下，比喻难舍之情。（8-2-138）

“浮云游子意”“落日故人情”都是象征性的表达方式。诗句的意思可以还原为“浮云漂浮不定象征（衬托、代表）了游子的心意”“缓缓而下的落日象征（代表）了故人之情”。例⑲a 句的象征性表达，暗示出了游子对将来行踪不定的漂浮生活的担忧与迷茫，例⑲b 句的象征性表达，表达出了游子离别故人时难舍的深情。如果非要说两句诗有比喻义，就得承认诗中是把“浮云”“落日”（本体）比喻成“游子意”“故人情”（喻体），可见这样的解读是讲不通的。把两句诗简单地用比喻义来解释，并没有对两句诗的意思给予正确的解读，特别是缺少了对诗句所采用的表达手段给以明确的提示，所以给出的释义在信度与效度上都是大打折扣的。

第三种：将词的引申义看成是比喻义。有些词在使用中词义发生了转移，并且这种转移后的词义成了词的常用意义，但这种词义的转移并不是通过比喻的方式实现的，因为无法形成比喻的表达。如（括号内的字为笔者所加）：

⑳a. **锲而不舍**：不停地雕刻，比喻（后来专指）有恒心，有毅力。锲，刻。（7-2-9）

b. **采薇**：……后遂以“采薇”比喻（专指）隐居不仕。（8-1—58）

c. **李代桃僵**：……意思是李树代替桃树而死，原比喻（指）兄弟互相帮助，后借指以此代彼或代人受过。（9-1-35）

d. **锱铢**：比喻（指）极微小的数量。（9-2-27）

e. **铢两悉称**：……铢两，比喻（指）微小之处。铢，古代重量单位，二十四铢为一两。（9-2-80）

第四种：其他误用比喻义的情况。如：

(21) a. **胸中有丘壑**：意思是设计者和匠师的脑中有关于山水风景的高明构思。丘壑，山陵与溪谷，喻指深远的意境。（8-1-103）

b. **霹雳**：响雷，震雷。这里喻指射箭时弓弦的响声。(9-2-57)

c. **蓬**：蓬草，枯后根断，常随风飞旋。这里比喻即将孤身远行的友人。(8-2-138)

d. **雨打萍**：比喻自己身世坎坷，如同雨中浮萍，漂泊无根，时起时沉。(9-2-133)

例⑳a、b 两个词语的释义语中使用了“喻指”，是比喻还是指代？不仅让人莫名其妙，估计编者也说不出个所以然来。因为比喻义和代指义是完全不一样的表意方式。比喻义基于两个事物的相似性形成并固化，而代指义基于两个事物之间的相关性形成并固化。根据词义来判断，“丘壑”与“霹雳”根本没有经过比喻的用法固定下来的比喻义，它们的具体意义或实际意义是在语境中临时产生，既非引申义，更非比喻义，所以释义中只能用“这里指的是”加以说明。前面例⑳已经指出，诗句里的“孤蓬”比喻的才是“即将孤身远行的友人”，把“孤蓬”的意思误解为由“蓬”来表达是有问题的。例⑳d 中说“雨打萍”是“比喻自己身世坎坷，如同雨中浮萍，漂泊无根，时起时沉”，也是让“雨打萍”承担起了“身世浮沉雨打萍”整句的意思，全句才是一个完整的比喻式表达，其中的“雨打萍”是名词性的，是喻体，故，释义中的“比喻”应该换成“借指”①。

3. 释义语中“指”的误用

“指”是对通过词义的引申或通过借代、双关等修辞手段发展而来的意义进行注释时的解释用词。词义引申最常见的是借代义，它是词语引申义的一种。所谓借代义利用的是两个事物的相关性联系，即借原来词语的所指事物或事件的相关性转指与之相关的另一种事物或事件，从而形成的词义的发展与变化。如下面各例中词语的意思，就是通过借代而来的意义：

---

① 与“雨打萍”一样，“风飘絮”也是名词性的，但教材却是这样解释的：“形容大宋国势如风中柳絮，失去根基，即将覆灭。”(9-2-133)这样的释义是把整句诗“山河破碎风飘絮”的意思强加给“风飘絮”了。诗句中“山河破碎”是本体，“风飘絮”是喻体，本体和喻体间可加入喻词“像、好比(似)、如同”等可证。

㉒a. **宛、洛**：今河南南阳和洛阳。这里指中原地区。(9-1-129)

b. **蓬山**：神话中海上的仙山，这里借指所思女子的住处。(9-1-142)

c. **旌旗**：旗帜的总称。这里借指军士。(9-2-5)

d. **蛾眉**：指女子细长而略弯的眉毛，这里借指女子。(9-2-58)

与借代义不同的是，有的词义的变化是通过由专指向泛指的变化而形成的：

㉓a. **差使**：旧时指官场中临时委任的职务，后来也泛指职务或官职。(8-1-72)

b. **自惭形秽**：原指因自己的容貌举止不如别人而感到惭愧，后来泛指自愧不如别人。(9-1-34)

c. **烽烟**：古代边境有敌人入侵时，在烽火台上点起的报警用的烟火，后泛指战火或战争。这里指 1927 年以后的国内革命战争。(9-2-5)

d. **荐头**：旧时以介绍佣工为业的人。也泛指介绍职业的人。(9-2-16)

词语的词义，有的就是其成词时本来的意义，可称为原义或本义，有的是经过发展引申而来的意义，称为引申义，但本义与引申义都是词语固定的意义，这些意义都是词典能够查到的。词语难以解释的情形往往是，它们并不是按照其词典中的意义使用的，它们在具体的语境中表达了超越其常规的“新”的意义，因此，只有与特定的语境相结合，才能知道其具体所指。这样的语境义，是教材释义的重点，编者一定得在释义时特意指明。这种通过联系具体语境来确定词语实际意思的方法，对于初中学生来说是十分必要的，既是词语意义的学习，更是一种语文素养的培养过程。比如教材中下列词语的释义，前面解释的是词的本义，后面注释的是其特定的语境义，这种注释就做得非常好，尤其适应了初中学生的认知特点。请看：

㉔a. **赶趟儿**：本义是时间赶得上，这里指众多果树争先恐后地开花。(7-1-2)

b. **杨柳风**：吹动杨柳的风，这里指春风。(7-1-3)

c. **啮**：咬，这里是侵蚀、冲刷的意思。(7-2-149)

d. **逐臣**：被贬谪的大臣。这里指曾被贬到长沙的贾谊。(7-2-162)

这种在释义时既给学生以词语基本意义的解释,又结合语境给出其临时语义的做法,科学而实用,既见树木,又见森林,是值得肯定的。但是,教材中有的释义违反了这些原则。情况分为:

一是不解释词语常见义或原义,直接给出的只有语境义,只见树木,不见森林。这种情况犯的就是本节第二部分中讨论过的“释义不足”的毛病。下面再举几例:

㉕a. **仿膳**:这里指北海公园内的一个饭庄,以制作宫廷菜出名。(7-1-21)

b. **纠纷**:指群山交错在一起。(7-2-6)

c. **胶皮团**:指拉车这一行。(7-2-77)

d. **青衫湿**:指因悲叹无知音而落泪。语出白居易诗《琵琶行》:“江州司马青衫湿”。(9-2-58)

例㉕a 的“仿膳”缺少了最为重要的基本义的解释,即“清王朝垮后,皇宫里的御厨也流落到了民间,这些厨师开了饭馆,因为他们所做的菜式,是仿照原来清宫的御膳,因此称为‘仿膳’”。教材只解释了语境义,是典型的随文释义。例㉕b 中“纠纷”也只是对语境义的解释,前面必须加上该词的本义“争执的事情”才算全面科学。例㉕c 中“胶皮团”怎么就是“指拉车这一行”?相信很多人是有疑惑的,因为释义中少了对“胶皮”的释义,释义改成“胶皮,就是硫化橡胶,因洋车的车轮用的是橡胶轮胎,所以就用‘胶皮团’指拉车这一行”,就不存在理解的困难。例㉕d 中把“青衫湿”解释成“指因悲叹无知音而落泪”,对于初中生来说是难以理解的,后面虽然加了该词的出处,但《琵琶行》在高中语文课本里才有,所以,这样的注释还是有点跳跃。加上对其字面义“泪湿青衫”的解释,方能打通理解的障碍。

二是随意加上“这里”。“这里”是词语在特定语境下表达临时义的提示性成分。解释词的原义或本义时是不能加“这里”的,因为被解释词的词义本来就是如此。教材里的不少词语释义,解释的明明是其原义与本义,但是,编者非要在这些词语的解释前加上“这里”,给人的感觉是这些词语表达的意义都是临时性的,并非该词的原义或本义。这种画蛇添足的做法,不仅有失严谨，对学生正确理解与掌握词语的意思与用法都形成了严重的干扰。

㉖a. **落地**：这里指婴儿出生。(7-1-4)

b. **花苞**：这里指没开放的花骨朵儿。(7-1-10)

c. **盈缩**：这里指人寿命的长短。(8-1-69)

d. **交椅**：这里指靠背比较大、有扶手的椅子。(8-2-5)

e. **斗方大字**：这里指一尺见方的大字。斗方，书画所用的一尺见方的纸。(8-2-20)

f. **风流人物**：这里指能建功立业的英雄人物。作者自注："末三句，是指无产阶级。"(9-1-4)

g. **文会**：这里指旧时读书人为了准备考试，在一起写文章、切磋学问的集会。(9-1-120)

四、结语

进入21世纪以来，伴随着素质教育的推进，新编写的语文教材在选文、合作学习、单元教学、能力培养等多方面，都做了大量的改革，其成绩有目共睹。但是，作为语文教材重要内容之一的词语释义，并未跟上教材改革的脚步，在注释的正确、明白、简练、实用等方面还有不少需要完善的地方。尤其应该指出的是，在初中语文教材的阅读训练与思考练习中，严重缺乏词语解释与词语意义获取的专门训练。这种情况足以说明，语言文字基本素养的传授与训练，还没有受到教材编写者的高度重视。这种导向的直接结果就是，在日常的语文教学中，不少教师都把生字生词识解的任务下放给学生。由于教师疏忽了对词语释义的方法指导，学生失去了联系文本来选择与确定词语的意义的学习与训练，失去了严格的语言文字理解基本功的训练，难以直接感受到课文中字词的温度，结果是，语文的学习仅仅停留在感性的理解上。时间一长，学生可能会失去对语文的兴趣，甚至会产生"语文课学和不学一个样"的错误认知。语文课堂上，教师解释词语时随便使用"形容、比喻、指"一类术语的现象特别普遍，这种现象的出现与教材中不严谨的注释有着极大的关系，与素质教育中忽略语言文字基本功的训练的导向有关。

作为凝聚了众多权威专家编写审定的教材,无论是对于广大教师还是学生,都具有极高的权威性因而也有了无比强大与影响力,教材里的知识在学生的心目中是神圣无比的,它对一个人的影响可能是终生的。所以,本节的研究旨在表明,让语文教材成为真正的经典,既往的教材还有很长的路要走。我们期待着现行初中语文教材在注释方面有更大的改观。

第八节　既往语文教材中一道设计失败的研讨与练习题

既往初中语文(人教版)八年级下册第 29 课选取的是明代袁宏道的散文《满井游记》,教材在文后的“研讨与练习”中共设计了三项内容,其中的第三题是一道“探究性学习”的题目,编者在导语中简要说明助词“之”的用法后,要求学生就本课出现的助词“之”的用法与意义进行复习与总结。这种即学即用的研讨与练习设计适合人的认知特点,其设计思路也符合新课标倡导的“探究性学习”的思想。但是编者所设计的导语中,出现了一系列的知识性错误,无法实现其设计理念。

下列三组短语中的“之”字,有的表示修饰关系,可译成“的”;有的表示限定关系,可译成“以”;有的起舒缓语气的作用,可不译。试加以辨析,并说说这些用法现在是否还在用。

一室之内　　脱笼之鹄　　倩女之靧面
郊田之外　　曝沙之鸟　　髻鬟之始掠

这个练习设计的问题可概括为四个方面。

第一,混淆了定语与中心语的语法关系与意义关系。编者把定语与中心语的关系分成表示修饰关系和限定关系,本身就是错误的分类。因为从语法关系来看,定语和中心语都是修饰和被修饰的关系,即定语都是修饰语;而从定语与中心语的意义上的关系来看,才有描写性定语和限定性定语的分别。编者把定语(修饰语)分成修饰性的和限定性的,是把语法关系和意义关系两个层面混淆所致。

朱德熙先生在《定语和状语》[①]一书中明确指出:“根据定语和中心词之间意义上的关系,可以把定语分为限制性定语和描写性定语两大类。”(第22页)“限制性定语的作用是举出一种性质和特征作为分类的根据来给中心词所代表的事物分类。……由名词、代词、形容词、动词充任的定语都是限制性的。”(第22页)“描写性定语跟限制性定语不同,它不是分类的根据,而是用来描写中心词所指的事物的状况或情况的。……充任描写性的定语主要有形容词重叠式和带辅助成分的形容词。”(第23页)朱先生对定语的这些精辟论述早已成为语法学界的共识。而编者把定语硬分成修饰性定语与限制性定语从理论上就是站不住脚的,在实践中更是行不通的。

第二,把定语本身的性质强行指派给了助词“之”,与语言事实不符,理论上更是讲不通的。定语的性质,即它到底是限制性的还是描写性的,是由充任定语的词类性质决定的,上文引述过的朱德熙先生的表述中就充分说明了这一点。由名词、代词、形容词等充任的定语都是限制性的,而由形容词重叠式和带辅助成分的形容词充任的定语都是描写性的。可见,定语的性质,是由定语自身的词类性质决定的,与定语之后用不用“之”无关。更何况古汉语中定语与中心语之间可用“之”而又不出现“之”的现象比比皆是。“负箧曳屣行深山巨谷中”(宋濂《送东阳马生序》),定语“深山巨谷”与中心语“中”之间并未使用“之”。袁弘道《满井游记》中的“燕地寒,花朝节后,余寒犹厉”一句,定语“花朝节”与其后的中心语“后”之间也未使用“之”。试想,定语之后不用“之”时,它们此时还是不是定语?它们的性质又该由谁来表示呢?编者的导语无法回答这样的问题。

那么,定语与中心语之间的助词“之”究竟起了什么作用呢?我们的回答

① 朱德熙. 定语和状语. 上海:教育出版社,1987.

是,“之”为定语的标记成分,也就是说,它用于定语与中心语之间,其作用在于标明其前的成分的“定语”(修饰语)性质,这种作用正如警服之于警察,穿上警服更能标明其职业身份,但不穿警服的便衣警察仍然是警察。这也正是有的定语与中心语之间不用“之”仍然不改变其语法关系的深层原因。“一室之内、郊田之外”中的“一室、郊田”为名词性成分,“脱笼之鹄、曝沙之鸟”中的“脱笼、曝沙”为动词性成分,所以,两类定语从意义上看均为限制性定语,“之”的作用在于突显其限制的性质。如果从充当定语的词语自身的意义上再进行细分,两类定语的确有一些细微的区别。因为,处所性的“一室、郊田”修饰的中心成分是方位名词“内、外”,动作性的“脱笼、曝沙”修饰的中心成分是物体名词“鹄、鸟”。前者因其中心语的方位性质,定语的限制性语义特点更为明显;后者因其定语的动作性质,或多或少地带有描写的特征。但不管定语与中心语的意义上会有怎样的变化,都不是由“之”决定的。“之”的出现只是给定语加上了特定的语法标记,使定语的身份更加彰显罢了。

第三,错误的知识带来的错误类推。编者把定语的语法意义和自身意义两种不同的性质混同起来,把定语自身的意义与衬托这一意义的“之”的作用混同起来,汇成一笔模糊账,语文教师怎样能讲得清?学生又如何能分清?知识的有效性和价值在于其对客观规律概括的准确性,从而具有类推的价值,失去准确性的概括算不上知识,也就谈不上类推的价值。如果学生在“研讨”中,按书中的语言“知识”加以类推,一准出错。编者认为,有的“之”可译成“以”,这种提示就算不上科学的概括。拿“以”来翻译“之”,碰巧可用来对译“之内、之外、之前、之后”。但这种所谓的“翻译”也不算真正的翻译。原因之一是,这种译法并无普遍性。且不说固定短语“四海之内”中的“之”不能被“以”替换,就是非固定的短语,也不见得都能自由替换。如“相形之下、一路之上、把幸福建立别人的痛苦之上”等,其中的“之”绝对不能用“以”来替代。原因之二是,“之”和“以”均为文言成分,并不是用现代汉语来对译古代汉语。与“之”相应的现代汉语助词是“的”,而与“以”相应的现代汉语助词是“用”或“拿”。原因之三是,有时粗看起来“之”可换成“以”,但意思可能要发生变化,如“桌子之上”指的是“桌面上”,换成“桌子以上”则变成了“桌子的上方”,并不一定紧挨桌面。如果是“之中、之间”,则几乎没有替换的可能。如“两者之间、教室之中”等。按导语所给的知识,这些方位名词前的“之”都该译成“以”,岂不荒谬?

事实上,名词性的偏正短语中,当双音节的修饰语用在单音节的方位名词“上、下、左、右、前、后、内、外”之前时,因音节组配是“二一”式,为了节律和谐,往往要加上一个“之”字,构成“二二”式的匀称整齐的节奏,“之”为衬字,词性为助词,语义上除了突显定语的身份外,语法作用为零,其作用重点在于凑足音节,以满足汉语“二二”音节的韵律要求,并不是编者说的表示限定关系。中国语法学的奠基人马建忠,早在一百多年前就明确阐述了助词“之”凑足音节的作用:“偏正两次之间,‘之’字参否无常。惟语欲其偶,便于口诵,故偏正两奇,合之为偶者,则不参‘之’字。凡正次欲求醒目者,概参‘之’字。”“又或偏次字偶而正次字奇,与偏次字奇而正次字偶者,概参‘之’字以四之,其或偏正两次皆偶者亦然,不参者非常例也。”①跟衬字“之”作用相同的还有一个从介词中借来的“以”,它出现的句法环境也与“之”类似,此时的“以”词性上也变成一个助词了,所以,它才可以被“之”字替换。需要特别说明的是,作为衬字的“之”和“以”,只有在修饰语为双音节的处所名词且其后的中心语为“上、下、前、后、内、外”等单音节的方位名词时方可互换,其他情况下,即使定语是限定性的,“之”和“以”也没有这种互换的功能。翻译时有两种方法,一种可不译,即保持原状,不加翻译;另一种是将“之”换成“的”,并将其后的单音节方位词转换成现代汉语中相对应的双音节方位词。由此,“一室之内、郊田之外”相对应的现代汉语分别是“一个房子里边、郊田的外边”。特别说明的是,我们对“可不译”的翻译处理内涵的提示,也与原题导语中的“并指出这些用法现在是否还在用”形成完美的对接。

第四,编者把用在主谓之间的“之”,说成是起舒缓语气作用的成分,也是知识性的错误。“倩女之靧面、髻鬟之始掠”中的“之”并不是所谓的“舒缓语气作用的成分”,这个“之”也是没有语义内容的助词,其作用只体现在语法功

---

① 马建忠. 马氏文通[M]. 北京:商务印书馆,1983:91-92.

能上，它插在主谓之间，使得一个独立的具有表述性的主谓结构变成一个非独立性的只有指称作用的偏正结构。“倩女醴面、髻鬟始掠”本身均为主谓结构，具有独立的表述功能，当它们用于动词“如”之后，以宾语的语法身份出现时，就需要去除其独立的表述功能，而让其降格为一个偏正结构，这个插在主谓间的“之”就在于标明一个原来具有独立表述功能的主谓结构降格为名词性的偏正结构，因此，“之”此时仍是定语的标记成分，体现修饰与被修饰是其唯一的语法意义，与舒缓语气是不沾边的。

编者不仅在认定这个主谓之间的助词“之”的作用时出现了知识性错误，而且给出的处理方式“可不译”也存在表达不精确的问题。什么是“可不译”？是在翻译时继续保留“之”的原貌，还是将其去掉即可？“可不译”的说法非常含糊。既然是“可不译”，那就意味着也可以译，假如学生这么去较真，那老师该如何应对？真正了解了主谓间的助词“之”的作用方知，此时的“之”只是语法功能转化的标记成分，所以翻译时只能是“译不出”，而非“可不译”。

助词“之”在古代汉语中的确有舒缓语气的用法，不过这一用法的“之”仅出现于时间性成分之后，如下面例句中的“顷之”“久之”中的“之”即为舒缓语气的用法：

> 顷之，一人又告之曰：“曾参杀人。”（刘向《战国策》）
> 居顷之，襄子当出，豫让伏所当过橋下。（刘向《战国策》）
> 辍耕之垄上，怅恨久之，……（《史记·陈涉世家》）
> 怀人望古，潸然久之。（《艺文类聚》三十七）

此种用法的“之”只有舒缓语气的语法意义，没有词汇意义，翻译时是无法找到现代汉语中的对应成分的，只把它与之前的时间性成分当作一个整体进行理解即可。“顷之”“久之”可分别译为“一会儿、时间不久”与“很长时间”。但必须申明一点，此时的“之”也是“译不出”，而非“可不译”。

从上面谈的四点可知，编者在这个练习的导语中，由于知识性的错误，并不能把可以类推的语言知识准确地交代给学生，由此而导致了这一练习的无效性和误导性。

究竟这道题该如何设计呢？笔者不揣冒昧，试设计如下：

下列三组短语中的“之”字，均为助词，其共同的作用是用在修饰语之后以表明其前成分对其后的中心语的修饰关系。但翻译的方法各别：有的可译成“的”；有的可不译；有的翻译时去掉即可。试加以辨析，说说其各自使用的条件，并指出这些用法现在是否还在用。

一室之内　　脱笼之鹄　　倩女之靧面
郊田之外　　曝沙之鸟　　髻鬟之始掠

第七章　语文教学与语言研究

第一节　语文教学要注重方法的科学性
——以诗文关键字词的教学为例

如果有人说,语文学科没有科学性和规律性,恐怕没有一个语文教师同意这样的说法。但是,能够讲清楚语文知识中蕴藏着哪些规律的老师并不多见,而在教学中将其成功运用并收到实效的语文教师,更是为数不多。何以见得?时下普遍存在的题海战术就是最好的证明,对语文感兴趣的学生越来越少也是证明。学生努力了,但成绩没有明显提高,同样也是证明。要提高语文学科的教学效率,提高学生的语文成绩,给他们以终身有用的语文知识,就必须注重教学科学性和有效性,教给学生有规律性的语文知识。语文学科的科学的教学方法本身是一个宏大的题目。本节仅以阅读与鉴赏教学中常见的字词理解来谈谈科学的教学方法问题。

我们知道,某个字词在具体作品中的意思并不能用字典中的义项来解释,这些字词的特殊含义或特定用法往往是体现作品主题和思想情感的关键,被称作“文眼”或“诗眼”。这些字词意义特殊、用法和作用特别,也常是学生理解作品的拦路虎,对作品解读的精致与否往往体现在对这些关键字词的把握上。因此,对“文眼”“诗眼”的准确解读,不仅是语文教学中的常规的项目,也是中考与高考阅读与鉴赏类试题中几乎每年都出现的高频考点。而学生平时的学习中在关键字词的理解方面是否受过科学的训练,就成为他们能否取得高分的重要因素。令人不安的现状是,不少语文教师在教学中缺乏对关键字词解读的规律性提炼,学生在一种无理论指导的情况下盲目地学习与训练,导致了他们语文学习兴趣减退,其阅读与鉴赏能力是可想而知的。

笔者曾多次担任各类语文讲课比赛的评委,总体感觉是,讲课的手段不断翻新,多媒体、声光电,教师的讲解几乎成了配合这些现代化教学设备的点缀,讲课中充斥了诗文中这个美那个美的讲解,缺乏的是对作品的关键字词进行精到讲解与科学方法指导。唐代诗人常建的《题破山寺后禅院》共有八句:"清晨入古寺,初日高照林。曲径通幽处,禅房花木深。山光悦鸟性,潭影空人心。万籁此都静,但余钟磬声。"一位教师以这首诗的赏析为内容做了一堂示范课,这位老师配合制作精美的幻灯片对全诗的内容进行了绘声绘色的讲解,还重点引领学生体会了诗作寓情于景的艺术特点。讲课从表面看应该说很是成功,但是缺失的是对诗中名句"山光悦鸟性,潭影空人心"的两个关键字词"悦"和"空"进行必要的讲解。查阅教材,笔者发现书中对这两句的解释是很不到位的:"这两句形容后禅院环境幽静,山光使野鸟怡然自得,潭影使人心中的俗念清除净尽。人心,指人的尘世之心。破山寺里有空心亭。"这样的解释有三个问题:一是注解无重心。"悦"和"空"为"诗眼",注释中并未对其意义和用法给予重点解释。二是翻译的遗漏。由于"山光"和"潭影"未做翻译,学生不清楚"山光"是山中的风光还是山中的阳光,"潭影"是潭中的什么影子。根据语境可知,从茂密的林间透下的斑驳的日光,惊醒了林间的鸟儿,唤起了它们又飞又叫欢闹的天性。以鸟的动来衬托山寺的静,其表达效果有如"鸟鸣山更幽"。所以此处的"山光"只能是"山林中的阳光"。"潭影"是"古寺、花木、蓝天在潭中清亮的倒影",凸现的是潭水的清澈。三是注解有误。"鸟性"不是"野鸟怡然自得",而是"鸟儿欢闹的本性"。另外这两句诗也不仅仅是"形容后禅院环境幽静",而是以鸟的欢闹来反衬山寺的寂静,表现诗人对悠闲自在生活的向往,以潭影的清澈来烘托诗人心如止水俗念全无的内心世界。故而这两句诗是借景抒情的关键之笔,仅仅理解为环境描写是远远不够的。根据上述理由,这两句的注释应该是:“诗中的‘悦’‘空’都是形容词用作动词,分别为‘使……欢悦’‘使……清除干净’之意。两句诗的意思是说,山中密林间斑驳的日光,使天性嬉闹的鸟儿感到欢悦;清澈的潭水使人心中的俗念清除净尽。”由此看来,教师对课文的关键字词处理的缺憾与教材中科学性的缺失有着必然的联系。

教师在讲解完这首诗中的“悦、空”两个意义用法特殊的关键字词后,还应该顺势在课堂或作为课外作业引导学生进行知识的链接与总结,把古诗中的形容词用作动词的相关规律性的知识总结一下。如“春风又绿江南岸”“日色冷青松”“海暗三山雨,花明五岭春”“红了樱桃,绿了芭蕉”“金沙水拍云崖暖,大渡桥横铁索寒”等诗词名句,其中下划横线的词都是把形容词用如动词,这是古诗词中常见的词类活用现象。其规律性有二:一是把形容词的性状义活用为动词的变化义,表意上都具有“使……”的语意特点;二是在表达效果上把变事物的静态特点的描述为事物动态过程的呈现,这样的使用在保留形容词原有的静态特征的基础上,又能展现这些特征的变化过程,给诗句增加了生动形象的表达效果。可见,知识的积累不能仅仅理解为零碎的知识的量的增加,而是伴随着知识量的积累进行对知识规律的认识和科学方法的掌握。教师的引导作用就显得尤其重要,学生才能变无意识的死学为有意识的活学与活用。而缺乏对关键字词的精到解释特别是对其中所蕴含的规律性知识的总结与学习方法的指导,正是目前的教材和课堂教学中最为突出的一个问题。

语文教学参考书是直接给教师进行教学方法指导的,可是,既往的教学参考书只是作家生平、课文分析和各种鉴赏类文章的汇集,严重缺失的还是对作品中关键的字词使用提供可资借鉴的处理方法或是进行一些方法的提示。以大家熟知的《林黛玉进贾府》为例,王熙凤出场一段是作品最精彩的亮点,也是鉴赏的重点内容。教学参考书中只是重点分析了王熙凤“未见其人,先闻其声”的出场设计和画龙点睛式的肖像描写,而对这段文字中人物的语言、动作中颇有深意的字词使用则只字未提。这种粗略的教学方法指导对于深刻领略曹雪芹小说中人物刻画的语言艺术是远远不够的。小说以不到八百字的篇幅入木三分地刻画了王熙凤的形象,作家从七方面描写了她的独特之处:说话声气、衣着打扮、长相性情、与贾母关系、拍马逢迎、做戏、弄权。王熙凤活灵活现、生动传神的形象塑造,在很大程度上得益作家某些字词的使用。仅以王熙凤高超的拍马逢迎和做戏的技巧而论,描写王熙凤时“携、打谅、送、笑”四个动词和她话语中的三次使用副词“竟”表现得淋漓尽致。“这熙凤携着黛玉的手,上下细细打谅了一回,仍送至贾母身边坐下,因笑道:‘天下竟有这样标致的人物,我今儿才算见了!况且这通身的气派,竟不像老祖宗的外孙女儿,竟是个嫡亲的孙女,怨不得老祖宗天天口头心头一时不忘。……’”原来,王熙凤的这四个动作都是围绕贾母进行的,是讨好这个老祖宗的台词呢!副词“竟”字,意思是“没有想到的事情发生了”,是表现惊讶口气的副词。这三个“竟”字,突出了王熙凤说话时的夸饰性口吻,聪明的人一听就知她是借夸黛玉来拍老祖宗的马屁。言外之意是说,老祖宗年轻时必定是标致绝伦,因为黛玉长得“竟是个嫡亲的孙女”,直承了老祖宗的血脉。黛玉高兴,跟前的那些嫡亲的孙女们也高兴,老祖宗当然更高兴了。可见,王熙凤高超的做戏技巧得益于“忙”和“竟”两个副词的巧妙使用。当她听到贾母“快休提前话”的话语,方知刚才的马屁拍得有点过火,于是马上来了段即兴表演:“这熙凤听了,忙转悲为喜道:‘正是呢!我一见了林妹妹,一心都在他身上了,又是喜欢,又是伤心,竟忘记了老祖宗。该打,该打!’”请看,一个“忙”字用得多么准确,入木三分地活画出她演戏的水平,因为只有受过职业训练的人才能说哭就哭、说笑就笑。“忙”字不仅帮助我们看到了王熙凤逢场作戏的本事,还可以看穿其为人的虚假。副词“竟”又夸大了她对老祖宗虚情假意的尊敬之心。可见,对文中关键字词的准确把握,使我们把理解的档次大大地提升了,深入到了作家创作的“文心”。遗憾的是,参考书中缺乏这样一些有益的提示,其参考作用大大降低了。

我们之所以强调文学作品中对于关键字词的精确的理解与赏析,并特别强调教师对学生进行这方面的知识的规律性的总结,不仅是因为这些知识与能力在语文学科中占据着核心的地位,而且还能为学生应对考试提供获取高分的有效方法。

面对试题中经常出现的关键字词的意义与作用这类问题,很多考生由于平时缺少科学的训练,考试中出现所答非所问而导致失分的现象屡见不鲜。最常见的失分因素是答案没有针对性,用的大都是概括性词语,如用“生动形象、传神、富有感染力、见解深刻”等词语来回答某个具体语境中词语的用法与效果,这样的答案就缺乏针对性和准确性,等于什么都没说。上海市 2005 年高考试题中有一道诗词鉴赏题,让考生对李白的《望庐山瀑布》和徐凝的《庐山瀑布》两首描写庐山的诗进行对比鉴赏,其中第一问是这样的:“古人有‘七言诗第五字要响。……所谓响者,致力处也’的评述,请以李白诗中的‘挂’字为例,加以赏析。”学生的答案很多是不顾语境,贴上“生动形象”之类的标签即为答案,这哪能达到命题人的要求呢?千古名句中哪个字词不生动形象啊!要赏析诗中“挂”的妙处,得首先从其字的常用意义与用法谈起,进而分析其在诗中的具体意思,这样才能回答其妙处如何如何。“挂”是表示“把物体悬吊起来”的动词,在诗中之意是“好像被悬挂起来一样”,借助想象表达了瀑布令人惊奇的壮观景象。“挂”字的使用,突出了庐山瀑布从天而降的壮观与神奇,是诗人大胆的想象和浪漫主义的创作风格的具体体现。这是笔者拟写出来的答案,它既有针对性,又有层次性,不是贴标签式的万能答案。鉴赏的基础是理解与欣赏,理解要求说出是什么,欣赏是在理解的基础上再说出怎么样,而鉴赏则要求在回答怎么样的基础上再说出为什么。可见,回答出某个字词的常用意义及用法,并分析其在具体作品中的意义与用法,是回答为什么和怎么样的前提。

诗文中的关键字词类的考查是高考阅读与鉴赏类试题中的高频考点,有没有什么规律性的东西可以教给考生?笔者对多年高考语文试题进行了分析,总结出的一些规律性的答题方法。

一是答题要有层次性。试题中对考生进行作品的关键字词的含义或作用的考查,就是要求考生把这些意义和用法特殊的字词与具体的作品结合起来,联系语境来回答问题。而不与具体作品联系的笼统的答案是答卷的大忌。分析此类高考试题,我们不难发现,回答这类问题大体说来应该从三个层次入手:第一层次是解释字词原意;第二层次是解释字词在文中的意思;第三层次是回答为何这样用,即这样使用的作用与效果。如我们对《望庐山瀑布》中

“挂”字的鉴赏就是从这三个层次进行的。具体的考题中虽然不一定都得完全包括这三个层次,但从这三个层次入手进行思考却是正确解答这类题目的不二法门。

二是具体答案要看问题类型。答案是否应该包含三个层次,是由问题的类型与方式决定的。答案应该从三个层次入手作答的问题有下面两种情形。一是试题要求对某个字词进行赏析时,如 2005 年上海试题要求:“请以李白诗中的‘挂’字为例,加以赏析。”二是要求回答为什么使用某个字词或赏某个字词使用的好处时,答案应该包括三个层次。如 2006 年福建高考鉴赏题的篇目是李商隐的《端居》:“远书归梦两悠悠,只有空床敌素秋。阶下青苔与红树,雨中寥落月中愁。”出题人给出的问题是:“这首诗第二句中的‘敌’可否换成‘对’或其他词?请简要分析。”要回答这样的问题,首先得分析“敌”与“对”的词性与字面义:二者都为动词,字面义都是“对着”。其次是联系诗句对两字的具体意思进行进一步分析:“对”只是一种客观描写,“敌”的词义中还有“抵挡”“抵御”的意思,加入了诗人的主观情感。最后要在词义分析的基础上回答能否替换的问题:用“敌”字不仅突出“空床”与“素秋”默默相对的寂寥清冷的氛围,而且表现出空床独寝的人无法承受“素秋”的清冷凄凉的情状,抒发了诗人心灵深处难以言状的凄怆之情。用“对”或其他词难以达到这种表达效果,所以不能替换。

2006 年全国Ⅰ卷的 14 小题是这样发问的:“在‘细心地想着植物突破土地,在阳光下成长的声音’一句中,作者为什么要用‘想着’?这样写有什么好处?”出题人给出的答案虽然只有两点:“①植物成长的声音一般是听不到的,用‘想’比‘听’更合适。②这样写有一种口味大自然的意思,更富有表现力。”但是稍加分析可知,第一点是在对心理动词“想”和听觉动词“听”的字面义分析的基础上进行的,只不过是为了答案的简明而采用了变通的表达。

问题中要求从两个层次来回答的是下面的类型。一是只要求回答某个词语在文中的意思,所以不必再进行这样使用的好处或效果的分析。如 2005 年上海卷高考试题是:“茨威格……然而,他所亲身经历的第一次、第二次世界大战的那些岁月,实际上却是令他一日日失去祖国乃至失去欧洲的过程。他有一种体无完肤的沧桑之感。”出题人要求考生回答“这一段里,‘体无完肤’在文中的含义是什么?”标准答案是:“‘体无完肤’指浑身受伤,在这里是指精神上或心灵上受到的严重创伤。”这个答案内含两个层次:词的字面意义,词在文中的意义。二是要求回答某个字词的含义和表达的感情,答案只需针对这两点即可。如2005年全国Ⅰ卷的阅读试题,文章开头一句是“去年冬末,我给一位远方的朋友写信,曾说我要尽量地吞咽今年北平的春天。”命题人设计了这样的问题:“‘我要尽量地吞咽今年北平的春天’,这里‘吞咽’的含义是什么,作者说这句话,表达了什么样的感情?”答案含有两层:“‘吞咽’的含义是尽情地享受,表达了在寒冬中对春天强烈的期盼之情。”

还有的试题虽然并未直接要求对某个具体字词的含义或作用的赏析,但问题中却包含了对具体字词赏析的要求。如2009年天津卷高考鉴赏题,所给篇目是杜甫的《严郑公宅同咏竹》:“绿竹半含箨,新梢才出墙。色侵书帙晚,阴过酒樽凉。雨洗娟娟净,风吹细细香。但令无剪伐,会见拂云长。”出题人要求赏析“色侵书帙晚”一句。这样的赏析要求尽管没有指明对某个字词进行分析,但是,对诗句的深度赏析,仅仅解释诗句的整体意思是远远不够的,必须对其中的关键字词进行重点赏析,即透过字词的字面义再结合具体的内容捕捉其实际表达的意义,才能品味其效果与好处。我们看到,出题人给出的标准答案正是这样做的:“翠竹的影子投射在书上,使人感到光线暗了下来。‘侵’字写出了竹影扩大移动的渐进过程。‘晚’字则写出了竹影给人带来的时间错觉。”这个答案如果能抓住动词“侵”和形容词“晚”的不同的词性,进而从虚实结合的角度挖掘出“侵”字是实写竹影扩大移动,而“晚”字是虚设的光线暗下来给人的时间错觉,则答案更为科学完善。

“得法于课堂,得益于课外”早已是每个语文教师可以脱口而出的语录。“法”意味着教师教学过程中对知识规律性的提炼;“益”则意味着学生在阅读训练中对知识规律性的获得。科学性与规律性绝非数理化的专利。“语文重在积累”“学语文要多说、多读、多写、多练”之类的说法没错,但在平时大容量的训练中科学的教学方法与规律性知识的注入要比盲目的训练更为有效和管用。语文知识规律性的显现方式没有数理化等学科那么明确与外在,具有隐蔽性。所以知识规律性的总结与提炼需要语文教师开动脑筋与不懈努力。要提高语文学科的教学效率，提高学生的语文成绩，需从科学的教学方法入手。

第二节　修辞手法、表现手法及其他
——语文教学中亟待解决的一组相关概念

在高考语文试题的阅读和诗文鉴赏类考题中，出现频率极高的考试类型之一是要求考生辨认诗文中使用的“修辞手法”和“表现手法”并结合作品对这些手法进行具体说明。仅以 2009 年的 18 套（全国卷两套，各省市的自主命题 16 套）高考语文试题为例，直接要求考生指明诗文中采用“修辞手法”或“表现手法”的考题有 13 道，另外涉及要求从“修辞手法”或“表现手法”的角度作答的考题还有近 20 道。可见，此类考题是高考语文试题中的必考点，又是多年来一直沿用的题型，教师和学生都不可能不重视。还应特别指出的是，这两个术语是语文教师教学的工作语汇，师生不可谓不熟悉。而令人费解的是，面对这类几乎每年必考的题型，教师和学生都感到茫然。具体表现在：考生回答此类问题时往往免不了出现答非所问的现象，而很多一线教师面对学生的疑问也难以清晰地区分二者的界限。每年的高考语文试卷分析数据显示，阅读和鉴赏类试题的平均得分只能占到该类试题分值的 50%，而“修辞手法”和“表现手法”等的辨认和分析说明出错率高是影响得分的一个重要因素。

那么，为何从事语文教学多年的一线教师还会存在对“修辞手法”和“表现手法”这两个常见术语认识上的盲区呢？翻阅一下 2009 年的高考语文试题中涉及这两类手法的考题及命题人给出的答案标准，不难找到让语文教师无所适从的症结所在。

表 7-1　2009 年高考语文试卷考题表述表

试题省市	考题类型	所用的术语	标准答案
全国Ⅰ	现代文阅读	方法	对比、排比、比拟和想象
全国Ⅱ	现代文阅读	修辞方法	拟人、比喻
重庆	古诗词鉴赏	修辞手法	借代、反问
湖北	现代文阅读	修辞方法	排比
湖南	现代文阅读	艺术手法	对举、铺陈、比拟、夸张
江苏	古诗词鉴赏	修辞手法	借代
江苏	现代文阅读	表现手法	象征
江苏	现代文阅读	艺术表现特色	议论和抒情相结合、托物言志借古喻今、虚实结合
浙江	古诗词鉴赏	写作手法	对比
安徽	古诗词鉴赏	表现手法	对比
安徽	现代文阅读	表现手法	铺垫(细节描写)、比喻
天津	现代文阅读	表现手法	对比
宁夏、海南	古诗词鉴赏	写作手法	对照(或对比)

仔细分析上表,就会发现如下问题:一是术语混乱、概念不清。对同一种语言现象,如“对比”,有“方法、修辞手法、表现手法、写作手法、艺术手法”等多种说法。让人莫衷一是,一头雾水。二是鱼龙混杂、张冠李戴。同一术语中,包含了两类性质不同的“手法”。如全国卷中的“对比、排比、比拟”是修辞手法,而“想象”为表现手法,明显地把两类不同的手法混同起来。安徽卷中问的是“表现手法”,而给定的答案中既有写作手法“铺垫(细节描写)”,又有修辞手法“比喻”,给人的感觉是表现手法为写作手法和修辞手法的上位概念,属于明显的张冠李戴。湖南卷中问的是“艺术手法”,答案中却包含了修辞手法(对举、比拟、夸张)和写作手法(铺陈),又把艺术手法看成了修辞手法和表现手法的上位概念。简直是各说各的理,让人无所适从。三是问题太笼统,问题指向不明确。如 2009 年全国Ⅰ卷第 17 小题的第一问是这样发问的:

“在文章最后,作者采用哪些方法来写克拉2号气井的?”这个问题的导向就很不明确,因为“方法”“手法”本身就是个笼统的概念,缺乏所指的具体性:修辞手法、表现手法、写作手法、艺术手法等都叫“方法”或“手法”,学生很难清楚该答哪种“方法”。如果他们仅就某一种手法作答必然导致失分,因为标准答案中既有修辞手法“对比、排比、比拟”,又有表现手法“想象”,这种把两种手法混成一锅粥的答案,反映了命题人在科学概念把握上的糊涂性,考生答题不出问题反而是怪事。再者,像“艺术手法”“艺术表现特色”之类的问题也失之笼统,具体分析请见下文第三节的有关内容。

为了实现语文教学与考试的科学性,使教者有规律可教、有规范可示,学生有规律可学、有规范可循,很有必要对诸如修辞手法、表现手法等一组相关概念进行一番理论探讨。

一、修辞手法、表现手法的区别

修辞手法、表现手法并非同一语言现象的不同说法,二者各有其所指,它们虽有一定的联系,但作为科学术语更有严格的区别。其区别主要表现在:

1. 修辞手法又称修辞格或辞格,是为增强语言表达效果而对字词句进行修饰、润色、加工与选用而采用的格式与手段。而表现手法是为表现文章主旨内容或思想感情而采取的各种表现手段或方式。如象征手法、讽喻手法、拟人化手法、衬托手法等都是与作品的主旨或情感的表现直接相关的手法,故称“表现手法”。以2009年江苏卷第26小题为例:“结尾一节运用了什么表现手法?结合全文,说说你对‘西天角却出现了一片微红的新月’这句话的理解。”我们看到,虽然这篇题为《怀鲁迅》的结尾一节仅有一个复句:“鲁迅的灵柩,在夜阴里被埋入浅土中去了;西天角却出现了一片微红的新月。”命题人却要求考生结合全文来理解这里所采用的表现手法并解释这句话的意思。道理很简单,因为表现手法与文章表达的主旨内容密切相关,否则,脱离文章的主旨与思想,就不可能知道作品中的描写是实景描绘还是别有用意。是针对字词句的表达效果还是针对文章宏观的表达主旨,修辞手法与表现手法存在着清晰的界限。修辞手法脱离语境仍然可以辨别,只是无法鉴别其具体的表达效果;但是,不与文章的主题或思想感情联系起来,我们很难断定其具体的表现手法,更难领会作者如此表达的深刻用意。

2. 修辞手法针对的是字词句等语言形式,有特定的格式,所以脱离语境的句子中的修辞手法仍可从形式上辨认。如"甲像乙、甲是乙、甲代乙"分别为比喻中的明喻、暗喻、借喻的抽象格式。对偶、排比、项真、反复、回环、拈连、移就、倒装、跳脱等辞格也都有特定的语言格式。而表现手法只能理解为主题或主旨表现法,没有特定的语言格式,脱离语境无法辨认,因为离开特定的主旨与思想,表现手法就成了无源之水、无本之木。

3. 修辞手法是局部的,涉及最大的语言单位是句群,如对比、排比、层递等辞格。而表现手法与文章的主题、内容与思想感情的表现方式联系在一起,所以它涉及的范围是篇章和段落。如茅盾的《白杨礼赞》通篇采用的是象征的表现手法,以"白杨"来象征延安军民坚持抗战、不屈不挠的斗争精神。李白的《梦游天姥吟留别》运用了想象的表现手法,通过梦境的破灭,影射了自己现实处境的艰险,表达了诗人不事权贵、向往自由的人生理想。

二、修辞手法、表现手法的联系

人们常常把修辞手法和表现手法混为一谈,并非没有一点原因。因为二者有时确实存在着剪不断、理还乱的联系。比如说"对比",它既是修辞手法,又是表现手法,二者区分起来的确有点儿难度。但是,修辞手法只是针对字词句这样局部的语言使用,而表现手法却是关系段落与全篇的,修辞的对比是形成对比的表现手法的基础与条件。臧克家的诗作《有的人》就是对比修辞手法与表现手法共现的极好范例。诗中连续七次使用了对比的修辞手法,(如"有的人……,有的人……")把鲁迅先生的精神与人格通过一次次、一层层的对比彰显出来。从诗的全局来看,通篇采用的是对比的表现手法,是诗作的主题思想赖以表现的直接手段。我们更应该看到,对比的表现手法,其所指范围要大于对比的修辞手法。鲁迅的小说《祝福》的开头和结尾都有对鲁镇旧历年底祝福的环境描写,分别与祥林嫂沦为乞丐和结尾处惨死街头的情景构成了强烈的对比与反差,作家采用如此对比意味极强的描写,意在揭露封建礼教的虚伪残酷的本质、体现对劳苦大众的深切同情,暗示了小说的创作主旨,这两处的对比手法是直接为主旨的表现服务的。所以这两处对比只能看成是表现手法,与修辞手法中的对比相距甚远,并无瓜葛。另外,作为表现手法的对比又称反衬(对照),它与正衬(烘托)一同构成了衬托这一表现手法。衬托又与类比共同构成了"比"这一个更为概括的表现手法,如《诗经》表现手法"赋、比、兴"中的"比",就包含了对比(正反相比)、烘托(主次相比)、类比(同质相比)等多种比附方式。可见,修辞学中的"对比"相对于表现手法中的"对比"有着不同的内涵与外延。

常把人弄糊涂的还有"拟人"和"拟人化",前者为修辞手法,后者为表现手法。二者有联系但绝不等同。作为修辞格的拟人是把描写人的动词或形容词用于广义的"物"的身上,使其临时具有人的行为或性格特点,如"小鸟高兴地说"之类。作为表现手法的拟人化则是文章主旨内容的一种表现手段,这种表现手段带有全局性,即通篇表述的拟人化,并非专指某个句子。它是神话、童话、卡通片之类的文艺作品常用的表现手法。

比喻与讽喻(隐喻性)的情况也是如此,前者为修辞手法,后者为表现手法,因为它是为了表现某种思想或主旨的需要所特意设计的隐喻性的表达方式,讽喻不是由某个句子来表达或承担的,而是作品的整体所采用的体现其内容或主旨的表现方法。例如"农夫和蛇的故事""盲人摸象""守株待兔"等寓言故事所使用的就是讽喻的表现手法。修辞的比喻是以此物来喻彼物,为了达到化抽象生疏为具体熟知的表达效果,体现在句子上;表现手法的讽喻是以故事来喻事理,为了使事理或道理阐述得具体明白而采取的表达手段,体现在篇章上。

因为诸如此类的你中有我、我中有你的修辞手法和表现手法确实不易区分,人们常在某种修辞手法的术语后加上"化、性"等词缀来专指表现手法,以示区分。如"夸张"和"夸张化"(夸饰性)、"比喻"和"隐喻性"(讽喻)、"拟人"与"拟人化""借代"与"借代性"(象征)。前者是修辞手法,后者是专指与修辞相关但又有区别的表现手法。

三、其他与修辞手法和表现手法容易相混的术语

与修辞手法和表现手法容易相混的术语还有艺术手法、写作手法、创作手法和创作风格。如前文说的2009年安徽卷中把表现手法看成写作手法和修辞手法的上位概念,2009年湖南卷又把艺术手法看成了修辞手法和表现手法的上位概念,孰是孰非,的确不易简单做出评判。我们抽取了近年来高考试题中“艺术手法”类术语的使用情况,从中可以得出一个比较公认的答案。

表7-2　近年高考试题中“艺术手法”表述表

试题省市及年份	考题类型	所用的术语	标准答案
2006天津	现代文阅读	艺术手法	衬托对比、虚实相生
2006福建	古诗词鉴赏	艺术手法	借景抒情、互文
2007湖南	现代文阅读	表现艺术	多方面、多角度刻画形象;对比中表现人物;综合运用比喻和衬托等多种修辞手法表现人物。
2007山东	古诗词鉴赏	艺术表现	描写生动、对比鲜明
2007浙江	现代文阅读	表达技巧	排比、对比、夸张、叠字
2009江苏	现代文阅读	艺术表现特色	议论和抒情相结合、托物言志 借古喻今、虚实结合
2009湖南	现代文阅读	艺术手法	对举、铺陈、比拟、夸张

表中显示,艺术手法既涵盖了修辞手法(如“排比、比拟、夸张、互文”等),又涵盖了表现手法(如“铺陈、衬托”等),还包括了写作特点(如“议论和抒情相结合、多方面、多角度刻画形象、借景抒情托物言志、借古喻今、虚实结合”等)。可见,艺术手法是对所有修辞手法、表现手法、写作手法的概括。也就是说,凡是增强语言表达效果、突出作品的表现力和感染力而使用的独特手

法，不论是针对字词句的修辞手法还是针对主旨内容的表现手法与写作手法，都属于艺术手法这个宏观的范围当中。由此可知，2009 年湖南卷把艺术手法看成修辞手法和表现手法的上位概念的做法是正确的，而 2009 年安徽卷中把表现手法看成写作手法和修辞手法的上位概念的处置是不妥当的。

顺便说明，写作手法有时也常被人误解为表现手法。那么，何谓写作手法呢？写作手法又称写作方式或写作方法，它是对各类文体所采用的具体的表达、写作方式进行分析归纳而得出的类型。如在文章叙述、描写、抒情、议论和说明这五种基本的表达方式下，我们又可分出其中包含着的小类和更小的类。这些小类，就是人们常说的写作方法。如人物描写、景物描写和场面描写是描写中比较概括的类，它们还可再分出次类，即具体的描写方法。如人物描写可细分为肖像、行动、心理、语言描写等方法。我们还可按描写客观对象时所采用的方法划分出更具体的描写方法，如白描法、细描法、直接描写法、间接描写法、细节描写法等。再如，在议论的立论和驳论两大类下，人们还把具体的议论方法分成例证法、因果论证法、类比法、对比法、反证法、归谬法 6 个小类。可见，写作手法往往指的是表达方式中最小最具体的类别。

根据以上的分析与说明，我们可以把艺术手法、写作手法、表现手法、创作手法和创作风格和创作原则的关系简要表述如下：

> 锤炼字句为修辞，突出主旨为表现，表达的细化为写作；手法突出为艺术（特色），注重特色为风格，倡导风格为原则。

具体一点的阐述即是：修辞手法是对锤炼字词句而言的；表现手法是就作品的主旨或思想的表现方式而言的；写作手法是对表达方式的细化而分出的类别，与具体的文体相对应；艺术手法是针对各种手法的有特色的运用而言的；注重某种有特色的手法的运用并成为创作的独特的格调，就成为作家的创作风格；一些创作观念相同或相近的作家在创作中把某种创作格调或风格作为其创作时自觉遵守的信条或原则，就形成创作流派；现实主义、浪漫主义、象征主义、抽象主义等之所以用“主义”来称道，就是对某个创作流派创作风格与原则的一种高度概括。

在对各种相近相似概念进行了上述正本清源详细辨析的基础上，我们从理论上对近年来的高考试题中出现的相关试题进行了深层次的分析，了解了语文教学与考试中认识上的分歧产生的原因。发现问题是解决问题的先决条件，下面，笔者针对目前教学和考试中存在争议的情况下师生该如何应对的问题，谈一下自己的一点看法。

四、应对策略

试题是命题人根据本学科的课程标准与能力要求而设计的，所以，命题人对学科中所含的知识点的认识深度客观上决定了一套试题的科学性。对近些年来的高考语文的分析显示，在阅读类和鉴赏类试题的考试点中，修辞手法、表现手法等术语混乱现象非常普遍。鉴于目前出题人认识的差异而且这种差异不可能一下子消除的现状，教师和学生应该采用什么应对之策呢？

1. 识得庐山真面目

尽管目前在语文教学中存在修辞手法与表现手法等相关术语使用上的混乱状况，但是这并不是说它们之间的关系本来就是一团乱麻，说不清道不明的。要让学生清楚二者的区别，在平时的教学中，语文教师就应该注重教学用语的科学性，分析语言现象的针对性，对学生进行科学精神的培养与训练。学生如能够识得庐山真面目，就能从根源上解决遇到这类问题时存在的答非所问现象。

2. 不畏浮云遮望眼

很多教师学生感到为难的是，尽管自己清楚修辞手法与表现手法等相关术语的区别，但命题的人给出的标准答案有时并不一定是严格按照科学的标准做出的，常有秀才遇上兵的苦恼。如 2008 年山东卷要求考生回答“凭栏手撚花枝”和“放花无语对斜晖”两句使用的表现手法。这两句词属动作描写，词句最引人注目之处是四个动作动词“凭”“撚”“放”“对”的使用,从修辞上看是炼字,从写作手法上看是动作描写中的细节描写。由此,考生就能明白命题人所谓的“表现手法”,不外修辞手法与写作手法两种可能。这样做答,事实上要比命题人给出的标准答案“细节描写”更为全面具体。再如,2006 年安徽卷要求考生回答《柳梢青·送卢梅坡》一词中作者在表达感情时主要运用的手法。尽管“手法”并无具体所指,问得很笼统,但猜出命题人的用意也并非难事。除了上片中的“云边孤雁,水上浮萍”和下片中的“尘随马去,月逐舟行”用了比喻手法并为表达感情的词句外,词作其余的部分均为描写且与感情表达无甚关联。这样,考生就能猜出问题中的“手法”应该是比喻的修辞手法。尽管命题人问得笼统,学生同样能够拨云见日,击中要害。

这里,笔者从实战的角度总结一下能让考生拨云见日的几种策略:

(1)以多点取胜。就是说当面对概括与笼统的问题时,你不清楚命题人葫芦里卖的什么药,千万不要惊慌失措,要从多个方面做答。特别是遇到“手法”“艺术手法”“表现手法”之类字眼的问题,尽可能给出多方面的答案,这叫以多点取胜。

(2)以具体取胜。答案最忌抽象与笼统,笼统的答案离正确的答案虽说只一步之遥,但往往不得要领,并未达到精确的要求。如人物描写比动作描写概括,但动作描写又比细节描写概括。具体的答案才能达到精确的要求,才能命中靶心。

(3)以特色取胜。这里的特色,指的是原文的特色,而不是指考生答案的特色或另类。当回答问题时,一定要关注原文中的语言特色,包括修辞、表达、写作等方面,这些特色往往能让你猜出命题人的考查思路,否则光看问题可能无所适从。如前文所述的 2008 年山东卷要求就“凭栏手撚花枝”和“放花无语对斜晖”两句词说明其表现手法,我们正是从词作原句的语言特色中找到了问题的答案。

第三节 向方法要效率:语文教学与复习的必由之路

韩愈有言:“师者,所以传道受业解惑也。”韩愈说的“道”并非什么做人或治国安邦之“道理”,而是学习的方法,“传道”就是传授学习的方法,它在教师的职责中是第一重要的内容,所以,韩愈才将其置于“受业解惑”之前。原因也不难解释,为师者如果只是讲授学业解释疑难而疏于学习方法的传授,充其量只是一个教书匠而已。因为“道”有限而“惑”无穷,用有限之“道”来解决无限之“惑”才是为师者追求的最高境界。反观当今高中教学复习之现状,教师以考代教,学生以考代学的现象相当普遍,人们戏称之为“题海战术”,这一现象在语文教学中显得更为突出,教师在教学当中方法指导的缺失是这种现象出现的主要原因之一。题无穷,惑也无穷,教师若不假以方法的点拨,学生面对解不完之惑,长此以往,自信心会丧失,学习的兴趣提不起来,如何能让他们的能力提高进而取得理想的考试成绩呢?突破低效教学与复习的瓶颈有赖于教学理念与方法的改变,向方法要效率应当是语文教学与复习的正确方向。

笔者觉得,要提高教学与复习的效率,语文教师首先要解决的是两个观念性的转变。

1. 摆正对高考的认识

即摆正对课程标准、教材、考试说明和高考试题四者关系的认识。教师有意无意把学生领入题海,与施教者对四者的关系认识不清有很大的关系。那么,这四者间到底是一种什么关系呢?

课程标准是学科日常教学的依据,是高中教学应达到的最低标准。教材是课程标准的呈现方式,一纲多本的背景,决定了教材的不同呈现方式与编排体例。课程标准是考试说明的依据和凭证。考试说明是高考试题的命题依据,就是说,高考试题不是依据教材而研制的,它是依据考试说明来编制的。考试说明解析的重点是对学科能力的要求与题型的列举,考试范围和内容并非考试说明的重点。

那么，语文教师是如何处理这四者间的关系的呢？下面是不少教师在高三语文教学与复习中常见的做法。一是过于依赖教材的内容进行复习，忽视考试说明的深入研究。进入高三的第一轮复习基本上是高中三年语文课本的单元复习，这样的复习若从形式与过程上看并无问题，但不少教师并没有把单元的复习与课程标准的知识点和能力要求自然地对接起来，特别是不与考试说明对接起来，故而其教学带有很大的盲目性，学生的复习效果也不会显著。二是教师把关注点放在考试范围和内容上，缺乏对考试说明的能力要求的把握。每年的考试说明一公布，随即会涌现出海量的“高考预测”复习资料，而这些旨在赚钱的资料首先是把教师预测进去了，这些预测资料也随即成为教师复习阶段教学的常规武器。三是教师缺乏对各种各样的练兵题、模拟题、复习资料进行有效的提炼，或者是虽然进行了一定程度的提炼，但由于提炼的火候还不够，再加上对高考要求的能力与知识体系的认识的偏误，最终也没有把学生从题海中拯救出来。“以考代教、以考代学”怪圈的出现，原因固然很多，但与语文教师在理解与处理课程标准、教材、考试说明和高考试题四者间的关系上认识的不到位有着某种自然而然的对应性。

2. 全力以赴做好两项工作

从思想上解决对高考的认识，是为了实现两个目标，即学生语文知识体系的构建与进一步完善、语文能力的培养。高三教学活动都应该紧紧围绕这两项任务展开。整个高中阶段的教学活动可初步分成两个阶段：第一阶段是完成高中基本课程目标的阶段，即依据课程标准构建学生语文知识体系与学生语文能力的培养阶段；第二阶段是高三的复习备考阶段，即在之前学习的基础上进一步的知识体系的完善化过程与知识到能力的转化过程，这两个过程是高三复习的重中之重。有了这样的认识，我们才能够把日常的教学活动，特别是把其间所穿插的测试训练自觉地纳入学生语文知识体系完善与语文能力培养与转化这两个最重要的目标当中。否则，教学与学习的效率不会很高。

观念上的问题一旦得到解决，剩下的问题就是如何提高教学与复习的效率问题。我们常说，学生是主体，教师是主导。到了高三的备考阶段，教师的主导作用自然比常规的教学活动中更加突出。在这一阶段的教学中,教师是不是扮演好了主导的角色就成为决定教学活动成败的关键。“题海战术”是教师主导作用缺失的结果,而语文教师扮演好主导的角色离不开对建筑在课程标准之上的高考要求的高屋建瓴地把握。一言以蔽之,建立在科学方法上的高效率是教师主导作用的根本体现。

科学方法来源于语文教师深厚的学养,来源于对课程标准、教材,特别是对考试说明与历年高考真题的深入研究,当然也离不开对自己学生语文知识与能力的准确了解与把握。教师练好了内功(对科学方法的把握)与外功(对学生的了解),语文教学活动就有了一个具体而明确的目标。那么,究竟哪些题型能够代表即将到来的高考题目方向与思路,代表了下一步复习与训练的重点?毫无疑问,全国卷及不同省市近三五年的考题中不断出现的题目与类型一般可以代表未来高考命题的方向与思路,尤其是本省市的高考中屡屡出现的题目与类型更要重点关注。一旦明确了这样的目标,语文教师就可以集中精力研究与总结某类题型的解题规律,科学的方法就孕育在对某类题型解题规律的破译之中。

以信息压缩类试题为例,这类试题近些年来在各地高考中出现频度最高,这是有多方面的原因与理据的。一是信息压缩与抽取是语文能力重要的体现方式之一。二是这类试题具有鲜明的信息时代特征,在网络化了的时代,从海量信息中获取信息是未来的从业者必备的基本能力。三是这类试题可以有很多的呈现方式:把一段文字或一篇文章缩写成摘要、把一则消息概括为一句话新闻、从一段文字中概括出几个要点或概括出一个论点、抽取文章中的关键词语等,出题的方式可谓形形色色,但是此类试题都不外乎信息压缩。四是这类试题具有极强的代表性与辐射力。古文阅读、现代文阅读的试题中这类信息压缩题永远是唱主角的。所以,能够训练出学生科学、熟练地压缩信息的能力,培养他们这方面的答题技巧,就等于把整个语文试卷中近四分之一的分值拿下了。高明的语文教师往往把信息压缩能力与答题技巧当作语文复习阶段的第一硬仗来打,其远见卓识不言而喻。那么,解答这类试题的科学方法与要领是什么呢?下面我们不妨进行一下尝试。

先看“一句话新闻”类试题。这种考法近年来全国各地的高考中出现过十几次，本节选取安徽、天津高考中出过的试题为例来说明此类试题的方法指导。

安徽 2008 年试题要求根据下面的新闻材料拟写一条一句话新闻，字数不超过 15 字：

> 淮河、巢湖一直是国家水污染防治的重点流域。安徽省根据今年年初国家淮河流域防治考核组提出的评估意见，采取措施进一步开展淮河巢湖流域的水污染防治工作。据了解，今年，安徽将加快重点环保工程建设，要求已列入淮河、巢湖流域“十一五”计划而未开工的城镇污水处理厂项目，4 月底以前必须全面开工建设，年底前实现两流域所有市、县全部建成管网配套的污水处理厂的目标。同时要求各地方政府的相关部门积极协调，加强环境监管、提高环境监察、监测和统计能力，加大对环境违法行为的处罚力度，鼓励环保建设中的制度创新、技术研发和信贷倾斜。（答案：安徽采取措施防治淮河流域水污染。）

天津 2010 年试题要求根据下面一段话中提供的信息，拟一条一句话新闻，字数限 36 字以内：

> 在建的津门津塔将成为天津新的地标式建筑。津门的设计理念源于法国著名建筑拉德芳斯门，两座顶部相连的高楼构成巨大的“门”字形，象征着天津建设北方经济中心和世界港口大都市的包容与开放。津塔高 336.9 米，地上 75 层，地下 4 层，其外形设计则采用中国传统的折纸风帆造型，是现代建筑技术与中国文化元素的有机融合。这组建筑将于 2010 年内建成并投入使用。（答案：融合中西文化元素的津门塔将于 2010 年底在天津建成。）

要注意这类写一句话新闻的试题不仅有字数要求，更有“一句话”的要求，考生在做这类试题时往往失分，因为他们对这“一句话”中应当包含的内容到底是什么并不明了，答案顾此失彼出现失分也就不足为奇了。教师在复习训练时，必须针对此类试题的要求做科学的指导，方法如下：

(1)“一句话”意味着答案一定是句子形式,即必须有话语的陈述对象(主语)与陈述的内容(谓语)。我们可以把这“一句话”抽象为“谁或什么(主语)怎么样”格式。

(2)一句话新闻中的陈述对象(主语)是新闻事件的主体与范围,陈述内容是对所陈述对象的新闻性内容、价值、意义等进行的概括性的说明与描述。

(3)一句话新闻必须是一个事件句而非判断句。即陈述的内容(谓语)要回答的是“怎么样”的问题而非“是什么”的问题。

以2008年安徽卷试题为例,新闻语段中陈述的对象是“安徽省”,陈述内容是要回答怎么样的,从语段可知,“采取措施来防治淮河流域水污染”是这段新闻所陈述的内容。由此我们可生成“安徽省采取措施来防治淮河流域水污染”和“安徽省采取措施来防治水污染”两个备选项。检查时发现,第二个句子中“防治水污染”缺乏对什么地方的水污染进行防治的内容,第一句对新闻事件内容的概括才更有针对性,但是字数又多了两个,可去掉又不影响信息表达的字唯有“省”和“来”两字,于是答案生成。再看天津卷2010年的那道试题,新闻陈述的主体是“津门津塔”,陈述的内容是要说明“津门津塔”怎么样。因这则新闻表述的内容很多,至少可生成下面的一组句子:①津门津塔将成为天津新的地标式建筑。②津门津塔融合了现代建筑技术与中国文化元素。③津门津塔将于2010年内建成并投入使用。④将于2010年内建成并投入使用的津门津塔是融合中西文化元素的地标式建筑。但是,这则新闻内容的核心是③,即告诉人们津门津塔“将于2010年内建成并投入使用”这样的信息,由此我们首先排除了④,因为这句话回答的不是“怎么样”的问题,不符合新闻句的要求。由于③仅仅一个简单句无法涵盖新闻中所提供的内容,所以要使答案周全,还得在③的基础上把这三句中的信息整合进来,整合的方法是将①和②两句中的谓语变成“津门津塔”的定语。用这样的方法可生成如下的新闻句:①融合中西文化元素的津门塔将于2010年底在天津建成,②融合中西文化元素的地标式建筑津门塔将于2010年底在天津建成,③代表现代建筑技术与中国文化元素有机融合的津门塔将于2010年内在天津建成。这三个答案均为符合试题要求的满分答案,而非天津卷所给出唯一性答案。

与一句话新闻相似而又略有不同的试题是“概括主要内容”类试题。相似指的是答案应该是句子形式,不同的是一句话新闻必须是事件句,而“概括主要内容”类试题可以是任何类型的主谓句。这类试题在各地近年来的高考中出现频率也很高。

浙江2010年试题:概括下面这段文字的主要内容。(不超过25字)

对于五四时期的新文学阵营而言,所谓“新”,代表着晚近的先进的事物,代表着现在和未来的发展方向,而“旧”则是落后的腐朽的事物,是应该抛弃和埋葬的。可是在旧文学阵营的眼中,所谓“新”,只是新潮的、还未经过时间考验的东西,往往昙花一现,其中有大多数需要去掉的夸饰和虚伪,而“旧”则是经过历史检验的真理,是过去的精华所在。(答案:五四时期新、旧文学阵营对“新”“旧”的理解有差异。或:新、旧文学阵营对“新”“旧”的价值判断不同。)

广东卷2008年试题是给出了下面一段关于大众阅读取向变化的文字,要求用三句话概括它三个方面的内容:

图书畅销这一现象的背后反映出人们在阅读方面出现的某种值得注意的价值取向。近年来,由于受市场经济中“短、平、快”消费模式的影响,一种以讲故事的形式来谈论学术的做法颇为流行,美其名曰“文化快餐”,对知识的获取满足于感性的把握。在某类读书人群中,阴柔之风过盛,阳刚之气不足,人们对于离奇古怪的小故事具有很强的猎奇心理,对于雄宏壮丽的大历史却缺乏兴趣。一些出版部门受经济利益的驱使,热衷于对历史人物的风流韵事、阴谋权术的渲染,以“戏说”满足读者的猎奇心理。也有些人满足于对中国传统文化的品玩,只强调回归传统,忘记了在“返本”的过程中更重要的是“开新”,忘记了弘扬优秀传统文化的前提是进行全面而深刻的自我批判。功利主义的阅读价值取向忽略了人的深层的精神需求和文化追求,正在误导着青年一代。(答案:①对知识的获取满足于感性的把握;②热衷于猎奇窥秘;③片面强调回归中国传统文化)

从广告卷所给的答题中我们不难看出,答案要求是一个句子,即命题形式。语段中陈述对象是五四时期新文学阵营和旧文学阵营;陈述的内容是两个阵营对“新”与“旧”的不同解释。一旦搞清了陈述对象与陈述内容,答案的出现八九不离十了。广东卷的问题导向非常明确,要求用三句话概括它三个方面的内容,答案自然就是主谓齐全的三个句子。学生首先须做的是对语段的分层,即进行线索的梳理;其次是进行观点的概括。我们看到,广东卷给出的答案并不标准,是缺少了主语的动词性短语。下面是笔者拟定的标准答案:①阅读者对知识的获取满足于感性的把握;②阅读者热衷于猎奇窥秘;③阅读者片面强调回归中国传统文化(或者:阅读者强调的回归中国传统文化是片面的)。显而易见,这样的答案更加标准与完善。

信息压缩类试题的另一种类型是提炼论点、论据。这类考题可以看成是概括主要内容试题的一种变形。何以言之,这类变了形的试题与概括内容类试题既有相同之处,也有不同之点。这些要求的同与异光靠学生自悟是不能得法的,需要老师进行点拨。我们以2008年浙江卷的一道试题为例来看它与概括主要内容试题的要求的异同:

从下面这则关于四川大地震的新闻材料中提炼一个论点,并概括出一个能证明论点的事实论据。论点(不超过10个字),论据(不超过50个字)。

听到乐刘会的呼救声,救援人员闻讯赶到。此时乐刘会压在废墟中已经近70个小时,救援中她断断续续告诉记者:“被困时,我没有掉过一滴眼泪。”“我就等着你们来救我,我相信你们会来救我。”“我听到外面有人在说话,我就不停地喊救命……”“没有(你们的)声音,我就不喊了。我要节省力气。”“我坚持着。我现在还活着,我很高兴。”“我希望大家不要为我担心,我会自己保护自己的。”在废墟中,她告诉其他被埋的同事:“一定要坚持,肯定会有人来救我们。”正是靠着坚定的信心,她熬过了漫长的时间。5月15日下午4点,被埋72小时后,乐刘会终于获救。当躺在担架上的乐刘会看到妈妈时,再也忍不住了,放声痛哭。

相同之处是,要求的答案也是一个完整的句子,不同之点在于,提炼论点对句子的类型也有了特殊的要求。我们知道,论点是代表一段话或一篇文章的观点与看法,它不仅是个完整的句子(命题形式),而且还得是一个判断句或表达意念与态度的表态句。如果是回答概括这段文字内容的试题,其答案是陈述对象(乐刘会)再加上陈述内容,即“乐刘会靠着坚强的信心创造了生命的奇迹”。但观点是一段话或一篇文章的中所体现出的看法、态度,它潜藏于具体材料背后,或者说具体材料与内容只是表现它的一种手段,因此,它比一段话所传递的内容更为概括,与具体的人和事无关。这是概括主要内容类试题与提炼论点类试题的不同之处。教师只有认识到这一点才能对学生进行科学地解答提炼论点类试题的方法的点化,由此我们得知,去掉概括出的主要内容句子中的人和事,即为所要求的论点。故而,正确的答案除了命题人给的“信心能创造奇迹”,还可以是“靠信心能创造奇迹”“创造奇迹要靠信心”或者“创造奇迹离不开信心”等。

知道了这段文字的论点和这段文字的主要内容,再将这主要内容加以适度的扩展,也就是加上具体的人与事,时间与结果等要素,就是试题要求的论据:四川大地震中,乐刘会被埋在废墟中72小时,她坚信会有人来救援,并一直坚持到获救。

在前些年的高考试题中,还有一类信息压缩试题,即要求考生通过下定义的方式对材料进行整合,与概括主要内容类试题相比,这类试题的要求更加明确,所概括的项目也更加显而易见。下面是2003年全国Ⅰ卷的试题:

> 提取下列材料的要点,整合成一个单句,为“遗传”下定义。①遗传是一种生物自身繁殖过程。②这种遗传将按照亲代所经历的同一发育途径和方式进行。③在这一过程中,生物将摄取环境中的物质建造自身。④这种繁殖过程所产生的结果是与亲代相似的复本。

据当年高考后的试题分析,本题的失分率高达50%,失分的原因是考生不明了什么样的句子才是“一个单句”。如果学生平时训练中有了对单句,即一个陈述对象(主语)后加一个陈述内容(谓语)的清楚概念,失分率无疑会大大降低。这试题中给的四个单句的陈述对象是“遗传”,下定义的句子通常为判断句,所以谓语要回答的是“是什么”的内容,辨析四则材料的形式可知,第一句已经给出了定义的框架,把其余的三句整合在谓语中以定语的身份出现即为"A是B式"的定义:遗传是生物按照亲代所经历的同一发育途径和方式、摄取环境中的物质建造自身并产生与亲代相似复本的一种自身繁殖过程。如果学生把平时在数理化中的公理、定理的知识运用起来,还会整合成"B叫A式"定义:生物按照亲代所经历的同一发育途径和方式、摄取环境中的物质建造自身并产生与亲代相似复本的一种自身繁殖过程叫遗传。

提取关键词也是信息压缩的另一种变形。这种类型的试题与前边几种信息压缩比较起来,应该说相对简单。我们以2010年江苏卷试题为例,出题人要求找出下面一段文字反映"碳链式反应"过程的三个关键性词语,要求阅读的这段文字是:

科学家在喀斯特地貌的研究中,发现了一个复杂的碳链式反应。当水流从空气中"大口吮吸"二氧化碳并侵蚀石灰岩时,持续不断的吸碳过程就开始了。接着,在岩石表面自由流淌的酸性水流携带着大量碳酸氢根,随着自然界的水循环辗转奔向江河湖海。此时,浮游植物体内的"食物加工厂"在急切地"找米下锅",它们惊喜地发现,只要分泌一种叫作"碳酸酐酶"的催化剂,对水中的碳酸氢根"略施魔法",等待加工的"米"——二氧化碳,就唾手可得。最终,光合作用将大量随波逐流的碳转化成有机碳,封存于水生生物体内。[(答案:(1)吸碳;(2)略施魔法;(3)光合作用]

训练有素的考生做这类题只需三步:1. 读考题要求:找出"碳链式反应"过程的三个关键性词语。2. 寻找线索,文中有反映"碳链式反应"过程的三个词语"开始""接着""最终",提示我们这一过程可分三层次。3. 找出关键词,三个层次的核心词应该是"吸碳""催化""光合作用"。由此可知,江苏省给出的答案中第二个关键词语的选择并不准确。

笔者曾在《语文教学要注重方法的科学性》①中指出:"'得法于课堂,得益于课外'早已是每个语文教师可以脱口而出的语录。'法'意味着教师教学

① 《天津教育》2010年第5期

过程中对知识规律性的提炼;‘益’则意味着学生在阅读训练中对知识规律性的获得。科学性与规律性绝非数理化的专利。‘语文重在积累’‘学语文要多说、多读、多写、多练’之类的说法没错,但在平时大容量的训练中科学的教学方法与知识规律性的注入要比盲目的训练更为有效和管用。……要提高语文学科的教学效率,提高学生的语文成绩,需从科学的教学方法入手。”有道是“授人以鱼不如授人以渔”,要走出“题海战术”低效尴尬的困境,出路只有一条:向方法要效率,因为这是语文教学的必由之路。

第四节　“同课异构”实施中应关注的几个问题

近年来,随着新课程改革的推进,“自主”“合作”与“探究”的学习方法正在成为学生学习的主流,已有的教学模式远不能适应这种学习理念的变化。所以,为适应新形势的需要,强力推进课程改革,全面提升教育教学质量,“同课异构”式的教学交流方式成为教师创新教学模式、适应新课程要求的一种新尝试与改革亮点。

“同课异构”顾名思义就是不同的教师对同样的教学内容在课程的结构、风格及所采取的教学方法和策略等方面所体现出的不同的处理,从而体现出教师授课风格、讲授方法、教学策略的独特性。这种新的教学尝试的其实质就是要让听课的老师通过对这些课的对比,通过他们的实际的教学实践及其效果,找出他们的优点和不足,然后反思自己上过这节课所经历的过程,以促进自己的教学,以充分实现资源共享,优势互补。随着“同课异构”教学交流的广泛开展,它在提升教师的教学水平、优化课堂结构、变革学生的学习方式和提高课堂教学效率等方面的确产生了很好的效果。

笔者有幸作为语文学科的评课专家参加了在山西省由华北五省市(区)联合举办两次的“同课异构”教学交流。由于每次参加讲课交流的教师都有三名,且均为来自华北各地的一线教学名师,加上每次活动均安排有授课者自评、听课教师与授课教师互动、评课专家讲评等环节,两次“同课异构”教学交流开得都非常成功。通过这两次活动,笔者不仅领略了一线教师崭新的教学理念和独特的教学方法,也认识到了开展“同课异构”活动的重要意义,从两次教学活动中也发现了一些问题。“同课异构”虽然在许多地方举办过,但真正操作起来并起到预期的目标却并非易事,究竟该如何“异构”,大有文章。

下面,结合其中一次针对《蜀相》(人教社全日制高中语文教材选修第6册)的“同课异构”教学交流活动,谈谈自己发现的在“同课异构”实施过程中存在的一些问题,以期对语文教学有所帮助。

一、解决“教什么”是“同课异构”教学成败的关键

就笔者了解到的情况,实施此类教学活动的单位或个人,目前所主要关心的还是“怎么教”“怎么异”这些单纯的教学方法的翻新问题。我们认为,只有首先使每个从教者明确与解决好“教什么”的问题,才能使“同课异构”活动收到预期之效。而解决好“教什么”的问题,建立在教师对课文精致的解读基础之上,只有以此为基础的“异构”才能出现独特的教学方法与教学设计、高水平教学构思。用著名语文教育家——南开大学徐江先生的话来说,就是语文教师要有精致的解读能力,教师通过对课文独特的理解,启发并引导学生的思路,让学生读出文中独有的味道,让他们领略他们自己不能领略出的东西。联系杜甫的《蜀相》一诗,这首诗的教学要解决与突破的知识点有哪些?回答了这个问题,也就明确了本诗究竟应该“教什么”的问题。

蜀相

杜甫

丞相祠堂何处寻?锦官城外柏森森。

映阶碧草自春色,隔叶黄鹂空好音。

三顾频烦天下计,两朝开济老臣心。

出师未捷身先死,长使英雄泪满襟。

“教什么”是由三方面因素决定的:一是课文的内容本身,二是学生的水平与层次,三是教学的目标定位。结合这三方因素,可知本诗有六个突破点:

一是字词知识。“自”(孤自、独自)、“空”(白白、徒劳)、“映”(遮蔽、遮掩)、“好”(美妙、好听)。

二是古今语法现象。古:三顾频烦;今:频烦(地)三顾(状语后置)。古:两朝开济;今:开济了两朝(宾语前置)。

三是诗句内容。“天下计”和“三顾频烦”内含有目的关系,即刘备为了恢复汉室统一天下的大计而三顾茅庐,请诸葛亮出山;“老臣心”与“两朝开济”内含有条件关系,即诸葛亮用开一朝(帮助刘备建立蜀国)济一朝(刘备死后辅佐刘禅延续蜀国政权)的丰功伟绩才表明了他对刘备的知遇之恩。

四是“英雄”的所指。“英雄”在本诗中表面指一切壮志未酬之士,实际上也暗指诗人自己。

五是情感的起伏。首联表达在锦官城外寻找到“丞相祠堂”的喜悦。颔联描写的是来到祠堂之后碧草自春色、黄鹂空好音的“无人问津”的荒凉之景。颈联抒发的是对一代英雄诸葛亮被刘备重视、辅佐两代建功立业伟绩的感慨。尾联写的是诸葛亮出师未捷身先死的遗憾。整首诗的情感表现为“起→伏→起→伏”的波线。用文字可简化为“好壮美!好凄凉!好羡慕!好伤感!”这四个感叹句,大体可以形象地刻画出杜甫诗作的情感流动的脉络。

蜀相

杜甫

丞相祠堂何处寻?锦官城外柏森森。↗啊!好壮美!
映阶碧草自春色,隔叶黄鹂空好音。↘呀!好凄凉!
三顾频烦天下计,两朝开济老臣心。↗哇!好羡慕!
出师未捷身先死,长使英雄泪满襟。↘唉!好伤感!

六是诗名为“蜀相”而非“诸葛祠”的用意。作者借“诸葛祠”吊古,重在表达对“蜀相”诸葛亮“三顾频烦天下计,两朝开济老臣心”的惊世伟业的羡慕，并借其“出师未捷身先死”之历史遗憾抒发自己壮志难酬之现实感伤。以“蜀相”为题，重点放在了对蜀相本人命运的感慨上，而以“诸葛祠”为题，则重点放在记事与状物上。故而以“蜀相”为题更能切合本诗借蜀相之事来抒发诗人对自身命运感慨的主题。

由以上梳理出的知识点可知，教师不管如何“异构”，都不应撇开这几个知识点与突破口来进行。如果讲课结束，学生对这六个方面的内容或知识点还未弄清楚，再怎么技术层面的“异”都可能是无效的。当然，不是说教师要将这六个方面的知识点不分轻重、面面俱到地都在课堂上进行讲解，而是要求教师的课程内容设计应该关注这几个方面，采用以点带面的方式将其纳入教学内容之中，在此基础上而进行的“异构”才不至于挂一漏万，使课堂教学的重点放在对《蜀相》一诗精致地解读之上。我们欣喜地看到，在本次的讲课中，教师“异构”分别采用了“朗读教学”“学案教学”和“点评教学”三种方法。使用朗读教学“异构”的教师，比较合理地把字词的知识、诗歌情感的脉络分层次地进行了讲解。使用学案教学“异构”的教师，把重点字词的理解、“英雄”的含义、诗名为“蜀相”而非“诸葛祠”的用意等三个方面设计成思考练习题让学生事先思考。使用点评教学“异构”的教师，重点对字词、情感的起伏变化进行讲解。如果单纯以独立一节课的角度来评价，教学效果都不错，但是，从“重点有突破、难点有方法”的整体来评价，特别是从教给学生“精致的解读诗歌”的能力培养的角度来观察，他们都没有涉及古今语法之差异。没有涉及颈联两句诗中所蕴含着的逻辑关系的简要说明。故而这些“异构”可圈可点的地方还是明显不足的。

二、“异构”应以激活课堂活力为中心

“异构”其实就是要对同一内容换一换讲法，它表现为对同一内容不同的教学设计，不同的教学构思，不同的教学方法等方面。但这些不同（“异构”），都不能脱离“激活课堂活力、让学生深刻领会作品”这一中心。否则，就会把“异构”变成玩花样，变成哗众取宠的“技术”游戏。我们欣喜地看到，用“学案

教学”来“异构”的教师在讲授《蜀相》时，采用了“学案导学”，把诗歌中的重点内容事先发给学生预习，并辅以在课堂教学中小组轮流讲授、答疑解难与教师及时提示总结的教学方法，学生发言踊跃，活动积极，教师点拨到位，真正实践了新课标倡导的“自主”“合作”“探究”的学习理念。这样，教师的主导地位和学生的主体角色得到了最充分的展示，不仅出色地完成了教学的任务，而且取得了满意的教学效果。但是，有的教师在“异构”时，虽然采用的朗读教学法很有新意，课堂气氛也很活跃，由于教师缺乏对诗歌内容的深度理解，没能把握诗歌的情感变化的起伏层次，所以六次朗读设计的层次感与目标性不明显。而采用点评教学的教师，由于不能完美地做到启发学生思考进而及时准确地点评总结，教师的主导作用发挥得不够，所以，尽管课堂学生活动不少，他们主动发言、主动地质疑解难，课堂也很活跃，但收效也并不大。特别是这位教师一开始播放了一段电视剧《三国演义》诸葛亮病死五丈原的视频，用时五分钟，只是说了句“这视频就是本诗中‘出师未捷身先死，长使英雄泪满襟’的诸葛亮壮志未酬的故事，我们看杜甫是如何写他心目中的这个英雄的。”这样的花拳绣腿地导入新课，与诗歌的重点内容联系不紧，似无必要。

三、发挥个性是关键

“异构”重在突破过去单一依赖教辅的千人一面的本本主义倾向，展现教师处理教学内容、教学方式上的个性与创造性。

我们看到，三位讲课的教师所进行的“异构”，只是在教学方法上各有区别而已，真正体现教师对内容的深度理解与对知识点的个性化教学处理的地方仍然空缺。

在笔者看来，在讲课或总结时，有的知识点，教师有必要稍加提示，或以课后练习的方式让学生进行思考。如“三顾频烦”“两朝开济”在现代汉语中的语序如何？“天下计”和“三顾频烦”之间、“老臣心”与“两朝开济”之间分别包含了什么样的逻辑关系？有的知识点可以再深化，形成语文知识的合理链接，丰富学生的知识内涵。比如，“映阶碧草自春色”中的“自”，可以与姜夔

《扬州慢》序言中“寒水自碧”中的“自”作比:两个“自”字义等同,均为“孤自、独自”之意。而与李清照《一剪梅》中“花自飘零水自流”中的“自”作比则是:两个“自”字义只是近似,绝不等同。李词中的“自”是词人因相思而无心留意花与水的变化,所以这个“自”既有“孤自、独自”之意,还有主观上“任自、任由”之意。杜甫诗中的“自”纯粹是客观观察的结果,台阶上的碧草“孤自、独自”地显示春色是客观上无人问津而造成的。丞相祠堂的凄凉,暗示了安史之乱后唐朝英雄无用武之地的政治环境,由此更能够体验杜甫在这样的政治环境下报国无门的无奈的心情。

四、“异构”要在教出语文味的基础上有所突破

由于授课者过多地注重教学方法的“异构”上,造成了这样一种奇怪的现象,那就是综合几位教师的情况来看,各种方法手段提供了不少,各有各的一套,五花八门,很是热闹。但是,集中到单个教师的身上却是教学方法单一,为“异”而“构”,其结果是语文味的减弱。我们都知道,教学方法是服从于教学内容与教学对象的,多种方法的使用不见得就不能叫“异构”。以杜甫的《蜀相》而论,它首先是律诗,这种特殊的文体决定了其教学处理不能与普通的文章一样,总该有一些有别于其他文体的特点展示给学生。也就是通过《蜀相》这首古诗的教学,让学生在读懂诗的内容的基础上,或多或少地懂得一点如何鉴赏古代诗词方面的知识。比如本诗中意象与情感表达的特殊性,韵律节奏所制约所形成的特殊的句法特点、诗中重点字句的提炼与理解,等等。通过简单的讲解,让学生有所得。我们看到,所有授课的教师只是热衷于演示自己的“异构”之法,“异构”完毕则讲课随之了事。让人眼花缭乱过后并没有留下多少值得回味的东西。

徐江先生对教材的不少处理方法特别值得我们关注,他对鲁迅《拿来主义》一文的教学就是一次在教学内容与教学方法上“异构”的成功范例。他对《拿来主义》一文的两处质疑,很有启发性,很有语文味,这是徐先生精致的文本解读能力带来的洞见。

对教科书中津津乐道的“大宅子”的比喻论证法，徐先生别有新见，指出这是一个极其明显的错误。文中一开始大讲“送去主义”，针对此，鲁迅先生根据“礼尚往来”提出“拿来主义”，显然，要解释“拿来主义”，要以国外的事物为例才能对应。而“大宅子”是国产货，以青年人对待“大宅子”的故事不能准确解释“拿来主义”。因为“大宅子”是我们自己的祖宗留下的，与对待外国文化无关。这是典型的逻辑“不相干”的错误。有人误以为《拿来主义》是讲如何对待我们祖宗的文化遗产就是喻体选择失当造成的。

徐先生还对文中的“不管三七二十一，‘拿来’！”提出了质疑，同样振聋发聩。鲁迅在前文中明确地说，“要运用脑髓，放出眼光，自己来拿！”可是在具体解释这一思想时，以某青年对待“大宅子”打比方却说“且不问他是骗来的，抢来的，或合法继承的，或是做了女婿换来的……不管三七二十一，‘拿来’！”这明显是一方面要的是“有选择性”，一方面又要的是“无选择性”，即盲目性。二者是矛盾的。

徐先生以他对教材的精致的解读能力，给语文教师进行了如何从事教学与科研、如何把语文课让出语文味等方面的示范。其实，他的好多做法，何尝不是我们语文教师进行“同课异构”时的最欠缺的东西？所以，从热衷于单纯的教学方法的改换花样中走出来，精心地研究教材本身，潜心地研究与整理语文教学的规律，使我们每一位从教者具备精致的解读能力，这样我们才能在明确“教什么”的问题，在此基础上，“怎么教”“怎么异”的问题也就能够顺理成章地得到解决。

第五节　“词汇”一词使用情况考察

词汇是一种语言中词和固定短语的总汇，既然是“总汇”，它就不是单指个别的词语，而是指词的集合。邢公畹主编的《现代汉语教程》中明确指出：“‘词汇’，既是个表示集合体的名词，任何以它来表示个体概念的用法都是不正确的。”[①]可是既往的多种报刊，甚至包括全国最具权威性且最有影响力的《人民日报》，“词汇”一词的使用非常混乱，内容驳杂，极不规范。我们从网上对1999年到2002年共四年的《人民日报》中的“词汇”一词的使用情况进行了统计，共检索出包含“词汇”的用例172例（已去除了10例网上统计的错误，其中7例重复，2例出现在复合词“词汇量”当中，1例出现在“唐宋词汇评”中）。

通过对这172个用例的逐个分析，我们发现，符合“词汇”一词使用规范，即作为集合名词使用的例句只有45个，仅占全部用例的26%，如：

①但词形、词义、用法尚未固定，词汇中还包含不少中世纪英语的成分。（《老来痴心注莎翁》，《人民日报》2002年10月12日）

②翻译专业词汇，十分不容易，因为圈外的人根本就没见过这个东西。（《英文缩略语　让谁辛苦让谁忙》，《人民日报》2002年5月11日）

③赠送词频词汇手册的英语学习班引起轰动。（《双休日学英语》，《人民日报》2002年12月21日）

应当指出的是，“词汇”作为语言学专业术语，其内涵也不是单一的。它可以指一种语言中所有词和固定短语的总和，如“汉语词汇”“俄语词汇”等；它可以指词汇的下位类型，如根据词汇的来源分出的“方言词汇”“科技词汇”和从词汇的作用地位分出的“基本词汇”“一般词汇”等；它可以指一部作品中所使用的词语的总和，如“《水浒》的词汇”“《儿女英雄传》的词汇”等；也可以指某个人所掌握的或使用过的词语的总和，如“少儿词汇”“鲁迅的词汇”“莎士比亚的词汇”等。但不论其内涵如何，“词汇只能指许多词语的总和……不能单指一个词。”[②]上述①至③例句中的“词汇”都是在“许多词语的总和”这个意义上使用的，符合其使用规范。

而《人民日报》中更常见的是把“词汇”误作个体名词使用，这样的用法竟

① 邢公畹主编：《现代汉语教程》，南开大学出版社1992年版。

② 北京大学中文系现代汉语教研室编：《现代汉语》，商务印书馆1993版。

达 129 例，占到了全部用例的 74%。仅从这些误用的“词汇”所指称的内容看，共包括了四种类型。

第一，“词汇”指的是词。

④自从 1996 年英国科学家克隆出绵羊“多利”以来，克隆已不再是个陌生的词汇。（《克隆人再起波澜》，《人民日报》2002 年 12 月 19 日）

⑤在涉及国际问题的文章和谈话中，使用频率最高的两个专门词汇恐怕是“恐怖主义”和“反恐”。（《一年纷纭看世界》，《人民日报》2002 年 12 月 19 日）

⑥不少同志都谈到，“创新”“发展”等等是出现频率高的词汇。（《奋进的中国》，《人民日报》2002 年 12 月 5 日）

⑦让“财富”这个曾经被曲解和歧视的词汇，浓墨重彩地出现在中国共产党全国代表大会的报告中。（《马克思主义的纲领性文献》，《人民日报》2002 年 11 月 21 日）

以上例子中的“词汇”都应改成“词”才能说得通，因为“克隆、恐怖主义、反恐、创新、发展、财富”等都是词，它们只是现代汉语词汇里的个别成员，把它们说成“词汇”，无异于把几棵树说成森林，是混淆了词和词汇的区别所致。

第二，“词汇”指的是短语。

⑧在广西，“西南出海大通道”这个词汇，出现在 80 年代后期。（《广西建成大通道》1999 年 9 月 23 日）

⑨戈文在度蜜月时结识了两名南非共产党员，“人民的力量”和“革命推翻暴政和压迫”等词汇在他的脑海里打下了深刻的印记。（《乌姆·戈弗的传奇人生》，《人民日报》2001 年 11 月 30 日）

⑩你听到这个词的第一反应是“文化遗产”，以及一系列与此相联系的词汇：文化遗产日、文化遗产学校、文化遗产基金会、文化遗产百科全书……（《法国　视文化遗产如生命》，《人民日报》2002 年 8 月 9 日）

⑪“世界第一流大学”，恐怕是此次论坛出现最多的一个词汇。

(《大学校长学到了什么》,《人民日报》2002 年 8 月 1 日)

需要指出的是,任何语言的词汇中都包括一些固定短语,如成语、谚语、惯用语等。这些固定短语能进入词汇的家族,成为其中的成员,是因为它们在结构上具有凝固性,在意义上具有整体性,作用相当于词。而上述各例中的“西南出海大通道、人民的力量、革命推翻暴政和压迫、文化遗产日、文化遗产基金会、世界第一流大学”等全是自由短语,具有组合的临时性,它们既非固定短语,更不是词,将它们硬说成“词汇”是很明显的常识性错误。这些用例中的“词汇”一词,都须改成“短语”“词组”或“词语”。

第三,“词汇”指的是句子。

有的人不仅弄不清词的词汇的区别,甚至搞不清词和句子的区别,所以连句子都搬进“词汇”中来了:

⑫他只会一个简单的中文词汇,这就是“走了”。(《黑人焦尔》,《人民日报》1999 年 1 月 24 日)

⑬他们用刚学会的两个中文词汇高声喊道:“东方明珠!”“中国!”“中国,东方明珠!”(《长城,了不起!》,《人民日报》1999 年 9 月 26 日)

第四、“词汇”指的是加法算术题

⑭与此同时,“10+3”“l0+1”这些看似简单的加法算术题,如今已成为国际关系中耳熟能详的固定词汇。(《东盟擅做“加法”》,《人民日报》2002 年 12 月 16 日)

一种语言中只有一种词汇,可是竟有人说汉语中有“许多”甚至“一万多个”词汇!这种提法无疑是把词汇误解为词,作为个体名词作用的结果。请看:

⑮日前推出的这套口语自动翻译机,支持 1 万多个词汇,可以实现简单的旅游会话。(《语音翻译技术获突破》2001 年 2 月 9 日)

⑯除使用了比喻、借代、对偶、顶真等修辞手法外,而且还创造了许多新鲜词汇,读之如饮琼浆,如登春台。(《读〈滴水集〉2000 年 7 月 1 日》)

用例中还有一些“关键词汇”“选择词汇”“词汇搭配不当”“生造词汇”等说法，都是有问题的。语言中只有“关键词”“生造词”，而没有“关键词汇”和“生造词汇”；说话写文章选择的是词或词语，而不是词汇；只有词和词、词语和词语之间才有搭配妥当与不妥当的问题，词汇根本不存在搭配问题，因而搭配妥当与不妥当也就无从谈起。这些错误的出现同样也是把词汇当成个体名词使用造成的。

词汇之于词，正像森林之于树，水果之于苹果，是一般与个别的关系，不可将二者混淆。也许有人会说，词汇一词现在被用作个体名词的现象已比较常见，根据约定俗成的做法承认这种用法的合理性不就可以了？我们认为这种观点是不妥的，因为任何专业术语，在其专业领域都有其特定的含义和用法，“词汇”这个语言专业术语当然也不能例外。

参考文献

北京大学中文系现代汉语教研室. 现代汉语[M]. 北京:商务印书馆,1993.

边家珍."将进酒"的"将"读 qiāng 没有错[N]. 北京日报,2017-09-18.

曹雪芹,高鹗. 红楼梦.[M]. 北京:人民文学出版社,1990.

曹文轩. 草房子[M]. 南京:江苏少年儿童出版社,1997.

范晓,胡裕树. 有关语法研究三个平面的几个问题[J]. 中国语文,1992,(4).

符淮青. 现代汉语词汇:(增订本)[M]. 北京:北京大学出版社,1985.

国家语委. 关于当前语言文字工作的请示,1992-10-23,国务院 1992-11-06 批转.

国家语委标准化工作委员会办公室. 国家语言文字规范和标准选编[M]. 北京:中国标准出版社,1997.

胡超琼. 小说《草房子》的语言特点[J]. 名作欣赏,2018,(8):38-39.

蒋金绵.《草房子》文学语言研究[D]. 西安:陕西师范大学,2011.

教育部,国家语言文字工作委员会. 关于进一步加强学校普及普通话和用字规范化工作的通知,2000-02-29.

罗竹风. 汉语大词典[M]. 上海:上海辞书出版社,2009.

吕叔湘. 中国文法要略[M],上海:北京:商务印书馆,1956.

吕叔湘. 现代汉语八百词(增订本)[M]. 北京:商务印书馆,1999.

马建忠. 马氏文通[M]. 北京:商务印书馆 1983.

人民教育出版社课程教材研究所、中学语文课程教材研究开发中心. 语文:必修:1—6册[M]. 北京:人民教育出版社,2006.

宋国明. 将进酒的读音与解释[EB]. blog. sina. com. cn/s/blog_631b93740100,2011.

孙玉文. 解读唐诗"乡音无改鬓毛衰"的"衰"[J]. 陕西师范大学学报(哲学社会科学版),2018,(6):123-131.

王力. 中国现代语法[M]. 北京:商务印书馆,1985.

王力. 古代汉语:校订重排本[M]. 北京:中华书局,1999.

王力. 古代汉语[M]. 北京:中华书局,2009.

王涛,等. 中国成语大辞典[M]. 上海:上海辞书出版社,1987.

魏学宝.《将进酒》的"将"究竟怎么读[N]. 光明日报,2019-01-12.

温端政. 汉语语汇学[M]. 北京:商务印书馆,2005.

温儒敏. 义务教育教科书《语文》(七年级——九年级)[M]. 北京:人民教育出版社,2017.

温锁林. 现代汉语语用平面研究[M]. 北京:北京图书馆出版社,2001.

夏征农,陈至立. 辞海:第6版[M]. 上海:上海辞书出版社,2010.

邢公畹. 现代汉语教程[M]. 天津:南开大学出版社,1992.

许嘉璐. 现代化呼唤语文规范化——从《咬文嚼字》谈起[J]. 咬文嚼字,1996(4):4-6.

弦月的博客. 再说一遍,《将进酒》中的"将"读"qiang"![EB]. http://blog. sina. com. cn/wzx0063,2019.

学校是贯彻实施《国家通用语言文字法》的基本阵地[N]. 中国教育报,2000-11-02.

于峰. 古诗文《将进酒》的"将"念 jiāng 还是 qiāng?[N]. 金陵晚报,2017-03-22.

周有光. 提倡文言是时代性的错误[N]. 中国教育报,2003-09-23.

朱德熙. 定语和状语[M]. 上海:上海教育出版社,1987.

中国社会科学院语言研究所词典编辑室. 现代汉语词典:第7版[M]. 北

京:商务印书馆,2016.

中华人民共和国国家语言文字管理委员会. 中华人民共和国国家语言文字法[M]. 北京:法律出版社,2000.

中华人民共和国教育部. 义务教育语文课程标准:2011 年版[M]. 北京:北京师范大学出版社,2011.

中华人民共和国教育部. 普通高中语文课程标准:2017 年版[M]. 北京:人民教育出版社,2018.

中宣部,全国人大科教文卫委员会,教育部,司法部,国家语委. 关于学习宣传和贯彻实施《中华人民共和国国家语言文字法》的通知(教语用[2000]6号).

后 记

本书是我和我的导师温锁林教授多年来语言与语文教学研究的合作成果。温老师是我的本科、硕士、博士三个阶段的指导教师。早在 2002 年我在山西大学文学院读硕士时起,就在温老师的指导下开始了语言学的研究。温老师是多方面的行家里手,他曾在大学毕业后当过八年的高中语文教师,在 1985 年到 2007 年长达 23 年的时间里,温老师一直参与山西省高考语文的评卷工作,从未间断,这种经历别说是大学教师,就是在高中语文教师中也是极少有的。更为难能可贵的是,温老师从 1998 年到 2007 年,连续十年担任山西省高考语文的评卷负责人,组织领导全省的高考语文评卷工作。在 1998 年的高考评卷中,温老师率先给出了十篇满分作文,为我国高考满分作文的开创者,他还在次年推出了高考作文“背靠背”的评卷模式,在全国产生了广泛的影响,对推动高考语文评卷与语文教学的改革做出了突出的贡献。我也有幸于 2003 年到 2005 年期间参加了山西省高考语文的评卷工作,并在硕士毕业后分配到晋中学院中文系从事语言学与语文教学的教学与研究。由于我所在的城市榆次市与太原市相距只有 20 多公里,毕业后参与了温老师主持的多个教学研究项目,并在温老师调到天津师范大学后一直与他合作,所以,我的学习与研究多年来都深受老师的影响。在老师的精心鼓励和帮助下,我主持和参与了多个省级校级的语言学与语文教学的研究项目,写了一系列与中学语文教学相关的小论文。今年春天,我又顺利考上了天津师范大学的博士研究生,有机会继续在温老师的门下学习深造。其实,想与温老师合作出书,一直在我心中期待了多年。去年暑期,与老师相聚,初步达成了共同撰写一部语言学与语文教育专著的计划。我们先撰定了全书的总体格局,根据各自的专长与前期准备的情况,按章节进行了初步分工,经过几次商讨,把写作的体例也定了下来。经过一年时间的材料准备与撰写,书稿已经基本成型。今年暑期,又与老师交流了初稿,我将我们两人的文章再经过精心筛选和加工,按内容编成了七章。这本书的出版,一是了却了我心中的一个夙愿,二是对这么多年来的研究工作做了一个小小的总结。当然,在书稿即将出版之际,我要向敬爱的温老师多年来对我的耐心教育与指导表示最真挚的敬意。

本书的分工如下:

第一章　绪论

第一节　语言能力:语文学科的核心素养(温锁林)

第二节　中学语文教育的现状与问题(王倩)

第三节　本书的基本内容与框架(王倩)

第二章　文学名作中的语言问题

第一节　《红楼梦》中疑问句的标点问题(温锁林)

第二节　《红楼梦》中的语言问题(温锁林)

第三节　《草房子》的语言问题(王倩)

第四节　《生命的意义》中的语言问题(温锁林)

第五节　电视剧《康熙王朝》主题曲中的语言问题(王倩)

第六节　电视剧《三国演义》歌词中的语言表达问题(王倩)

第三章　话题作文与作文教学改革

第一节　话题作文漫谈(温锁林、王倩)

第二节　高考中的异类作文(王倩)

第三节　高考话题作文评价(王倩、温锁林)

第四节　高考作文"背靠背"评卷的改革实践(温锁林)

第五节　我与中国的满分作文时代(温锁林)

第六节 给文言作文打高分满分是教育导向之错误(温锁林)

第四章 语文教学中值得关注的语言问题

第一节 变了味道的语言解读要不得(温锁林)

第二节 古诗文特殊字注音的原则性问题(王倩)

第三节 真是一个“排”字见贫穷吗?(温锁林)

第四节 《与朱元思书》中的“寒树”到底是什么树?(王倩)

第五节 《回乡偶书》中“衰”的读音(王倩)

第五章 文学作品的语言鉴赏

第一节 舒婷《致橡树》的语言解读(温锁林)

第二节 从语言的角度解读《茉莉花》的主题(王倩、温锁林)

第三节 《林黛玉进贾府》语言鉴赏与人物出场设计(温锁林)

第四节 《教我如何不想她》歌词语言赏析(王倩)

第五节 李清照《声声慢》的语言鉴赏(王倩、温锁林)

第六章 既往初中语文教材中的语言问题

第一节 既往初中语文教材七年级上册中的语言问题(王倩、温锁林)

第二节 既往初中语文教材七年级下册中的语言问题(王倩、温锁林)

第三节 既往初中语文教材八年级上册中的语言问题(王倩、温锁林)

第四节 既往初中语文教材八年级下册中的语言问题(王倩、温锁林)

第五节 既往初中语文教材九年级上册中的语言问题(王倩、温锁林)

第六节 既往初中语文教材九年级下册中的语言问题(王倩、温锁林)

第七节 既往初中语文教材中的注释问题(王倩、温锁林)

第八节 既往初中语文教材中一道设计失败的研讨与练习题(温锁林)

第七章 语文教学与语言研究

第一节 语文教学要注重方法的科学性(温锁林)

第二节　修辞手法、表现手法及其他(温锁林)
第三节　向方法要效率:语文教学与复习的必由之路(温锁林)
第四节　“同课异构”实施中应关注的几个问题(温锁林)
第五节　“词汇”一词使用情况考察(王倩)

我将书稿精选整理后,温锁林老师对文字做了认真地校对与修改,并进一步统一了术语与体例。山西省榆次一中著名语文教育专家王永明教授和山西省语文信息学会副会长、太原十五中的王有忠老师对全书的内容又进行了认真地把关,并修正了文中的多处提法。在此,对王永明教授和王有忠老师表示深深的谢意。

我深知,在语言研究和语文教育方面,自己资历尚浅,是一名新兵。有赖恩师温锁林教授的提携才能有本书的面世。本书的出版,作者更希望得到专家的建议和批评,以使自己在以后的教学研究中能够取得更大的进步!

王　倩
2022 年 9 月 1 日于晋中学院